МЭРИЛИН
МОНРО

ВАЛЕРИЙ ГОЛОВСКОЙ

МЭРИЛИН МОНРО

ЖИЗНЬ И СМЕРТЬ

ЗАХАРОВ
МОСКВА

УДК 882-94
Г 61

Художественное оформление
Григория Златогорова

Г 61 Головской В. Мэрилин Монро. Жизнь и смерть. — М.: ИП Богат, 2007. — 304 с.

Кто она — секс-символ или невинное дитя?

Глупая блондинка или трагическая одиночка?

Талантливая актриса или ловкая интриганка?

Короткая жизнь Мэрилин — сплошная череда вопросов.

В чем причина ее психической нестабильности?

Был ли у нее роман с обоими братьями Кеннеди или только с Робертом?

Не только жизнь, но и смерть актрисы до сих пор покрыта завесой тайны, объект бесконечных споров — несчастный случай, самоубийство или же убийство на политической почве?

Об этом узнают читатели книги Валерия Головского «Мэрилин Монро. Жизнь и смерть».

Автор книги дает сложный, неоднозначный портрет героини, в жизни и в смерти которой отразились сексуальные, психологические и политические проблемы Америки того времени.

Но в книге есть еще одна важная составляющая — записанные со слов Мэрилин очаровательные рассказы о ее жизни: о детстве, о первых попытках пробиться в кино, ее размышления о Голливуде, о любви, о мужчинах и женщинах. Новеллы подкупают юмором, искренностью, правдивостью, острым взглядом на окружающую действительность.

ISBN 978-5-8159-0714-0 УДК 882-94

Вступление

Утром 5 мая 1962 года американцы были потрясены известием о смерти Мэрилин Монро, актрисы, ставшей легендой, звездным мифом Голливуда.

Агентство «Ассошиэйтед Пресс» распространило по всему миру короткое сообщение: «Белокурая красавица Мэрилин Монро, восхитительный символ изящной и привлекательной жизни в Голливуде, трагически погибла у себя дома в воскресенье. Ее нашли в постели совершенно обнаженной. Вероятная причина смерти — самоубийство. Ей было 36 лет. В руке кинозвезда держала телефонную трубку. Пустая бутылочка из-под снотворного валялась рядом с кроватью».

Как и многое в жизни Монро, ее смерть вызвала массу слухов, пересудов и споров. Почти сразу же проявились по крайней мере три версии ее смерти, а биографы актрисы и по сей день не устают выдвигать новые и новые доказательства в поддержку каждой из них.

Вот эти версии:

случайная смерть от передозировки снотворных;

самоубийство;

убийство.

В 4.25 утра в полицейском участке Голливуда раздался звонок. Трубку поднял дежурный сержант Джек Клеммонс. Звонивший назвал себя доктором Энгельбергом, лечащим врачом Мэрилин Монро, и сообщил о смерти своей пациентки. «Это самоубийство», — сказал доктор. Когда сержант прибыл в дом 12305 на Хелена-драйв, он обнаружил там не только доктора Энгельберга, но и психотерапевта актрисы доктора Ральфа Гринсона. На вопрос полицейского, когда Мэрилин Монро умерла, домоуправительница госпожа Мюррей сообщила, что обнаружила это в 12.30 ночи. Она тут же позвонила доктору Гринсону, и тот, выбив стекло (дверь в комнату была заперта изнутри), проник внутрь и обнаружил тело актрисы. «Но почему же вы позвонили только в 4.25?» — спросил полицейский, но не получил сколько-нибудь вразумительного ответа. Многое в комнате показалось сержанту подозрительным: он, например, считал, что тело покойной было передвинуто, он нигде не заметил стакана с водой и т.д. Подозрительно вела себя и Юнис Мюррей. Через четыре часа после обнаружения трупа она занималась стиркой и уже вызвала слесаря, чтобы вставить разбитое стекло!

Один из самых яростных сторонников «теории убийства», Дональд Вольф, в своей книге «Убийство Мэрилин Монро» приводит массу фактов, якобы подтверждающих его правоту... Он сообщает, в частности, что примерно в полночь в Беверли-Хиллз полицейский остановил «мерседес», мчавшийся с недозволенной скоростью. В машине находились известный актер, родственник братьев Кеннеди, Питер Лоуфорд, а также министр юстиции Роберт Кеннеди и доктор Гринсон. Лоуфорд заявил, что везет Кеннеди в гостиницу по срочному делу государственной важности... Полицейский предупредил водителя о необходимости соблюдать скорость и позволил машине следовать дальше. Вольф утверждает также, что соседи Мэрилин Монро слышали той ночью шум вертолета, что будто бы подъезжали «скорая помощь» и полицейская машина. Он считает, что в доме был наведен порядок и изъяты многие документы, прежде всего дневник и письма Монро. Кто-то также якобы позвонил в Белый дом, где в это время была глубокая ночь.

Сторонники теории убийства называют его исполнителями и ЦРУ, и ФБР, и мафию, и братьев Кеннеди... Пятьсот с лишним страниц книги Дональда Вольфа посвящены детальным доказательствам точки зрения автора, которую разделяют многие исследователи и поклонники звезды.

Другой биограф жизни и творчества Монро, Барбара Лиминг, в опубликованной в том же 1998 году книге полностью принимает версию врачей о самоубийстве. Мэрилин была в депрессии, она попросила своего лечащего врача выписать ей нембутал, хотя еще одна баночка нембутала, полученная по рецепту доктора Гринсона, у нее уже была. Мэрилин приняла более сорока таблеток, и в бутылочке оставалось только десять. Согласно этой версии, Мюррей обнаружила тело примерно в 3 часа ночи и сразу позвонила Гринсону. Тот прибыл в 3.40, затем приехал и Энгельберг. А в 4.25 врачи позвонили в полицию...

Мы еще вернемся к подробному рассмотрению каждой из версий. А пока давайте познакомимся поближе с началом жизни будущей кинозвезды.

ГЛАВА 1
ТАК НАЧИНАЛАСЬ ЛЕГЕНДА

«Я никогда не жила по-настоящему, и меня никогда не любили».
Мэрилин Монро

Норма Джин Мортенсон (Бейкер) родилась 1 июня 1926 года в Калифорнии. Детство ее никак не назовешь счастливым. Ее мать, Глэдис Бейкер, провела многие годы в психиатрических клиниках с диагнозом параноидальная шизофрения, несколько раз пыталась покончить жизнь самоубийством; в больнице же она и умерла. Бабушка Нормы Джин — Делла Монро — умерла в 1940 году в доме для умалишенных. Та же судьба была уготована ее дедушке и дяде. Мать Нормы Джин трижды выходила замуж. Безумие и страх владели этой семьей: мужчины бежали от своих жен, а женщины сходили с ума. Позднее Норма Джин рассказывала, что, когда ей было 13 месяцев, мать пыталась задушить ее подушкой. Достоверность этой истории весьма сомнительна, разве что душевнобольная мать могла позднее сама рассказать об этом Норме Джин. Но это «воспоминание» точно характеризует душевное состояние девочки. С раннего детства ею владело чувство несправедливости, разочарования. Но также и жажда любви. Она мечтала о встрече с отцом, романтизировала его образ. Впервые попав в дом матери и увидев на стене портрет Кларка Гейбла, девочка спросила, кто это. И мать сказала: это твой отец, погибший в автокатастрофе. Этот образ навсегда запал в душу Нормы Джин и оставался с ней до конца жизни.

Лишь много позже Норма Джин узнала, что отец бросил Грэйс еще до рождения дочери. Все это наложило глубокий отпечаток на жизнь Нормы Джин, ставшей впоследствии знаменитой кинозвездой Мэрилин Монро. Когда, уже будучи взрослой, она попыталась встретиться с отцом (он жил в Калифорнии, совсем недалеко от дочери), тот даже не пожелал подойти к телефону.

В хорошие периоды жизни Глэдис Бейкер работала на киностудии «Колумбия Пикчерс» монтажницей, но она не была в состоянии воспитывать дочь и отдала Норму Джин в семью Иды и Альберта Болендеров. Мать платила им пять долларов в неделю, чтобы они растили ее дочь. Религиозные фундаменталисты, Болендеры больше всего любили Бога и мало заботились даже о своих детях, не говоря уже о чужой девочке.

Впрочем, Мэрилин Монро сама рассказала об этих годах в своих воспоминаниях.

История этих воспоминаний такова. В 1952 году Мэрилин снималась в картине режиссера Говарда Хоукса «Обезьяньи проделки». Одним из сценаристов был известный голливудский писатель, кинодраматург и режиссер Бен Хект.

Бен Хект (1894—1964) — сын иммигрантов из России. Он автор сценариев таких знаменитых картин, как «Подполье» («Оскар» за 1927 год), «Лицо со шрамом» (1932), «Да здравствует Вилья!» (1934), «Прощай, оружие» (1957), и многих других — всего более 70 сценариев. Он был автором 35 книг, продюсером многих фильмов, режиссером семи картин и даже несколько раз выступал в качестве актера. Его иногда называли «Шекспиром Голливуда».

Так вот, познакомившись с актрисой и заинтересовавшись ее судьбой, Бен Хект предложил ей написать о ее детских годах и начале карьеры в кино. Причем от авторства он отказался, его имя в книге даже не упоминалось, поэтому долгие годы считалось, что автором коротких историй была сама Мэрилин Монро. Но, конечно, Мэрилин такую книгу написать не могла, у нее не было литературного дара, хотя она несомненно обладала и богатым воображением, и способностью сочинять сюжеты из своей жизни, сочетая реальные события с вымыслом.

Когда книга была закончена, по неизвестным причинам Мэрилин не решилась ее опубликовать. Она передала рукопись известному фотографу Милтону Грину. С ним ее связывали тогда и дружба, и деловые отношения: они вместе создали фирму по производству фильмов «Мэрилин Монро продакшн». Позднее Мэрилин рассорилась с Грином, но рукопись так и осталась у него. После смерти актрисы прошло 14 лет, и только тогда Грин, по договоренности с наследником Монро, которым, по ее завещанию, стал Ли Страсберг, решился, наконец, издать рукопись.

Давайте познакомимся теперь с несколькими новеллами, повествующими о детских годах Нормы Джин (так она всегда себя называла, оставляя имя Мэрилин Монро лишь для актерской карьеры).

Вот непритязательная, но берущая за душу история о детских годах, приемных родителях, матери и белом рояле*.

* * *

«Я думала, что люди, у которых я жила, были моими родителями. Я называла их мамой и папой. Однажды женщина сказала мне: «Не зови меня мамой. Ты уже большая и знай: я тебе не родня. Ты просто здесь живешь. Твоя мама придет завтра утром. Ты можешь называть *ее* мамой, если хочешь».

Я сказала — спасибо. Я не спросила о ее муже, которого я звала папой. Он был почтальоном. Обычно по утрам я садилась на край ванны, смотрела, как он бреется, и задавала ему вопросы — где восток, а где юг, сколько всего людей в мире... Он, единственный, всегда отвечал на мои вопросы.

У людей, которых я считала родителями, были свои дети. Эти люди не были злыми. Просто

---

* Рассказы Мэрилин Монро из книги «Моя жизнь» даются в переводах Валерия Головского.

они были бедны. У них не было ничего лишнего даже для своих собственных детей, не говоря уже о других. И для меня ничего не оставалось. Мне было семь лет, и я несла свою долю работы по дому: мыла полы и посуду, выполняла разные другие поручения.

Моя мама пришла за мной на следующий день. Она была привлекательной женщиной, но никогда не улыбалась. Я видела ее и раньше, но не знала, кто она.

Когда на этот раз я сказала: «Здравствуй, мама», она внимательно посмотрела на меня. Она никогда не целовала меня, не держала за руку и вообще редко разговаривала со мной. Тогда я ничего не знала о ней, но позднее узнала многое. Когда сейчас я думаю о ней, мое сердце болит за нее вдвое сильнее, чем когда я была ребенком. Мне больно за нас обеих.

Моя мама вышла замуж пятнадцати лет. У нее было двое детей до меня, и она работала монтажером на киностудии. Как-то раз, вернувшись домой раньше обычного, она застала своего молодого мужа в постели с другой женщиной. Поднялся большой скандал, и муж ушел, хлопнув дверью.

Однажды, пока мама горевала о разрушенном браке, он тайно вернулся и выкрал малышей. Моя мама потратила все свои сбережения, стараясь вернуть детей. Она охотилась за ними долгое время. Наконец, она узнала, что они живут в Кентукки, и на попутных добралась до места.

У нее уже совсем не было денег, и силы оставили ее, когда она, наконец, увидела своих детей. Они жили в красивом доме. Их отец был снова женат и в полном порядке.

Она встретилась с ним, но ни о чем не попросила, не попросила даже позволить ей обнять детей, которых она искала так долго. Как мать в фильме «Стелла Даллас»[1], она повернулась и ушла, чтобы дети могли наслаждаться счастливой жизнью, которую она им дать не могла.

Я думаю, что-то большее, чем просто бедность, заставило мою маму уйти. Когда она увидела, что ее малыши смеются и играют в красивом доме среди счастливых людей, она, должно быть, вспомнила свое собственное детство. Ее отец умер в доме для душевнобольных, и ее бабушку поместили в такой же дом в Норволке, там она и скончалась безумной. Ее брат покончил с собой. Были в нашей семье и другие тайны.

Так вот, моя мама вернулась в Голливуд без детей и снова стала работать монтажером на студии. Все это было еще до моего рождения.

День, когда мама приехала к почтальону и взяла меня к себе в гости, был первым счастливым днем в моей жизни, который я помню.

Я бывала в квартире мамы и раньше. Больная, она не могла ни воспитывать меня, ни работать; она платила почтальону пять долларов в неделю, чтобы он приютил меня. Но время от времени она приводила меня к себе на пару часов.

Я всегда боялась, когда приходила к ней, и большую часть времени проводила в стенном шкафу в спальне, прячась среди одежды. Она редко обращалась ко мне, разве что несколько фраз, вроде «не шуми, пожалуйста, Норма». Она говорила это, даже если я лежала в кровати и читала. Даже шелест страниц раздражал ее.

Одна вещь в маминой комнате привлекала мое внимание: фотография на стене. В комнате не было других фотографий, только одна эта в рамке.

Когда я навещала маму, я всегда смотрела на эту фотографию затаив дыхание, боясь, что она запретит мне смотреть. Я уже знала по опыту, что мне всегда запрещалось делать то, что мне хотелось.

На этот раз мама заметила, что я смотрю на фотографию, но не заругалась. Наоборот, она поставила меня на стул, чтобы я лучше ее рассмотрела.

«Это твой отец», — сказала она.

Я была так счастлива, что чуть не свалилась со стула. Это было так прекрасно — иметь отца, смотреть на его фото и знать, что я его дочь. И какая это была чудесная фотография... На нем была фетровая шляпа с широкими, слегка загнутыми полями. Его глаза смеялись, а тонкие усики напоминали Кларка Гейбла[2]. Я почувствовала необыкновенный прилив теплых чувств к этой фотографии.

Мама добавила: «Он погиб в автокатастрофе в Нью-Йорке».

Тогда я верила всему, что мне говорили, но этому не поверила. Я просто не могла поверить, что машина переехала папу и он умер. Я спросила маму, как его звали. Она не ответила, ушла в свою спальню и заперлась.

Годы спустя я узнала и его имя, и многое другое о нем — он жил в том же доме, что и мама, они полюбили друг друга, а потом он ушел, бросил ее, когда она меня рожала, даже не взглянув на свою новорожденную дочь.

Странно, что все, что я о нем узнавала, не сказывалось на моем к нему отношении. В ту ночь, когда мама сказала, что это отец на фото, я мечтала о нем во сне. И я мечтала о нем еще тысячи раз после. И каждый раз, вспоминая его улыбку и загнутые поля шляпы, я чувствовала тепло в груди, чувствовала, что я не одинока. Когда год спустя я завела что-то вроде альбома, то на первой странице поместила фото Кларка Гейбла, потому что он был похож на моего отца — особенно его усики и манера носить шляпу.

И я стала мечтать, но не о мистере Гейбле, а о моем отце. Бывало, возвращаюсь домой из школы, идет дождь и мне нездоровится, а я представляю, что папа ждет меня и сердится, что я не надела галоши. У меня тогда не было своих галош, и дом, куда я шла, не был моим домом. Это было место, где я была просто ребенком-служанкой — убирала, стирала белье, мыла полы, бегала по разным поручениям и помалкивала.

Но днем в мечтах через факты реальной жизни перескакиваешь так же легко, как кошка перепрыгивает через забор. Мой отец ждал меня, мечтала я, и входила в дом с улыбкой до ушей.

Однажды я лежала в больнице — мне удалили гланды, после чего были осложнения, — и беспрерывно мечтала целую неделю. Я приводила отца в мою больничную палату, вела его к своей кровати, а в это время другие больные с недоверием и завистью смотрели на такого важного посетителя. А я заставляла его склоняться над моей постелью, целовать меня в лоб, пока я беседовала с ним. «Через несколько дней все будет в порядке, Норма Джин. Я горжусь тобой, ты ведешь себя замечательно, не плачешь, как другие девочки».

И я просила его, пожалуйста, сними шляпу. Но даже в своих самых продолжительных и глубоких мечтах я не могла упросить его снять шляпу и присесть у моей кровати.

Когда я вернулась «домой», я чуть не заболела снова. Наш сосед набросился на собаку, которую я любила и которая ждала моего возвращения. Увидев меня, собака начала лаять. Но сосед стал ругаться и требовать, чтобы собака заткнулась. У него в руках была мотыга, он размахнулся и бросил мотыгу в собаку. Мотыга попала ей в спину и буквально разрубила ее пополам.

Моя мама поместила меня в другую семью. Это были муж и жена, англичане, и они нуждались в пяти долларах в неделю, которые я приносила. К тому же я была крупной девочкой и помогала по хозяйству.

Однажды, когда мама пришла за мной, я была на кухне, мыла посуду. Мама смотрела на меня и молчала. Когда я обернулась, я увидела слезы в ее глазах и удивилась.

«Я построю дом для нас обеих, и мы будем там жить, — сказала она. — Дом будет весь белый и с двориком позади». И она ушла.

Так и случилось. Мама скопила какие-то деньги, получила заем и построила дом. Англичане и я приехали посмотреть на наш новый дом. Он был маленький и пустой, но невероятно красивый. И он был весь выкрашен в белый цвет.

Мы вчетвером въехали в новый дом. У меня была отдельная комната. Супруги-англичане не платили за жилье, только заботились обо мне, как и раньше. Я много работала, но это не имело значения. Это был мой первый дом. Мама привезла мебель — стол с белой крышкой и коричневыми ножками, стулья, кровати и занавески. «Это все в долг, — говорила она, — но не волнуйся. Я работаю в две смены на студии и скоро расплачусь с долгами».

Однажды в дом привезли рояль. Рояль для меня. Меня будут учить музыке. Рояль был куплен с рук, и играть на нем было невозможно, так как он был расстроен. Но это был не простой рояль. Когда-то он принадлежал кинозвезде Фредерику Марчу[3].

«Ты будешь играть на рояле вот здесь, у окна, — сказала мама, — а здесь по обе стороны от камина будут стоять кресла. И мы будем сидеть и слушать тебя. Как только я выплачу долги, я куплю два кресла, и мы все будем сидеть и слушать, как ты играешь».

Но два кресла так никогда и не появились. Однажды утром англичане и я завтракали на кухне. Было еще рано. Неожиданно послышался страшный шум на задней лестнице. Это были самые ужасные звуки, какие я когда-либо слышала. Удары и глухие стуки, казалось, никогда не прекратятся.

«Что-то падает с лестницы», — сказала я.

Англичане не разрешили мне посмотреть, что происходит. Муж вышел и спустя немного времени вернулся на кухню.

«Я вызвал полицию и “скорую”», — сказал он.

Я спросила: «Это для моей мамы?»

«Да, — ответил он. — Но тебе не надо ее видеть».

Я оставалась на кухне и слышала, как пришедшие люди пытались увезти мою маму. Мне не разрешили взглянуть на нее. Все говорили: «Будь хорошей девочкой и стой здесь на кухне. Все в порядке, ничего серьезного».

Но я все же заглянула в прихожую. Моя мама кричала и смеялась. Они увезли ее в психиатрическую больницу в Норволке. Название этой больницы я помнила смутно. Это была та же самая больница, куда поместили отца моей мамы и ее бабушку, когда они так же кричали и смеялись.

Вся мебель исчезла. Белый стол, стулья, кровати и белые занавески растворились в воздухе, и белый рояль последовал за ними[4].

Англичане тоже исчезли. А меня из свежепокрашеного белого дома отправили в детский приют, выдали синее платье с белой блузкой и башмаки на толстой подошве. И еще долгое время, лежа в постели, я просто не могла ни о чем мечтать. У меня в ушах все время стоял ужасный грохот на лестнице, крики и хохот моей мамы, когда ее увозили из дома, который она пыталась для меня создать.

Я никогда не забуду тот белый дом и ту мебель. Спустя годы, когда я стала моделью и начала зарабатывать, я принялась искать рояль Фредерика Марча. Примерно через год я обнаружила его на каком-то аукционном складе и купила.

Он и сейчас стоит в моем доме в Голливуде. Он выкрашен в чудный белый цвет, в нем новые струны, и он звучит так прекрасно, как ни один рояль в мире».

* * *

В детстве одинокой девочки, лишенной любви и родительской заботы, произошло множество событий, наложивших глубокую печать на ее характер и всю ее недолгую жизнь. Норма Джин так вспоминала об этом в истории о «первом грехе»:

«Лучшим другом моей мамы была женщина по имени Грэйс. Почти всех, кого я знала, я звала «дядя» или «тетя», но тетя Грэйс была совсем особенной родственницей. Она стала и моим лучшим другом.

Тетя Грэйс работала в библиотеке на той же самой киностудии «Колумбия Пикчерс», что и моя мама. Она первая погладила меня по волосам и по щеке. Это случилось, когда мне было восемь лет. Я и сегодня помню свое волнение при прикосновении ее доброй руки.

Как и моя мама, Грэйс переживала трудные времена. Она потеряла работу и еле сводила концы с концами. Хотя денег у нее не было, она не переставала заботиться о моей маме, у которой уже тогда появились первые признаки душевной болезни, и обо мне. Время от времени она забирала меня к себе. Когда у нее совсем не было денег и оставалось только полдоллара на еду, мы питались черствым хлебом и молоком. В булочной Холмса можно было купить кулек вчерашнего хлеба за 25 центов. Тетя Грэйс и я часами стояли в очереди за таким кульком. Когда я смотрела на нее, она улыбалась и говорила: «Не беспокойся, Норма Джин. Ты будешь красавицей, когда подрастешь. Я чувствую это всем нутром».

Я была так счастлива от ее слов, что черствый хлеб казался мне слойкой с кремом.

Жизнь у тети Грэйс не заладилась. Смерти и невезение преследовали ее. Но не было в ней никакой горечи. Ее сердце оставалось добрым, и она верила в Бога. Почти все, кого я знала, говорили о Боге. Они просили меня не гневить Его. Но когда тетя Грэйс рассуждала о Боге, она гладила меня по щеке и говорила, что Он любит меня и присматривает за мной. Думая о словах тети Грэйс, я тихонько плакала, лежа в постели. Тот единственный, кто любил меня и присматривал за мной, был невидим; я не могла его услышать или прикоснуться к нему. Я всегда рисовала Бога, как только у меня выдавалась свободная минута. На моих рисунках Он был похож немножко на тетю Грэйс и немножко на Кларка Гейбла.

Став постарше, я поняла, что не похожа на других детей, потому что не было в моей жизни ни поцелуев, ни обещаний. Я часто чувствовала себя одинокой и хотела умереть. Я старалась подбодрить себя мечтами наяву. Но я никогда не мечтала о том, чтобы кто-то любил меня так, как родители. Это вообще превосходило мое воображение. Я шла на компромисс и мечтала, чтобы кто-то (кто-то кроме Бога) просто одарил меня своим вниманием, кто-то посмотрел и позвал по имени.

Эта жажда внимания как-то объясняла, я думаю, мою проблему в церкви по воскресеньям. Как только я усаживалась на скамье, раздавались звуки органа, и все начинали петь, а я вдруг ощущала сильное желание раздеться. Я страстно мечтала стоять перед Богом и всеми остальными обнаженной. Я должна была изо всех сил сжимать зубы и сидеть на руках, чтобы не начать раздеваться. Иногда я страстно молилась, умоляла Бога остановить меня, не дать снять одежду.

У меня даже бывали подобные сны. Мне снилось, что я вхожу в церковь в юбке с кринолином, под которой ничего нет. Прихожане ложатся на пол в проходе и, когда я иду, смотрят на меня снизу.

В моих импульсах появиться голой и в моих мечтах об этом не было ничего постыдного или греховного. Представляя, что люди смотрят на меня, я не чувствовала себя такой одинокой. И еще: я хотела, чтобы они видели меня обнаженной, потому что стыдилась своей одежды. Я всегда носила потрепанное синее платье — символ бедности. А без платья я была такой же, как и другие девочки, а не оборванка в форме сиротского приюта.

Когда мою маму увезли в больницу, тетя Грэйс стала моим законным опекуном. Я слышала, как ее друзья спорили вечером, когда я лежала в ее постели, и притворялась, что сплю. Эти люди не советовали меня удочерять, потому что с возрастом со мной будет все сложнее и сложнее. И все потому, что у меня такая «наследственность», как они говорили. Они напоминали о моей маме и ее отце, брате и бабушке — все они были душевнобольными, и говорили, что я наверняка пойду по их следам. Я не знала, что такое душевная болезнь, но понимала, что это что-то плохое. А я лежала в постели и, слушая их, дрожала. Затаив дыхание, я ожидала решения тети Грэйс — отдать меня в приют или удочерить. После нескольких таких вечерних дискуссий тетя Грэйс удочерила меня вместе с моей наследственностью, и я, наконец, уснула счастливой.

У тети Грэйс не было денег, и она все время искала работу. Вот почему она поместила меня в сиротский приют. Я не была против приюта, так как, даже находясь там, я знала — у меня есть опекун — тетя Грэйс. Только позднее я поняла, как много она для меня сделала. Если бы не она, меня бы отдали в какое-нибудь штатное или федеральное заведение для сирот с гораздо более строгим режимом и еще меньшими привилегиями — без права рождественской елки или возможности иногда смотреть фильмы.

В приюте я жила только время от времени. По большей части меня отдавали в семью, которой платили пять долларов в неделю за мое содержание. Я жила в девяти разных семьях, пока не распростилась со статусом сироты. Я совершила это в шестнадцать лет, выйдя замуж.

Все семьи, в которых я жила, объединяло одно — они нуждались в пяти долларах. Но на самом деле я была неплохим приобретением в качестве прислуги. Я была крепкой и здоровой девочкой и могла выполнять почти такую же работу, как взрослые. И я научилась никого не беспокоить — разговорами или слезами.

Я уже поняла, что лучший способ держаться подальше от неприятностей — никогда не жаловаться и ничего не просить. В большинстве случаев эти семьи имели своих собственных детей, и я знала — те всегда и во всем будут первыми. Они носили красивую яркую одежду, у них было много игрушек, а в случае ссоры взрослые верили им.

Моя одежда была неизменной: выцветшая синяя юбка и белая блузка. У меня было два таких комплекта, но, поскольку они были совершенно одинаковыми, все думали, что я ношу одно и то же. Это часто раздражало людей — почему я ношу одно и то же.

Каждую вторую неделю приют присылал женщину-инспектора, чтобы проверить, все ли в порядке с сиротами, как им живется в семьях... Она никогда не задавала мне вопросов, но всегда внимательно рассматривала подметки моих туфель. Если подошвы не прохудились, она объявляла условия отличными.

Я не возражала всегда быть «последней» в этих семьях, кроме разве что по субботам, когда все мылись в ванне. Вода стоила денег, так что менять воду в ванне было неслыханной роскошью. Вся семья мылась в одной и той же воде, и я всегда была последней.

Одна семья, в которой я жила, была так бедна, что мне не разрешали спускать воду в туалете по вечерам. «Каждый раз ты спускаешь пять галлонов воды, — говорил мой новый «дядя», — и пять галлонов каждый раз означают массу денег. Ты можешь спустить воду утром».

Но как бы осторожна я ни была, все равно я то и дело попадала впросак. Как-то в школе маленький мексиканский мальчик начал канючить, что я его ударила. А я не ударяла. И очень часто меня обвиняли в краже разных вещей — то ожерелья, то щетки для волос, то кольца или десяти центов. А я никогда ничего не украла.

Когда начинались неприятности, у меня был только один способ защиты — молчать. Навещая меня, тетя Грэйс спрашивала, как идут дела. Я всегда отвечала, что все замечательно, так как не хотела ее огорчать.

Кое-какие неприятности случались и по моей вине. Иногда я била кого-то из девочек, дергала их за волосы, валила на пол. Но гораздо хуже были проблемы, связанные с «дефектами моего характера». Ребенок-переросток, который редко вымолвит слово и обычно, уставившись в пол, ждет только, когда его выбросят вон из дома, был в большинстве случаев досадной помехой.

Был только один дом, откуда, я надеялась, меня не выгонят. Семья, где четверо ребятишек находились под присмотром столетней прабабушки. Она поддерживала порядок в доме, рассказывая детишкам леденящие кровь истории о кровожадных индейцах, которые снимали скальпы со своих врагов и сжигали их на костре. Были и другие мрачные истории времен ее юности. Она говорила, что ее близким другом был Буффало Билл[5] и она сражалась рядом с ним в рукопашных битвах с краснокожими дикарями.

Я слушала ее рассказы, затаив дыхание, и делала все, чтобы она полюбила меня. Я смеялась громче всех и больше всех дрожала от ее рассказов. Но как-то раз одна из ее правнучек прибежала в разорванном платье и пожаловалась, будто это сделала я. Это была неправда. Но старая подруга Буффало Билла мне не поверила, и меня с позором отослали в приют.

Большинство моих неприятностей было того же рода — незначительные. Да это вовсе и не были неприятности, настолько я к ним привыкла. Когда я вспоминаю то время, я помню, что на самом деле в моей жизни было множество удовольствий и волнующих событий. Я играла в игры на солнце и бегала наперегонки. И еще: я много мечтала, и не только о моем отце на фотографии, но и о многом другом.

Больше всего я мечтала о красоте. Я представляла, как становлюсь красавицей и прохожие оборачиваются мне вслед. Я думала о цветах моих платьев — золотой, красный, зеленый, белый. Я воображала, как я гордо шагаю, вся в прекрасном наряде, люди восхищаются мною, я слышу одобрительный шепот. Я придумывала эти слова и фразы и повторяла их вслух, словно их произносил кто-то другой.

Мечты облегчали мою жизнь и работу. Когда я прислуживала за столом в одной из самых бедных и самых несчастных семей, где я жила, я представляла, что работаю в элегантной гостинице, одета в изящную форму официантки, и все, кто входит в огромный зал, где я подаю блюда, останавливаются, чтобы посмотреть на меня, полюбоваться и открыто выразить восхищение.

Я никогда не мечтала о любви, даже когда впервые влюбилась. Мне тогда было около восьми лет. Я влюбилась в мальчика на год старше меня по имени Джордж. Обычно мы прятались в траве, пока он не пугался, вскакивал и убегал.

Меня же то, что мы делали в траве, нисколько не пугало. Я знала, что это нехорошо, иначе мы бы не прятались, но я не знала, *что* именно в этом дурного. Ночью я лежала без сна и старалась понять, что же такое секс и что такое любовь. Я хотела задать сотни вопросов, но некому было их задавать. А главное, я знала, что взрослые всегда говорят детям неправду, они лгут об всем — от супа до Деда Мороза.

И вот однажды я узнала все о сексе, без всяких вопросов. Мне было почти девять, и я жила в семье, где одну из комнат снимал квартирант по имени Киммель. У него был суровый вид, и все уважали его и называли мистер Киммель.

Однажды, когда я проходила мимо его комнаты, дверь внезапно открылась, и он тихо сказал: «Норма, зайди ко мне, пожалуйста».

Я подумала, что он хочет дать мне какую-то работу.

«Куда мне надо сходить, мистер Киммель?» — спросила я.

«Никуда», — ответил он и закрыл за мной дверь. Улыбаясь, он повернул ключ в замке.

«Теперь ты не можешь выйти», — сказал он, словно мы играли в какую-то игру.

Я стояла и смотрела на него. Я была испугана, но не осмеливалась закричать. Я знала, если я закричу, меня опять с позором отправят в приют. И мистер Киммель тоже это знал.

Когда он обнял меня, я стала бороться и отбиваться изо всех сил. Я сопротивлялась как могла, но не проронила ни звука. Он был сильный и не дал мне вырваться. Он только шептал, чтобы я была хорошей девочкой.

Когда он отпер дверь и дал мне выйти, я побежала, чтобы рассказать «тете», что мистер Киммель сделал со мной. «Я хочу сказать вам что-то, — запиналась я, — о мистере Киммеле. Он, он...»

«Тетя» оборвала меня.

«Только посмей сказать что-нибудь дурное о мистере Киммеле. — Она не на шутку рассердилась. — Мистер Киммель прекрасный человек. Он наш главный жилец!»

Мистер Киммель вышел из комнаты и стоял в дверях, улыбаясь.

«Постыдилась бы, — кричала «тетя», бросая на меня гневные взгляды, — жаловаться на людей!»

«Да это совсем другое, — начала я, — я хочу сказать, что мистер Киммель...»

Я снова начала запинаться и не смогла закончить фразу. Мистер Киммель подошел ко мне и протянул пять центов.

«Пойди и купи себе мороженое», — сказал он.

Я бросила монетку ему в лицо и выбежала из комнаты.

Я рыдала в постели всю ночь и хотела умереть. Я думала: «Неужели нет никого, кому я могу рассказать о том, что случилось?» Мне хотелось кричать. Но я не закричала.

Через неделю вся семья, включая мистера Киммеля, отправилась на собрание религиозного возрождения в большом шатре. «Тетя» настаивала, чтобы я пошла с ними.

Народу было много. Все внимательно слушали проповедника. Он посвятил свою проповедь грешности всего земного. В заключение он призвал всех грешников выйти к алтарю Господню и покаяться.

Опережая всех, я бросилась к нему и начала рассказывать о моем «грехе». «На колени, сестра», — приказал он.

Я упала на колени и, захлебываясь, заговорила о мистере Киммеле, о том, как он надругался надо мной. Но другие «грешники» толпились вокруг. Они тоже упали на колени, начали причитать о своих грехах и оттерли меня в сторону.

Я оглянулась и увидела, что мистер Киммель стоит среди несогрешивших и громко и благочестиво молит Бога о прощении чужих грехов».

* * *

Время шло, девочка становилась подростком, подросток постепенно превращался в девушку. Волнующие перемены в жизни Норма Джин отразила в следующем рассказе.

«В двенадцать лет я выглядела на все семнадцать. Мое тело уже вполне оформилось. Но никто, кроме меня, этого не знал. Я по-прежнему носила приютскую форму — синее платье и кофточку, так что я была похожа на дылду-переростка.

У меня не было денег. Другие девочки ездили в школу на автобусе. Я же не могла заплатить даже десять центов за проезд. В любую погоду я вышагивала две мили от дома моей «тети» до школы.

Я ненавидела ходить пешком, я ненавидела школу. У меня не было друзей. Одноклассники редко заговаривали со мной и никогда не принимали в свои игры. Никто и никогда не провожал меня домой и никто не приглашал к себе. Отчасти потому, что я жила в бедном районе, где в основном селились мексиканцы и японцы. Другая причина — я не умела улыбаться.

Однажды сапожник, стоявший на пороге своей мастерской, остановил меня по дороге в школу.

«Как тебя зовут?» — спросил он.

«Норма».

«А фамилия?»

Я не хотела называть свою фамилию — Мортенсон, — потому что это была не фамилия человека в ковбойской шляпе и с усиками. Так что я ничего не ответила.

«Ты странный ребенок. Я наблюдаю за тобой каждый день, когда ты проходишь мимо, и никогда не видел, чтобы ты улыбалась. Так ты ничего не добьешься в жизни».

Я направилась в школу, ненавидя сапожника.

В школе одноклассники часто шептались между собой, хихикали, уставившись на меня. Они называли меня идиоткой и надсмехались над моей приютской одеждой. Мне было безразлично, что они считают меня идиоткой. Я знала, что это неправда.

Однажды утром оказалось, что обе мои белые блузки порвались, и если бы я принялась их чинить, то опоздала бы в школу. Я попросила одну из моих «сестер» одолжить мне что-нибудь из одежды. Она была моей ровесницей, но поменьше.

Я пришла в школу, как раз когда начинался урок математики. Пока я шла по классу на свое место, все на меня уставились, словно у меня вдруг выросли две головы. Отчасти это так и было. Округлости выступали под облегающим свитером.

На перемене полдюжины мальчишек окружили меня. Они шутили и сверлили глазами мой свитер, как будто это была золотая жила. Я уже знала, что у меня довольно большая грудь, но не придавала этому значения. Но она произвела сильное впечатление на моих одноклассников.

После школы четверо мальчиков провожали меня домой пешком, везя свои велосипеды. Я была в восторге, но не показывала виду, будто все это было в порядке вещей.

На следующей неделе сапожник снова меня остановил.

«Я вижу, ты послушалась моего совета, — сказал он. — Все получается намного лучше, если ты улыбаешься людям».

Я заметила, что он тоже посматривает на мой свитер. Я пока еще не вернула его моей «сестре».

После этого и школа, и моя жизнь изменились. Девочки, у которых были братья, стали приглашать меня в гости, где я знакомилась и с их родителями. А четверо или пятеро мальчиков постоянно ошивались около моего дома. Мы играли в разные игры на улице или стояли под деревьями и разговаривали до самого ужина.

Я не видела никакого сексуального подтекста в том, что они внезапно заинтересовались мной. У меня и в голове не было никаких мыслей о сексе. Я не знала, что существует связь между телом и сексом. Это как если бы у меня таинственным образом появился друг, некий волшебный друг. Спустя несколько недель как-то утром перед зеркалом я подкрасила губы. Я также подвела свои светлые брови. У меня не было денег на одежду и у меня не было никакой одежды, кроме приютской формы и единственного свитера. Вот почему губная помада и косметика были для меня как одежда. Я чувствовала, что они украшают меня, как если бы я надела настоящее нарядное платье.

Мое появление в школе с накрашенными губами и темными бровями и все в том же «волшебном» свитере заставило школу загудеть. И это гудение не было доброжелательным. Все девочки, не только мои сверстницы, но и постарше — семнадцати- и восемнадцатилетние, — сплотились в единый лагерь моих врагов. Они нашептывали друг другу и каждому, кто хотел слушать, что я пьяница, а по ночам сплю с мальчишками на пляже.

Это была ложь. Я не пила и не давала мальчишкам распускать руки. И я никогда не была на пляже. Но я не сердилась на тех, кто распускал обо мне слухи. Девочки ревновали меня! Девочки боялись потерять своих мальчиков, потому что я была красивей! Мечты, которые прежде скрашивали мою одинокую жизнь, перестали быть мечтами. Они стали реальностью!

И к лету у меня появился настоящий ухажер. Двадцати одного года. Хотя он был очень умный, он все же верил, что мне восемнадцать лет, а не тринадцать. Я сумела обмануть его, помалкивая и покачивая бедрами при ходьбе. После того как несколько месяцев назад я покорила учеников на уроке математики, я научилась ходить томной эротической походкой.

Однажды субботним утром мой умный ухажер сказал, что мы едем на океан, купаться. Я бросилась в комнату моей «сестры» (той самой, что была немного меньше меня) и выпросила у нее купальник. Я провела не менее часа, стоя перед зеркалом, примеряя купальник и практикуя свою походку.

Наконец крики моего потерявшего терпение парня заставили меня выйти к нему. На мне были старые брюки и свитер. Купальник был под ними.

В этот солнечный день на пляже было полно купающихся, а также матерей с детьми. Хотя я родилась и росла всего в нескольких милях от океана, я никогда не видела его вблизи. Долгое время я стояла и зачарованно смотрела на воду. Как будто я увидела свои мечты, раскрашенные золотыми, бледно-лиловыми, голубыми и пенисто-белыми красками. И у меня было поразительное, непередаваемое ощущение огромного праздника. Казалось, всё радуется голубому небу и синей воде.

«Давай, идем скорее в воду», — командовал мой парень.

«Куда?»

«В воду», — смеялся он, думая, что я шучу.

А я думала о своем купальнике в обтяжку. Мысль, что надо скрывать себя под водой, имея такой купальник, казалась мне смешной. Но я не стала ничего объяснять. Я стояла и смотрела на девушек и женщин, испытывая некоторое разочарование. Я не ожидала, что половина женского населения Лос-Анджелеса будет красоваться на песке почти без одежды. Я-то думала, что буду единственной.

Мой парень снова проявил нетерпение, так что я сняла брюки и свитер и стояла теперь в одном тесном крошечном купальнике. Я думала: «Я почти голая», — и, закрыв глаза, стояла неподвижно.

Мой умный друг перестал подгонять меня. И я пошла по песку к океану. Я почти дошла до воды, повернула и двинулась вдоль берега. И случилось то, что уже произошло на уроке математики, но только в гораздо большем масштабе: молодые парни свистели, некоторые вскакивали и подбегали поближе. Даже женщины останавливались, когда я проходила мимо.

Я не обращала на свистки и гиканье никакого внимания. Я их просто не слышала. Меня переполняло странное чувство, словно во мне было два человека. Один — Норма Джин из сиротского приюта. Другой не принадлежал никому. У него не было даже имени. Но я знала, кому принадлежало это существо. Оно принадлежало океану, и небу, и всему миру».

* * *

Норма Джин всегда была «другой», непохожей на остальных школьников. Ее бедность, полусиротство, отсутствие материнской любви, отсутствие отца, легкое заикание, наконец, невозможность пригласить одноклассников к себе домой — все это отделяло ее от других детей, закладывало будущие комплексы и неврозы Мэрилин Монро. Когда в сентябре 1935 года ее привезли в сиротский приют, Норма Джин отказалась там жить, заявив: «Я не сирота!» Но выхода не было, и Норма Джин осталась в приюте.

У нее был мир фантазий. Ее героями стали актеры экрана — Джин Харлоу, Клодетт Кольбер, Джоан Кроуфорд[6] и, конечно же, самый главный ее герой — Кларк Гейбл.

Это смешение реальности и воображения присутствует и в ее рассказах. Так, например, биографы актрисы считают выдумкой эпизод изнасилования, эпизод убийства собаки и многие другие. Сам Бен Хект вспоминал, что он довольно быстро сумел понять, когда Мэрилин придумывает, а когда рассказывает подлинные события. Но его задачей было придание рассказам актрисы литературной формы, а не соучастие в сочинении ее жизни.

Довольно рано в характере девочки появились противоречивые, конфликтные устремления: она мечтала о всеобщей любви, восхищении и поклонении окружающих ее людей, но вместе с тем стремилась к уединению и всю жизнь панически боялась толп поклонников, массы людей на приемах или на съемочной площадке. Да и жизнь в приюте, где она провела около двух лет, приучила ее ценить одиночество. Мать была не в состоянии воспитывать девочку, но и отказывалась отдать ее на удочерение. Несколько семей хотели удочерить Норму Джин, но каждый раз Глэдис говорила «Нет».

В мае 1937 года «тетя» Грэйс забрала Норму Джин из приюта, но отдавала в семьи, так как сама должна была работать. Появилась в жизни Нормы Джин и еще одна «тетя» — Ана. На самом деле и Ана Лоуэр, и Грэйс Макки не были родственницами девочки, а просто сердобольными женщинами, старавшимися спасти ребенка. Вот они, собственно, и занимались воспитанием Нормы Джин. Когда Грэйс вскоре вышла замуж за вдовца с тремя детьми, то смогла взять девочку к себе.

Лет с двенадцати Норма Джин полюбила кино. Ей нравились исторические фильмы типа «Мария Антуанетта» (1938) с Нормой Ширер и Тайроном Пауэром. Она восхищалась Бетт Дейвис в «Иезавели» (1938). Вечером после просмотра, заперев дверь, она повторяла сцены из кинокартин, плакала, воображала себя на месте героинь.

С 14 лет Норма Джин стала ощущать себя женщиной. Грэйс и Ана завивали ей волосы, у нее была отличная кожа без подростковых прыщей; она была довольно высокой и крупной девочкой с развитыми формами.

Решение всех проблем тетя Грэйс видела в замужестве. И кандидата нашли по соседству. Через восемнадцать дней после того, как ей исполнилось шестнадцать, Норма Джин вышла замуж за девятнадцатилетнего Джима Догерти. Вот как об этом периоде своей жизни рассказывала сама Мэрилин.

«После поразившего меня пляжного случая ничего не произошло. Я снова ходила в школу, снова носила синее платье и белую кофточку. Но вместо того чтобы извлечь урок из происшедшего, я приходила во все большее замешательство. Как, впрочем, и школа. Моя школа не имела никакого представления о том, как справиться с тринадцатилетней сиреной.

Почему я стала сиреной? Я не имела ни малейшего понятия. У меня в голове вовсе не было никаких сексуальных мыслей. Я не хотела, чтобы меня целовали. Не мечтала, чтобы меня соблазнил принц или кинозвезда. По правде говоря, при всех этих губных помадах, косметике и округлых формах я была так же бесчувственна, как какое-нибудь ископаемое. Но, кажется, на окружающих я воздействовала прямо противоположным образом.

Мальчишки ухаживали за мной так, будто я была единственным существом женского пола во всей округе. Будучи подростками, они ограничивались прощальным поцелуем и неловким объятием в коридоре. На самом деле я без труда отражала атаки большинства ухажеров. В пятнадцать—восемнадцать лет парни не слишком настойчивые любовники. Я думаю, что, если бы опытные женщины не соблазняли их, мальчишки сохраняли бы невинность так же долго, как и девочки (если они сохраняют).

Среди моих ухажеров были, однако, и молодые люди, вступавшие между собой в реальное соперничество, а время от времени попадался даже настоящий «волк», с полным набором соблазнительной терминологии и планов. Этих было особенно легко дурачить, просто потому, что мне их не было жаль.

По правде говоря, я не чувствовала никакой обиды на них, даже на тех, которые портили мне прическу. Если уж говорить начистоту, я даже завидовала им. Я бы хотела желать чего-нибудь так же сильно, как они. Но я ничего не желала. Они могли с тем же успехом ухаживать за спящим в берлоге медведем.

Все мои поклонники говорили одно и то же, хотя и на разные лады. Это якобы была моя вина, что им хотелось целовать и обнимать меня. Некоторые утверждали, что причина во мне, в том, что я смотрю на них взглядом, полным страсти. Другие заявляли, что их завораживает мой голос. Многие сообщали мне, что я излучаю некие вибрации, которые валят их с ног. Я всегда считала, что они говорят о ком-то другом, не обо мне. Это все равно, как если бы они утверждали, что их привлекают мои бриллианты и рубины. Во мне не только не было никакой страсти, я просто-напросто не знала, что это такое.

Я часто лежала по ночам без сна, размышляя, почему эти мальчишки толкутся вокруг меня. Я этого не хотела. Я хотела бы играть в разные игры на улице, а не в спальне. Иногда я позволяла одному из мальчиков поцеловать меня, стараясь понять, в чем же смысл этого акта. Но не могла.

В конце концов я решила, что ребята так ко мне шьются потому, что я сирота и некому ни позаботиться обо мне, ни прогнать их. В результате я стала относиться к моим ухажерам очень холодно. Но ни холодность, ни откровенное пренебрежение, ни крики — «убирайтесь отсюда», «не приставайте ко мне», «не хочу целоваться с открытым ртом», — ни мое холодное отношение ничего не меняли. Мальчишки преследовали меня, словно я была вампиром с розой в зубах.

Девочки в школе тоже были проблемой, но тут я, по крайней мере, все понимала. Чем старше я становилась, тем сильнее они меня не любили. Теперь меня никто не обвинял в краже щетки для волос, десяти центов или ожерелья. Зато меня обвиняли в краже их молодых людей.

Тетя Грэйс посоветовала мне, как выйти из положения.

«Тебе надо замуж», — сказала она.

«Я слишком молода», — ответила я. Мне было тогда всего пятнадцать.

«Я так не думаю», — засмеялась тетя Грэйс.

«К тому же я не вижу никого, кто хотел бы взять меня замуж».

«Нет, такой человек есть», — парировала тетя Грэйс.

«Кто?»

«Джим», — ответила тетя Грэйс.

Так звали мистера Догерти. Он жил неподалеку. Он был взрослый, вежливый и даже симпатичный на вид.

«Но Джим ухаживает за моей “сестрой”», — недоумевала я.

«Но ведь это тебя, а не ее он пригласил на футбольный матч», — не сдавалась тетя Грэйс.

«Это было так безнадежно скучно, — ответила я. — Он такой же, как и все другие, только выше ростом и вежливее».

«Вежливость — очень большое достоинство мужчины», — не сдавалась тетя Грэйс.

«Дядя» и «тетя», с которыми я жила последнее время — моя девятая приемная семья, — помогли мне принять решение. Они готовились к переезду в другой город. Это значило, что придется вернуться в приют и ждать, пока не найдется очередная семья, готовая «удочерить» меня за пять долларов.

Я вышла замуж за Джима Догерти.

Первое следствие моего замужества — я стала еще меньше интересоваться сексом. Мой муж или этого не замечал, или не обращал на это внимания. Мы оба были слишком молоды, чтобы открыто обсуждать такую щепетильную тему.

На самом деле наш брак был своего рода дружбой с сексуальными привилегиями. Позднее я узнала, что многие браки только этим и ограничиваются. И что большинство мужей хороши как любовники, только если они обманывают своих жен.

Родителям Джима я не особенно нравилась, и я их за это не виню. Я была странной женой. Я не любила взрослых — я предпочитала лучше мыть посуду, чем сидеть и разговаривать с ними. Как только они начинали играть в карты или ссориться, я старалась выскользнуть из дома, чтобы поиграть с детьми на улице. Я любила общаться с мальчиками и девочками моложе меня. Я играла с ними до тех пор, пока муж не выходил и не звал меня домой.

Мой брак не причинил мне боли, но и не принес счастья. Мы с мужем редко разговаривали. И не потому, что мы ссорились. Просто нам нечего было сказать друг другу. Позднее я видела много супружеских пар, похожих на нас с Джимом. Я бы сказала, что самые прочные браки те, что скреплены молчанием.

Самое важное, что принес этот брак, он навсегда покончил с моим статусом сироты. За это я была благодарна Джиму. Он был моим Лохинваром[7], освободившим меня от синих платьев и белых кофточек.

Все мои советчики оказались правы в том, что брак положил конец моей популярности как соблазнительницы. Мальчишки не приставали к миссис Догерти. Как будто роза выпала из моих губ».

* * *

Брак с Догерти оказался удобным для молодой девушки, но не стал важным событием в жизни Мэрилин. Супруги и спали-то вместе всего несколько раз: из-за начавшейся войны и незрелости молодых брак не был полностью реализован. Конец замужества был не за горами...

«В 1944 году Джим поступил в торговый флот, а я устроилась на фабрику, изготовлявшую парашюты. Мировая война разгорелась не на шутку. Сражения выигрывались и проигрывались. Музыкальные автоматы глотали монетки и наяривали модные песенки. У людей возбужденно горели глаза.

На работе я носила комбинезон. Я была удивлена, что начальство на этом настаивало. Наряжать девушек в комбинезон — все равно что заставлять их работать в трико, особенно если девушка умеет его носить. В роли инспектора парашютного цеха я словно опять оказалась на уроке математики. Мужчины увивались вокруг меня точно так же, как когда-то ученики старших классов.

С тех пор я поняла, что мужчины обычно обходят стороной замужних женщин и склонны относиться к чужим женам с уважением. Это не слишком хорошо говорит о замужних женщинах. Мужчины часто уважают тех, с кем им скучно. У большинства жен, даже у красивых, обычно тоскливое выражение лица, это потому, что их так сильно уважают.

Возможно, по моей вине мужчины на фабрике пытались назначить мне свидание и предлагали купить выпивку. Просто я не чувствовала себя замужней женщиной. Я была абсолютно верна мужу, который находился в плавании, но вовсе не потому, что любила его, или потому, что была особенно нравственна. Моя верность мужу была результатом моего равнодушия к сексу.

В конце концов Джим вернулся домой, и мы снова зажили вместе. Очень трудно помнить, что ты делала, говорила или чувствовала, когда тебе было смертельно скучно.

Джим был хорошим мужем. Он ни разу не обидел, не огорчил меня. Но была одна проблема — он хотел ребенка.

Мысль о малыше приводила меня в ужас. Я видела своего ребенка только как еще одну Норму Джин в сиротском приюте. Что-то обязательно случилось бы со мной. Джим бы меня бросил. И появилась бы еще одна маленькая девочка в синем платье и белой кофточке, которая жила бы в доме очередной «тети», мыла посуду и принимала последней ванну в грязной воде.

Я не могла объяснить это Джиму. Когда он засыпал рядом со мной, я лежала без сна и тихо плакала. Я не знала, кто это плачет, миссис Догерти или ребенок, которого она могла зачать. Но, наверное, это была Норма Джин, все еще живая, все еще одинокая и все еще хотевшая умереть.

Теперь я совсем иначе вижу эту идею — иметь ребенка. Я об этом постоянно мечтаю. Теперь я не думаю, что мой ребенок будет Нормой Джин. И я знаю, как буду его воспитывать — без лжи. Никто не будет обманывать мою девочку, никто и никогда. Я отвечу на все ее вопросы. А если я не буду знать ответа, я полезу за ответом в энциклопедию. Я расскажу ей все, что она захочет знать — о любви, о сексе, обо всем!

Но прежде всего — никакой лжи! Никакой лжи о существовании доброго Деда Мороза или о том, что мир полон благородных и честных людей, готовых прийти на помощь друг другу и творить только добро. Я расскажу ей, что в мире есть также мало чести и великодушия, как бриллиантов и радия.

Это конец моей истории о Норме Джин. Мы с Джимом развелись. Я сняла комнату в Голливуде и стала жить одна. Мне исполнилось девятнадцать, и я захотела понять, кто же я есть на самом деле.

Когда я написала «это конец истории о Норме Джин», я покраснела, как будто меня уличили во лжи. Этот несчастный, ожесточившийся, слишком рано повзрослевший ребенок всегда будет занимать место в моем сердце. Теперь, когда ко мне наконец пришел успех, я все равно смотрю на мир испуганными глазами Нормы Джин. Она повторяет: «Я никогда не жила по-настоящему, и меня никогда не любили». И я подчас в замешательстве думаю, что это не она, а я произношу эти слова».

* * *

Брак с Джимом Догерти продолжался четыре года. Но на самом деле они были вместе совсем мало: большую часть этих лет Джим провел в плавании. Семья мужа приняла Норму Джин очень тепло. В доме мужа она чувствовала себя уютно и помимо работы на фабрике довольно много помогала по хозяйству — убирала, стряпала. Была ли она счастлива? Вероятно. Любила ли она Джима? По всей видимости, да. Но вскоре после брака Джим ушел в море и отсутствовал более года. В 1945 году он вернулся, но через короткое время снова отбыл в плавание. О том, что действительно происходило между Джимом и Нормой Джин, лучше всего рассказали бы письма, которыми они обменивались, — их было более двухсот. Но пачка писем исчезла из дома Мэрилин Монро после ее смерти.

В мае 1946 года Норма Джин поехала в Лас-Вегас, где через шесть недель получила развод. Джим в это время был в море и даже ничего не знал о решении жены. Он узнал об этом гораздо позднее, когда получил короткое письмо от Нормы Джин и официальный документ о разводе за подписью судьи...

Свобода нужна была Норме Джин еще и потому, что киностудии и фотоагентства отказывались заключать договора с замужними актрисами и моделями, опасаясь их возможной беременности. А Норма Джин в это время начала всерьез думать о карьере фотомодели и актрисы. Ее фото стали появляться на обложках журналов и в рекламе. Эффектная блондинка с большой грудью привлекала внимание фотографов, но беда в том, что эти фотографы были по большей части начинающими или не слишком модными мастерами, которые сами искали возможности пробиться к известности и деньгам.

Начало голливудской карьеры Мэрилин было трудным, никто не спешил ей помочь.

Но Норма Джин без колебаний закрыла дверь в прошлое, решив пробиваться в неведомое, но манящее будущее.

В июле 1946 года Норма Джин посетила студию «XX век — Фокс». Вот как описал этот визит глава студийного отдела «новых талантов» Бен Лайон. «Я сидел у себя в кабинете, когда моя секретарша позвонила по внутреннему телефону и сообщила, что в приемной сидит молодая красивая девушка, которая не договаривалась о встрече. Я ответил: «Мэри, ты же знаешь, чтобы встретиться со мной, не нужно никакой договоренности. Пригласи ее». Молодая особа вошла в кабинет, и я попросил ее присесть к столу. Она была фантастически хороша, одета в отлично скроенное, хотя и недорогое платье, и ее золотистые волосы были рассыпаны по плечам... Должен признаться, мне не часто приходилось встречать такую привлекательную особу. Я спросил ее, чего она хочет, и она ответила, что мечтает работать в кино. Помню, я сказал: «Дорогая, ты уже в кино». Я стал ее расспрашивать и выяснил, что она живет в доме для бедных начинающих актрис. Это было своего рода общежитие, организованное женами кинобоссов, занимающихся благотворительностью. Я знал, что при такой внешности эта молоденькая девушка могла бы иметь дворец в Беверли-Хиллз, разъезжать на «кадиллаке» в мехах и драгоценностях. Видно, это порядочная девушка, подумал я».

Бен Лайон предложил Норме Джин предварительный семилетний контракт. Согласно контракту студия обязалась платить первые шесть месяцев 75 долларов в неделю. Все остальное будет зависеть от ее успехов. Норма Джин немедленно согласилась. Затем Бен Лайон позвонил режиссеру Уолтеру Лангу[8] и попросил того в качестве дружеской услуги сделать пробную съемку. Пробный ролик был одобрен руководством студии. Так впервые Норма Джин получила контракт, который пришлось подписать тете Грэйс по той простой причине, что Норма Джин еще не достигла полного юридического совершеннолетия, то есть двадцати одного года, а тетя Грэйс была ее официальным опекуном.

К тому же времени относится и создание актерского псевдонима — Мэрилин Монро. Имя Мэрилин предложил тот же Бен Лайон, а Монро была девичьей фамилией ее матери.

Но путь к славе был долог и тернист. Пока что новая звездочка была одинока и не очень счастлива. Вот как будущая знаменитость описала этот период своей жизни.

«Прежде я была своего рода ребенком-невестой. Теперь я стала своего рода ребенком-вдовой. Казалось бы, многое случилось со мной за это время. Но в каком-то смысле ничего не изменилось, разве что мне было девятнадцать, а не девять, и я должна была искать работу.

Тот же инстинкт, что приводит утку к воде, привел меня в студии фотографов. Я получала работу, позируя для рекламы и оформления выставок. Главная проблема заключалась в том, что фотографы тоже искали работу. Найти человека, который хотел бы меня снимать, было намного легче, чем найти такого, который готов был платить за работу деньгами, а не обещаниями.

Но все же я зарабатывала достаточно, чтобы платить за квартиру и есть один раз в день, хотя временами на еду денег не хватало. Но это меня не волновало. Когда ты молод и здоров, небольшой голод не так уж и страшен.

Что было гораздо хуже, так это одиночество. Когда ты молод и здоров, одиночество представляется более серьезной проблемой, чем оно есть на самом деле.

Я с тоской смотрела вокруг. У меня не было ни родственников для семейного визита, ни друзей, чтобы пойти куда-нибудь развлечься.

Тетя Грэйс и тетя Ана тяжело трудились, зарабатывая на пропитание и оплату жилья. Когда я звонила, они жалели меня и были бы рады помочь. Но я знала, как они нуждаются, и не ходила к ним в гости, разве что у меня заводились деньжата, и я могла повести их в ресторан или в кино.

Я была совершенно одна. Когда я вечером возвращалась домой, улицы были ярко освещены и полны народу, и я с завистью смотрела на людей, говорящих друг с другом и куда-то спешащих. Я бы хотела знать, куда они торопятся и как люди себя чувствуют, когда им есть куда и к кому пойти.

Конечно, всегда находились мужчины, готовые скрасить одночество девушки. Они кричали: «Привет, крошка!», когда ты проходила мимо. И если ты не реагировала, они глумливо восклицали: «Заносишься, детка?»

Иногда они шли за мной и старались поддержать односторонний разговор: «Ты отлично выглядишь, милочка! Как насчет прошвырнуться куда-нибудь — выпить и потанцевать». Пройдя квартал и не видя ответной реакции, они начинали злиться, сквернословить и, наконец, отставали, грубо выругавшись напоследок.

Я никогда им не отвечала. Я даже жалела их. Ведь они были так же одиноки, как и я. Я не отвечала на их тротуарные приставания не из каких-то высоконравственных соображений, просто я не желала, чтобы меня использовали. Норму Джин постоянно использовали, говорили ей — сделай то, сделай это, иди туда, убери кухню и держи язык за зубами, что бы ты ни чувствовала. Каждый командовал Нормой Джин. И если она не слушалась, ее тут же отправляли обратно в приют.

Эти одиноко стоящие на тротуарах «волки», надеявшиеся подцепить чувиху с помощью восклицаний типа «Привет, крошка!», звучали как голоса из прошлого, звавшие меня к тем временам, когда я была никем, когда меня сначала использовали, а потом игнорировали.

В один прекрасный вечер я познакомилась с мужчиной в ресторане. Мы вышли вместе, и он продолжал говорить со мной на улице. Он был первым, кто говорил со мной достаточно долго, и я охотно его слушала.

«Этот город сильно изменился за последние сорок лет, — сказал он. — Там, где мы сейчас идем, когда-то обитали индейцы. Здесь были прерии. Чтобы добраться куда-нибудь, приходилось ехать верхом на лошади».

«А вы что же, жили здесь сорок лет назад?» — спросила я.

«Конечно, — ответил он. — Как ты думаешь, сколько мне лет?»

«Лет шестьдесят».

«Мне стукнуло семьдесят семь, — поправил он меня. — Меня зовут Билл Кокс. Ты куда-нибудь торопишься?»

Я ответила, что нет, никуда не тороплюсь.

«Так не завалиться ли нам ко мне и моей женушке? — предложил он. — Я живу неподалеку. Она не слишком жалует ночную жизнь, так что я несу ей сэндвич».

Так я подружилась с Биллом Коксом и его женой. Иногда по вечерам мы гуляли по освещенным улицам все вместе, но чаще Билл и я прогуливались вдвоем. Он рассказывал главным образом об американо-испанской войне[9], в которой принимал участие, и об Аврааме Линкольне[10]. Эти темы его особенно волновали.

Я никогда прежде не слышала об американо-испанской войне. Наверное, я пропустила школу, когда ее проходили на уроке истории.

Билл Кокс подробно рассказывал о войне, ее причинах и сражениях. От него я узнала и о жизни Авраама Линкольна — от рождения до смерти. Я не чувствовала себя одинокой, и тротуарные «волки» не приставали ко мне.

Однажды вечером Билл сообщил мне, что возвращается в Техас.

«Я немного нездоров, — объяснил он, — и не хочу умереть нигде, кроме Техаса».

Из Техаса он прислал мне несколько писем. Я на них ответила. А потом пришло письмо его жены с известием, что Билл умер в доме для ветеранов. Я прочла это письмо в ресторане, где мы познакомились, и рыдала по дороге домой. Голливудские улицы казались мне еще более одинокими без Билла Кокса, Сан-Хуана[11] и Авраама Линкольна».

* * *

«Хуже всего было по воскресеньям. По воскресеньям было невозможно искать работу или притворяться, что тебе нужно что-то купить в магазине. Можно было только ходить по улицам с деловым видом.

В одну из таких прогулок я обнаружила место, куда можно было ходить по воскресеньям. Это был железнодорожный вокзал. На вокзал приходили поезда со всей страны. Это было красивое здание, и там всегда было полно людей, тащивших чемоданы и малышей.

С тех пор я обычно приходила туда по воскресеньям и проводила там почти весь день. Я наблюдала за людьми: как они приветствовали друг друга, когда толпа с подошедшего поезда вываливалась в зал ожидания. Или прощались.

В большинстве своем это были небогатые люди. Хотя там и сям появлялись и хорошо одетые пассажиры. Но все же по преимуществу поезда привозили и увозили бедняков.

Наблюдая за ними, можно было многое узнать. Я замечала, как красивые жены обожают своих невзрачных мужей, а красавцы мужья обожествляют своих ничем не примечательных жен. Я наблюдала за людьми в поношенной одежде, нагруженных мешками и с тремя-четырьмя висящими на них детьми. Но когда они встречали родных, их лица освещались необыкновенным светом, как рождественская елка. И я видела скромных мужчин и женщин, толстых и старых, которые целовались с такой нежностью, будто они любовники из фильма.

Кроме вокзала, можно было еще стоять на углах улиц и слушать речи ораторов. По большей части это были выступления религиозного характера. Я стояла там часами, слушая проповедников. Они ораторствовали, взгромоздясь на ящики. Речь всегда шла о Боге, и проповедник призывал слушателей отдать *Ему* свои души и свою любовь.

Я наблюдала за толпой, когда проповедник выкрикивал, как сильно Бог любит людей и как они должны вести себя по отношению к Богу. Лица слушателей почти ничего не выражали, просто усталые лица людей, которым было приятно знать, что *кто-то* их любит.

Когда наступало время сбора пожертвований, я выскальзывала из толпы. У меня, как правило, не было и десяти центов на трамвай. Но иногда, в приливе чувств, я бросала в шапку полдоллара.

У меня появилась привычка не подкрашиваться, не причесываться и не надевать чулки по воскресеньям. Мне казалось, что так я буду больше сливаться с толпой на вокзале и со слушателями проповедников. Что касается одежды, то тут мне нечего было беспокоиться, что я слишком наряжена.

Однажды воскресным утром, когда я кружила по прилегавшим к вокзалу улицам в поисках очередного проповедника, ко мне обратился парень в солдатской шинели.

«Помогите инвалидам войны, — сказал он. — Дайте изуродованным войной героям шанс выжить».

В руках у него был ящик, полный карточек с наклеенными на них небольшими жестяными звездочками.

«Пять серебряных звездочек за пятьдесят центов, — продолжал солдат. — Купите и подарите своим друзьям, чтобы они помнили о наших раненых ветеранах».

Я заметила, что парню лет двадцать пять и он говорит с серьезным выражением лица.

«Простите, но я не могу ничего купить, — сказала я ему. — У меня совершенно нет денег».

«Всего пятьдесят центов, — настаивал он. — Только и всего — пять звездочек за пятьдесят центов. Разве вы не хотите помочь искалеченным ветеранам?»

«Я бы очень хотела, — ответила я, — но у меня нет даже на трамвай. Мне придется идти домой пешком».

«Не может быть. У вас нет даже десяти центов?»

«Сегодня нет, — ответила я. — Я получу немного денег завтра, и если я тогда вас увижу, я с удовольствием куплю ваши серебряные звездочки».

Я заметила, что мы идем вместе. Он закрыл ящик с карточками.

«Я не позволю вам купить эти звездочки, если мы встретимся», — внезапно заявил он решительным голосом.

«Почему?»

«Да потому что это обман. Деньги не идут раненым солдатам. Половину пожертвований получаю я, а остальное забирает парочка мошенников, на которых я работаю. Куда вы сейчас?»

«Иду послушать проповедика где-нибудь на углу».

«Один такой работает в двух кварталах отсюда. Я там уже был и собрал три доллара».

Я промолчала.

«Я действительно ветеран войны, — продолжал солдат. — Это правда. Я воевал во Франции и Германии. Пехота. Почему я работаю на этих мошенников? Да потому что не могу вернуться домой. Мой папаша зовет меня, но я не хочу».

«Почему же вы не хотите?»

«Отец считает, что я должен работать на его ферме, — пояснил солдат. — Он фермерствует в Огайо. А я сказал ему: «Не желаю быть жалким фермером и провести жизнь впустую, как ты». Мы сцепились, и я удрал. Некоторое время лодырничал, а потом встретил этих проходимцев со звездочками. Они поставили мне пару кружек пива, и я вступил с ними в долю. Это легкие деньги».

Некоторое время мы шли молча. Потом он остановился.

«Давай постоим здесь, я хочу спросить тебя кое о чем».

Мы стояли перед продуктовой лавкой. И он первый раз мне улыбнулся.

«Вот что я хочу тебя спросить, — сказал он. — Не выйдешь ли ты за меня замуж?»

Я не ответила.

«Нет, серьезно! — заволновался парень. — Если ты выйдешь за меня, я вернусь с тобой на ферму к отцу. И стану фермером. Это не так уж плохо. Там есть городок неподалеку, милях в двадцати. Что ты на это скажешь?»

«Ты даже не знаешь, кто я и что я», — ответила я.

«Ты мне нравишься, — сказал он. — Я встречал многих девушек. В тебе есть что-то такое, что мне по душе. Ты не такая, как все».

«Нельзя предлагать первой встречной выйти за тебя замуж, — сказала я, — не то у тебя будет масса неприятностей».

«Каких неприятностей?»

«А что, если она плохой человек, или даже преступница, или что-то в этом роде?»

Он посмотрел на меня долгим взглядом и ответил:

«Ты не преступница или что-то в этом роде. Я готов рискнуть. У меня хватит денег, чтобы добраться до фермы. Ну так как — пойдешь за меня?»

Я покачала головой, мне было трудно говорить. Сердце заныло в груди. Этот молодой солдат, продававший фальшивые карточки, был так пронзительно одинок, что мне хотелось разрыдаться.

Я сжала его руку и сказала: «Я не могу выйти за тебя замуж» — и быстро ушла. Он не пошел за мной.

Когда я оглянулась, я увидела, как он открыл крышку своего ящика и направился к толпе на ближайшем углу».

* * *

«Ты сидишь одна. За окнами вечер. Вереницы машин, шелестя дорогими шинами, мчатся вдоль Голливудского бульвара. Они напоминают бесконечную череду светлячков. Ты голодна и ты убеждаешь себя: «Диета полезна для талии. Нет ничего прекраснее, чем плоский живот».

И ты громко повторяешь задание учителя дикции: «Ариадна поднялась со своего кресла в снегах акракаронианских гор».

И еще:

«Здравствуй, дух веселый!
Взвившись в высоту,
На поля, на долы,
Где земля в цвету,
Изливай бездумно сердца полноту!»[12]

Каждый урок стоит доллар. За доллар можно купить пару чулок или один гамбургер. Но ни колготки, ни гамбургер никогда не сделают тебя актрисой. Уроки дикции могут. Так что с голыми ногами и пустым желудком ты повторяешь согласные: «Здравствуй, дух веселый...»

Глядя на голливудскую ночь, я часто думала: «Наверное, тысячи девушек сейчас сидят в одиночестве, мечтая, как и я, стать кинозвездой. Но меня это не тревожит, потому что моя мечта самая сильная».

Чтобы сильно мечтать, не нужно знать ничего особенного. Я ничего не знала об актерском мастерстве. Я не прочитала ни одной книги об этом, не пыталась играть и ни с кем не обсуждала эту тему. Мне было стыдно признаваться в своей мечте тем немногим людям, которых я знала. Я говорила, что надеюсь зарабатывать на жизнь, став моделью. Я звонила во все модельные агентства и время от времени получала работу.

Но я никогда не расставалась с моим секретом — мечтой стать актрисой. Это все равно как сидеть в тюремной камере и смотреть на дверь с надписью «Выход здесь».

Работа актера — это было что-то светлое и прекрасное. Что-то вроде ярких красок, которые Норма Джин видела в своих мечтах. Это не было искусство. Это было как игра, в которую ты играешь, чтобы вырваться из мрачной, хорошо знакомой тебе действительности и очутиться в мирах, столь разноцветных и ярких, что твое сердце начинает биться в груди при одной мысли о них.

Когда мне было восемь лет, я часто по ночам смотрела из окон приюта и видела огромную освещенную вывеску — «Киностудия Р.К.О. Радио». Я ненавидела эту надпись. Она напоминала мне запах клея. Однажды моя мама взяла меня на студию, где она работала. Запах клея, которым она склеивала кинопленку, долго держался у меня в носу.

Это был нос Нормы Джин. У начинающей актрисы Нормы Догерти таких чувств к названиям студий не было. Для нее эти названия были маяками Земли Обетованной — земли Ингрид Бергман, Клодет Кольберт, Джоан Кроуфорд, Бетт Дейвис, Оливии де Хэвиленд, Джин Тьерни, Дженифер Джонс[13].

Так это было, когда я сидела в одиночестве в своей голливудской комнатушке. Я засыпала голодная и просыпалась голодная. И я думала, что все актеры и актрисы — это гении, сидящие на крыльце Рая — в фильмах».

* * *

«Я никогда ничего не читала о Голливуде, который я узнала в эти первые годы. Ни намека на тот Голливуд, что в журналах для поклонников кинозвезд. Если есть какие-то книги на эту тему, то я, должно быть, их пропустила, как и несколько миллионов других не прочитанных мною книг.

Голливуд, который я знала, был Голливудом неудачников. Почти все, с кем я встречалась, страдали от недоедания или пытались покончить с собой. Это как строчка из стихотворения: «Вода, вода, кругом вода, но нет ни капли для питья»[14]. Слава, слава повсюду, но всё не для нас!

Мы питались в дешевых забегаловках... Часами ожидали в приемных. Мы были самым красивым племенем нищих, которые когда-либо наводняли город. И нас было множество! Победительницы конкурсов красоты, самоуверенные студентки колледжей, доморощенные соблазнительницы из каждого штата, девушки городские и деревенские... Из актерских школ, передвижных трупп и одна — из сиротского приюта.

И вокруг нас крутились хищники. Не те крупные «волки» за студийными воротами, а маленькие — агенты без офисов, занятые поисками талантов, пресс-агенты без клиентов, люди, организующие контакты, у которых не было никаких контактов, менеджеры... Дешевые кафе были всегда полны такими типами, обещавшими златые горы, если ты согласишься на их условия. Их знаменем, как правило, была грязная простыня.

Я всех их встречала. Их окружал ореол фальши и неудач. Одни были злобные, другие — мошенники. Но это был единственный доступный путь приблизиться к кино, хотя было совершенно ясно, что они были так же далеки от кино, как Земля от Марса. И вот ты садилась с ними за стол, слушала их враки, обсуждала фальшивые проекты, и ты видела Голливуд их глазами — переполненный бордель, веселая карусель с кроватями вместо деревянных лошадей.

Среди фальшивых и провалившихся случались также и бывшие. По большей части актеры и актрисы, выпавшие из обоймы — никто не знал, как и почему это случилось, и прежде всего не знали они сами. Все они, конечно, играли «главные роли», в их альбомах было множество кинокадров и автографов. Из них так и сыпались разного рода истории о встречах с Голдвином, Зануком, Майером, Селзником, Шенком, Уорнером, Коном[15]. Они отирались вокруг этих деятелей и вели о них долгие разговоры. Часами, сидя в дешевом кафе за кружкой пива, они вспоминали великих мира сего, называя их по именам: «Сэм сказал мне», «Я объяснил ЛБ» (Льюис Б. Майер. — *В.Г.*), «Никогда не забуду восторга Дэррила» (Занук. —*В.Г.*) после просмотра отснятого материала»...

Когда я вспоминаю этот отчаявшийся, лживый, охотящийся за каждой копейкой Голливуд, который я знала всего только несколько лет назад, у меня возникает ностальгия по прошлому. Это было гораздо более человечное место, чем те райские кущи, что я вымечтала и нашла. Люди, обитавшие в том мире, все эти дутые фигуры и неудачники, были на самом деле гораздо более колоритны, чем великие продюсеры и режиссеры или знаменитые актеры, которых мне довелось вскоре узнать.

Даже мошенники, которые раскидывали вокруг меня сети и устраивали ловушки, кажутся мне более приятными и добродушными типами. Вот, например, фотограф Гарри, снимавший меня, когда у него появлялись денежки, чтобы купить пленку.

«Я знаю одного действительно «горячего» агента, который просто без ума от тебя, — однажды подкатился ко мне Гарри. — Он увидел одно твое фото, и у него прямо-таки крыша поехала. И он не прохиндей какой-нибудь. Он был большим человеком в Будапеште».

«Что значит «большой человек», Гарри?»

«Продюсер. Тебе знакомо такое имя — Рейнгардт?»[16]

«О, да!»

«Так вот, он был вторым после Рейнгардта, — пояснил Гарри. — Тебе он понравится. Он мыслит крупными категориями».

На следующий вечер мы втроем сидели в дешевом кафе. Владелец заведения прекрасно знал, что нам не нужен официант: мы с Гарри не раз здесь бывали. Третий человек за нашим столиком, мистер Ласло, с точки зрения владельца также не представлял интереса. Мистер Ласло был толст, небрит, лыс, со слезящимися глазками. Воротничок его рубашки немного протерся. Но он был отличным собеседником. Он говорил с потрясающим акцентом. Трудно было представить, что такой высококультурный человек мог быть не у дел. Но я знала, что это именно так, иначе он не сидел бы здесь с Гарри и со мной.

«Значит, ты хочешь стать знаменитой актрисой?» — спросил он.

Я кивнула.

«Отлично, — продолжал мистер Ласло. — А что ты скажешь, если ты не только станешь знаменитой, но у тебя будет своя собственная студия и ты будешь сниматься только в картинах самого высокого класса. Никакого ширпотреба, только искусство, настоящее искусство».

«Это было бы прекрасно», — согласилась я.

«Хорошо. Теперь я знаю, чего ты хочешь».

«Подожди, пока не услышишь его идею, — сказал Гарри. — Я тебе говорил, что он мыслит по-крупному».

«В Будапеште, — начал свой рассказ мистер Ласло, — если мне нужны были несколько тысяч долларов, я просто звонил в банк, и мне присылали вагон денег». Он погладил мою руку. «Ты красавица. Я хотел бы пригласить тебя на такой обед, какой я имел каждый вечер в Будапеште».

«Я уже пообедала», — сказала я.

«Тебе везет, — вздохнул мистер Ласло. — Но прежде чем перейти к делу, скажи мне, тебя действительно интересует мой проект?»

«Я еще не слышала, что вы предлагаете».

«Ты готова выйти замуж?» — спросил мистер Ласло.

«За кого?»

«За миллионера, — сказал мистер Ласло. — Он просил меня задать тебе этот вопрос».

«Он меня знает?»

«Он видел твои фотографии, — сказал мистер Ласло, — и выбрал тебя из пятидесяти претенденток».

«Я и не знала, что участвовала в конкурсе».

«Кроме шуток, — сказал Гарри. — Речь идет о серьезном финансировании».

«Джентльмену, который хочет на тебе жениться, — продолжал мистер Ласло, — семьдесят один год. У него высокое кровяное давление. И ни одного живого родственника. Он один на всем белом свете».

«Это звучит не слишком соблазнительно», — сказала я.

«Дитя мое, — проговорил мистер Ласло и взял мою руку. Его собственная рука дрожала от едва сдерживаемых эмоций. — Ты унаследуешь всё через шесть месяцев. А может, и раньше».

«Вы имеете в виду, что он умрет после свадьбы?»

«Стопроцентная гарантия!» — воскликнул мистер Ласло.

«Но ведь это похоже на убийство».

«Через полгода ты будешь вдовой с двумя миллионами долларов, — воскликнул мистер Ласло. — Ты возьмешь себе первый миллион, а второй мы разделим поровну с Гарри».

В ту ночь я не могла уснуть. Я бы никогда не вышла замуж или даже не согласилась встретиться с умирающим миллионером. Но было увлекательно просто думать о миллионе. Почти неделю я воображала себя в замке на холме с бассейном и сотней купальников.

Мистер Ласло был одним из самых симпатичных мелких мошенников, которых я встречала в те дни. Множество других были гораздо менее симпатичны. Один из таких — Джон Сильвестр.

Как-то в моей комнате зазвонил телефон.

«Это говорит Джон Сильвестр, — сказал некто, — вы меня не знаете, а я ищу актеров для мистера Сэмюэля Голдвина»[17].

Я только успела проговорить дежурное: «Как поживаете?»

«Нам нужна девушка вашего типа для одной из сцен нового фильма Голдвина. Роль небольшая, но очень важная».

«Вы хотите встретиться сейчас же?» — спросила я.

«Да, я подхвачу вас через несколько минут. Я неподалеку. И мы поедем на киностудию».

«Я буду ждать внизу».

Я стояла у подъезда моего дома и дрожала от возбуждения. Вот наконец-то это случилось. Я не подведу. Пусть только они впустят меня, и никакие силы не заставят меня выйти оттуда. Важная роль! В фильме Сэма Голдвина! А он делает самые лучшие фильмы. И он создает кинозвезд.

Машина остановилась, человек средних лет улыбнулся мне.

«Садитесь, мисс Догерти», — сказал он.

Я села. Мы подъехали к задним воротам киностудии Голдвина.

«Я всегда пользуюсь этим входом, ближе и удобнее», — сказал мистер Сильвестр.

Часы показывали семь вечера, и вокруг не было ни души.

«Мы пройдем в мой кабинет, — сказал мистер Сильвестр, бережно держа меня под руку. — Там я вас послушаю».

Мы прошли вниз и по коридору. Мистер Сильвестр остановился перед какой-то дверью

«Надеюсь, они не заперли дверь, — сказал он. — Нет, все еще открыто».

Я заметила, что табличка на двери гласила: «Дуган». «Мы с Дуганом делим эту комнату для прослушиваний», — объяснил мистер Сильвестр, поглаживая меня по спине.

Это был хорошо обставленный кабинет. Мистер Сильвестр попросил меня присесть на диван.

«Что вы хотите, чтобы я прочитала?» — спросила я.

Мистер Сильвестр взял со стола сценарий и передал мне. Первый раз в своей жизни я держала в руках настоящий киносценарий.

«Что именно вы хотите, чтобы я прочитала?» — От волнения я с трудом ворочала языком. Я думала: «Возьми себя в руки. Ты актриса. Твое лицо не должно дергаться».

«Попробуйте один из длинных монологов», — посоветовал мистер Сильвестр.

Я взглянула на него с удивлением. Казалось, он волновался не меньше меня. Я открыла текст и начала читать.

«Пожалуйста, приподнимите немного вашу юбку», — прервал меня мистер Сильвестр.

Я приподняла подол платья до колен и продолжала читать.

«Еще повыше, прошу вас», — повторил мистер Сильвестр.

Я приподняла подол выше колен, продолжая читать без остановки.

«Я всегда буду любить вас, Альфред, — декламировала я неестественным голосом, каким обычно произносила упражнения по дикции, — что бы со мной ни случилось!»

«Еще повыше», — командовал мистер Сильвестр.

Я думала, что он спешит и хочет одновременно проверить и мои актерские данные, и мою фигуру. Продолжая читать сценарий, я подняла юбку так высоко, что открыла бедра. И тут внезапно мистер Сильвестр очутился на диване. Долю секунды я была так ошарашена, что не могла пошевелиться. Я все поняла. Операция была блефом. Он не работал у Голдвина. Это не его кабинет. Он использовал трюк с прослушиванием, чтобы заманить меня на диван. Я сидела на диване с поднятым платьем и драгоценным сценарием в руках, а мистер Сильвестр тем временем продолжал меня лапать. Но когда первый шок прошел, я вскочила, вдарила ему между глаз, что есть силы двинула его в грудь, топнула каблуком по его ступне — и бросилась вон из здания.

Еще довольно долго голос мистера Сильвестра преследовал меня, как будто это и был подлинный голос Голливуда: «Выше, выше, выше».

* * *

В рассказах о Голливуде, о первых шагах карьеры молодой начинающей актрисы проявился острый, ироничный взгляд Нормы Джин, еще не ставшей Мэрилин Монро. С этих первых шагов проявились те конфликтные отношения, которые определили всю будущую творческую жизнь актрисы.

«В Голливуде добродетель девушки гораздо менее важна, чем ее прическа. Тебя ценят по тому, как ты выглядишь, а не за то, что ты есть. Голливуд — это место, где тебе платят тысячу долларов за поцелуй и пятьдесят центов за твою душу. Я знаю, потому что я достаточно часто отвергала тысячу долларов, предпочитая пятьдесят центов.

И вовсе не потому, что я такая высоконравственная. И не потому даже, что я видела, что случалось с девушками, которые принимали деньги от мужчин, становились их содержанками. С такими девушками случалось то же, что могло бы случиться и при других обстоятельствах. Иногда их прогоняли, и им приходилось искать новых любовников. Или они попадали в светскую хронику, потому что им удавалось оказаться в нужное время в нужном место, и в результате они получали работу на киностудии. Или, прыгая несколько лет из одной постели в другую, они, в конце концов, встречали кого-то, кто искренне влюблялся в них, и они выходили замуж и рожали детей. Несколько таких звездочек даже стали знаменитыми.

Может быть, все происходит иначе в других местах, но в Голливуде «быть добродетельной» звучит так же странно, по-детски, как «заболеть свинкой».

Может быть, из-за монетки пяти центов, которую когда-то дал мне мистер Киммель, или из-за пяти долларов, за которые меня отдавали «напрокат» семьям бедняков, но только мужчины, пытавшиеся соблазнить меня деньгами, вызывали у меня отвращение. Их было много. И каждый раз, когда я отвергала их домогательства, моя цена повышалась.

Я была молоденькая фигуристая блондинка. Я научилась говорить хрипловатым голосом, как Марлен Дитрих[18], и ходить, слегка покачивая бедрами. И я умела выразительно взглянуть на мужчину, когда хотела. И хотя все эти мои «умения» не приносили мне работу, они привлекали немало «волков», свистевших мне вслед. Среди них были не только мелкие «волки», мошенники с потертыми манжетами, но встречались и настоящие богачи, готовые выписывать чеки.

Я каталась в их роскошных машинах, проводила с ними время в модных кафе, где я обычно жрала, как лошадь, чтобы наесться на всю неделю и реже ходить в дешевые столовки. И я посещала с ними богатые дома в Беверли-Хиллз и сидела рядом, пока они пили джин и играли в покер. Я никогда не чувствовала себя легко и комфортно ни в этих домах, ни в модных кафе. Главным образом потому, что моя одежда выглядела особенно убого в таких шикарных местах. Я должна была сидеть так, чтобы не были видны спущенные стрелки на моих чулках, и по той же причине я держала в тени мои локти.

Мужчины любят покрасоваться перед друзьями и поклонницами высокими ставками в игре. Я смотрела, как они передают другу другу купюры в сто и даже тысячу долларов, и на душе было горько. Я помнила, как много значили для тех, кого я знала, четвертак и даже десять центов. И как осчастливили бы их десять долларов. И как сто долларов могли изменить их жизнь.

Когда мужчины, смеясь, совали в карман тысячу выигранных в карты долларов, будто это бумажная салфетка, я вспоминала, как мы с тетей Грэйс стояли в очереди в булочную Холмса за кульком вчерашнего хлеба, которого нам хватало на неделю. И я помнила, как тетя Грэйс целых три месяца не могла заменить разбитое стекло в очках, потому что у нее не было пятидесяти центов. Я помнила все звуки и запахи бедности, страх в глазах людей, потерявших работу, и то, как они экономили и были готовы на любой тяжкий труд, чтобы выжить. И я видела свою всегдашнюю одежду — синее платье и белую кофточку, в которых я вышагивала две мили до школы — в дождь, снег и жару, — потому что не было нескольких центов на автобус.

Нельзя сказать, что эти мужчины мне не нравились из-за их богатства или потому, что они безразлично относились к деньгам. Но что-то сжимало мое сердце, когда я видела, как легко они расстаются с тысячами долларов, которые так же легко им достались.

Как-то вечером один такой богач сказал мне: «Я куплю тебе несколько платьев и меховых пальто и еще много всякого. Ты сможешь снять квартиру в престижном районе, и я буду давать тебе деньги на содержание. И ты даже не должна будешь ложиться со мной в постель. Все, что я прошу, чтобы ты ходила со мной в рестораны, на приемы и вела себя так, словно ты моя девушка. И я всегда буду прощаться с тобой около твоей квартиры и никогда не попрошу тебя впустить меня внутрь. Это будет только видимость нашей связи. Что ты на это скажешь?»

Я ему ответила: «Я не люблю мужчин с такими сногсшибательными планами. Я предпочитаю откровенных «волков». Я знаю, как с ними обращаться. Но я всегда нервничаю, имея дело с лжецами».

«Почему ты думаешь, что я тебя обманываю?» — удивился он.

«Потому что, если бы ты не хотел меня, ты бы не пытался меня купить».

Я не брала их деньги, и они не могли войти в мою комнату. Но я продолжала ездить в их роскошных машинах и сидеть рядом с ними в модных заведениях. Ведь всегда был шанс, что работа или какой-нибудь «не-волк» найдут тебя. А кроме того — еда! Я никогда не стеснялась, когда появлялась возможность наесться досыта. Еда не входила в сделку».

* * *

«Моей главной проблемой — кроме еды, покупки чулок и платы за квартиру — был автомобиль. Я сделала первый взнос за маленькую подержанную машину. Но я все еще была должна 150 долларов, а взять их было неоткуда.

Через месяц я получила письмо: если я не уплачу 50 долларов, то компания заберет у меня машину. Я спросила знакомую девушку из актерского отдела киностудии, что означает эта угроза, и она мне объяснила. Еще через месяц человек постучал в дверь, показал документы и забрал машину.

«Как только вы внесете 50 долларов, — сказал он, — компания будет счастлива вернуть вам машину».

Искать работу в Голливуде без машины — это все равно что пожарнику тушить огонь без пожарной кишки. Каждый день надо посетить по крайней мере дюжину киностудий и агентов, и все они находятся далеко друг от друга, в разных районах города.

Визиты на киностудии и к агентам редко приносили результаты. Обычно ты сидишь в приемной актерского отдела. Сотрудник выходит, осматривает группу ожидающих и объявляет: «Сегодня ничего нет. Оставьте ваши имена и телефоны». И это было еще ничего, если произносилась вторая фраза. Обычно они ограничивались первой.

В агентстве было несколько сложнее: агенты не были так откровенны, как сотрудники актерского отдела. Агенты предпочитали поводить тебя за нос, сделать несколько фальшивых звонков, пообещать что-то и попытаться тебя потискать. Как правило, ничего из этого не получалось, но все равно приходилось являться туда постоянно, так как у агентов были связи, и иногда, если повезет, можно было получить разовую работу.

Сценарист Ринг Ларднер[19] написал как-то сюжет о двух девушках, которые поднакопили деньжат и отправились на Палм-Бич во Флориду, чтобы покрутиться среди высшего общества этого знаменитого курорта. Они поселились в шикарной гостинице, и каждый вечер «прогуливались по веранде и получали удовольствие, ловя взгляды знаменитостей, смотревших на них свысока». Так же было и со мной. Но, конечно, без машины оставалось очень мало шансов для подобных прогулок.

Я предпринимала все возможное, чтобы вернуть машину. Я разыскивала шерифа Лос-Анджелеса, вела переговоры с компанией, где я купила машину. Я даже подумывала: а не позвонить ли нескольким знакомым миллионерам, но не могла себя заставить. Когда я стала набирать один из таких номеров, жаркая волна гнева захлестнула меня, и я бросила трубку. Я понимала, что это не совсем нормально, но единственное, что я могла, это броситься на кровать и зареветь. Я рыдала, и кричала, и стучала кулаками по стене, словно пыталась вырваться откуда-то. Потом я тихо лежала день или два, ничего не ела и думала только о смерти, как будто я снова была Нормой Джин и смотрела из окна приюта.

Потом зазвонил телефон. Это был знакомый фотограф по имени Том Келли. Он и его жена Натали хорошо ко мне относились. Том когда-то снимал меня для рекламы пива.

«Приезжай, — сказал он, — есть работенка».

«Это немножко отличается от обычной рекламы, — сказал Том, когда я приехала. — Но заплатят 50 долларов, если согласишься».

Еще раньше я рассказала Тому и Натали о проблеме с машиной.

«За полсотни я готова прыгнуть с крыши», — сказала я.

«Эти снимки для календаря, — объяснил Том. — И ты должна быть обнаженной».

«То есть как — совсем?» — спросила я.

«Именно, — подтвердил фотограф. — Но только это не будет что-то вульгарное. Ты идеально подходишь для такой работы: у тебя отличное тело, и ты не знаменита. Тебя никто не узнает».

«Да, ты прав, я не знаменита», — согласилась я.

«Все было бы иначе, если бы ты была маленькой звездочкой или что-то в этом роде, — вступила в разговор Натали. — Тогда тебя могли бы узнать на фотографии».

«С тобой же нет никаких проблем, — повторил Том. — Это будет просто фотография прекрасной незнакомки».

Я провела, позируя, несколько часов. Сначала было как-то не по себе, у меня даже стучало в висках. Сидя обнаженной перед камерой и принимая разные позы, я вспоминала свои детские мечты. Мне было грустно, ведь это была единственная моя мечта, ставшая реальностью. Но через некоторое время грустные мысли оставили меня. Мне нравилось мое тело. Я была рада, что из-за безденежья почти не ела последние дни. На фото будет виден мой плоский, как доска, живот. И что плохого может принести фотография обнаженной «прекрасной незнакомки»?

Люди странно относятся к обнаженному телу, как, впрочем, и к сексу. Обнаженное тело и секс — самые обычные вещи в мире. Но люди реагируют на них так, словно такое существует только на Марсе. Я думала об этом, позируя, но все же одна мысль не выходила у меня из головы. А что, если я когда-нибудь стану актрисой? Кинозвездой? И кто-нибудь увидит меня на календаре и узнает?

«Что это ты такая серьезная?» — спросил Том.

«Подумала кое о чем», — ответила я.

«О чем же?»

«Не стоит рассказывать. Я сумасшедшая. У меня бывают разные безумные мысли».

На следующий день я получила свою машину и могла снова носиться со студии на студию за обычной дозой унижений».

ГЛАВА 2
ГОЛЛИВУД: ПРЕВРАТНОСТИ СУДЬБЫ

«Я засыпала голодная и просыпалась голодная. И я думала, что все актеры и актрисы — это гении, стоящие на крыльце Рая — в фильмах».

Мэрилин Монро

Мэрилин Монро была одной из сорока начинающих актеров и актрис, почти одновременно принятых на студию «XX век — Фокс». На самом деле это были статистки, стажеры, участники массовок. В те годы «XX век — Фокс» была огромной студией, где снимались десятки картин. Главной звездой студии считалась Бетти Грейбл, получавшая фантастическую по тем временам зарплату в двести тысяч долларов. Вторую ступеньку занимала Рита Хейуорт. Обе звезды завоевали популярность в годы войны, будучи «pin up girls» — их фотографии солдаты прикрепляли над койками в бараках или в окопах.

Что было особенно хорошо для начинающих актеров, так это то, что студия организовала для них своего рода школу — там преподавали пение, актерское мастерство, танцы... С августа 1946-го по август 1947 года Мэрилин Монро ежедневно приходила на студию, чтобы узнать, нет ли для нее работы, а параллельно снималась для рекламы.

Но предоставим слово самой Мэрилин Монро. Вот как она описала свои чувства в момент получения первого контракта:

«Я примчалась к тете Грэйс с замечательной новостью. Я получила работу. Теперь я смогу проходить на киностудию, не отвечая на десятки вопросов. И я не должна больше часами сидеть в приемных. Я была принята в штат как актриса.

«Это самая лучшая студия в мире, — кричала я. — «XX век — Фокс».

Тетя Грэйс просияла и отправилась на кухню готовить кофе.

«И люди там замечательные, — продолжала я. — Мне дали роль. Роль небольшая, но сам факт, что я появлюсь на экране...»

Я взглянула на тетю Грэйс и замолчала. Она продолжала улыбаться, но не двигалась и сильно побледнела. Она выглядела такой усталой, словно больше не могла нести тяжесть жизни на своих плечах.

Я обняла ее и помогла присесть к столу.

«Все хорошо, — сказала она. — Чашечка кофе вернет мне силы».

«Отныне все будет по-другому. Для всех нас. Я буду много работать».

Мы долго сидели и обсуждали мой актерский псевдоним. Руководитель актерского отдела настоятельно рекомендовал мне придумать более эффектное имя, нежели Норма Догерти.

«Я с ним согласна, — сказала я, — особенно теперь, когда Догерти не имеет ко мне никакого отношения».

«У тебя есть какие-нибудь идеи?» — спросила тетя Грэйс.

Я не ответила. У меня на уме было имя, настоящее имя, одна мысль о котором меня возбуждала. Оно принадлежало мужчине в широкополой шляпе и с усиками Кларка Гейбла. У меня теперь имелась его фотография.

Я произносила это имя про себя, молча. Тетя Грэйс улыбалась. Я чувствовала, что она знает, о чем я думаю.

«Сотрудник студии рекомендовал имя Мэрилин», — сказала я наконец.

«Это приятное имя, — согласилась тетя, — и оно хорошо сочетается с девичьей фамилией твоей матери».

Я не знала девичью фамилию моей матери.

«Монро, — сказала тетя Грэйс. — Ее корни уходят в далекое прошлое. У меня есть документы и письма, я их храню для твоей матери. Там есть доказательства, что она дальняя родственница президента США Монро[1]».

«Ты считаешь, что я родственница американского президента?»

«По прямой линии, да», — подтвердила тетя.

«Это замечательная фамилия, — воскликнула я. — Мэрилин Монро! Но я никому не скажу насчет президента». Я поцеловала тетю Грэйс и добавила: «Я сама постараюсь всего добиться».

Второй режиссер сказал мне: «Теперь ты должна подойти к мисс Джун Хэйвер, улыбнуться, сказать «здравствуйте», помахать правой рукой и уйти. Поняла?»

Прозвучал гонг. На съемочной площадке воцарилась тишина, и второй режиссер скомандовал «Мотор!». Я двигалась, говорила, махала правой рукой.

Я снималась в кино. Я была одной из тех сотен участников массовки, которые выделены из толпы в одном кадре. Имя им — статисты.

На площадке нас таких был десяток. Наша задача ограничивалась одним жестом, одной-двумя фразами. Некоторых можно было назвать ветеранами массовки. После десяти лет работы в кино они по-прежнему произносили одну фразу и шагали три метра в никуда. Встречались там и молодые девушки с красивой грудью. Но я знала, что они не такие, как я. У них не было моей целеустремленности и уверенности. Мои иллюзии не имели ничего общего с желанием стать хорошей актрисой. Я понимала, что я пока что третьего сорта. Я просто чувствовала в себе это отсутствие мастерства, как ощущала свою дешевую одежду. Но, Боже мой, как я хотела всему научиться! Чтобы измениться, чтобы стать актрисой! Больше мне ничего не было нужно. Ни мужчин, ни денег, ни любви, а только умение играть. Когда на меня направили свет и камера стала медленно наезжать, я внезапно поняла, какая я неуклюжая, пустая, неотесанная! Угрюмое дитя сиротского приюта с гусиным яйцом вместо головы.

Но я стану другой. Я молча стояла и смотрела. Мужчины улыбались, стараясь поймать мой взгляд. Не актеры, не режиссер или его ассистенты. Это были люди с положением, а такие люди стараются поймать взгляд только других важных людей. Рабочие сцены, электрики и другие студийные работяги дружелюбно мне улыбались. Я не отвечала на их улыбки. Я была слишком занята своими отчаянными усилиями показать себя. У меня было новое имя — Мэрилин Монро. Я должна заново родиться. И на этот раз с лучшим результатом.

Мой кадр вырезали из окончательного монтажа картины[2]. Но, узнав об этом, я не огорчилась. В следующий раз будет лучше. Со мной заключили контракт на шесть месяцев, и за это время я им покажу...

Я тратила всю зарплату на уроки актерского мастерства, уроки танцев и уроки пения. Я покупала книги для чтения. Я уносила со съемочной площадки сценарии и дома разучивала роли перед зеркалом. И странная вещь случилась со мной. Я влюбилась в себя — не в ту, кем я была сейчас, а в себя, какой я мечтала стать.

Я часто спрашивала себя: «Черт возьми, чем же ты гордишься, Мэрилин Монро?» И отвечала: «Всем, всем!» Я медленно прохаживалась, не спеша поворачивала голову, словно я была королевой.

Однажды один из моих коллег-статистов пригласил меня на обед.

«У меня совершенно нет денег, — предупредила я. — А у тебя?»

«То же самое, — сказал он, — но я получил приглашение на прием и хочу, чтобы ты пошла со мной. Там будут все звезды».

Мы приехали к дому на Беверли-Хиллз в девять. Это был особняк известного агента. Входя в дом, я чувствовала себя несколько испуганно, словно готовилась ограбить банк. Чулки у меня были заштопаны в нескольких местах. И я была одета в десятидолларовое платье. А мои туфли! Я молилась, чтобы никто не взглянул на мои туфли. Я сказала себе: «Кретинка, это как раз тот момент, чтобы почувствовать себя королевой, а не когда ты одна в комнате». Но почувствовать себя королевой не удавалось. Максимум, что я смогла сделать, — на негнущихся ногах пройти в большой зал и, встав у двери, тупо уставиться на гостей в вечерних платьях и смокингах.

Мой спутник прошептал мне на ухо: «Еда в другой комнате. Идем». И ушел без меня. Я осталась разглядывать зал приемов с замечательной мебелью и замечательными людьми. Дженифер Джонс сидела на диване. Оливия де Хэвиленд стояла у маленького столика. Джин Тьерни разговаривала с ней и улыбалась. Вокруг было столько знаменитостей, что я не могла сосредоточиться. Знаменитости в вечерних нарядах дефилировали по залу, смеясь и светски болтая. Бриллианты сверкали. Там было много мужчин, но я смотрела только на одного. Кларк Гейбл стоял в одиночестве, держа стакан виски с содовой, и тоскливо улыбался в пространство. Он казался таким знакомым, что у меня закружилась голова.

Я старалась держаться прямо и, как мне казалось, хранить светское выражение лица. Но я не была в силах сделать хоть один шаг в зал, где господствовали смех и бриллианты.

Раздался голос:

«Моя дорогая юная леди. Подойдите сюда и сядьте рядом».

Это был чарующий голос, слегка вибрирующий от выпитого, но запоминающийся. Я повернулась и увидела мужчину, сидящего в одиночестве на ступеньке лестницы. В руках он держал стакан со спиртным. Его лицо было столь же иронично, как и его голос.

«Это вы мне?»

«Да, — ответил он. — Извините, что я не встаю. Меня зовут Джордж Сандерс»[3].

Я вежливо поприветствовала его: «Как поживаете?»

«Подозреваю, что у вас тоже есть имя?»

«Я Мэрилин Монро».

«Надеюсь, вы меня простите, если я признаюсь, что никогда прежде не слышал вашего имени, — сказал мистер Сандерс. — Да вы садитесь, вот здесь, рядом».

«Вы позволите мне иметь высокую честь попросить вас стать моей женой? — проговорил он торжественно и без всякого перехода. — Меня зовут, если вы уже запамятовали, Джордж Сандерс».

Я рассмеялась и ничего не ответила.

«Я вижу, что вы без энтузиазма отнеслись к предложению незнакомого человека, да еще актера, — продолжал мистер Сандерс. — Легко могу вас понять, особенно что касается второй части. Актер — это не совсем обычное существо, но тогда кого же мы назовем обычным?»

У мистера Сандерса было красивое, выразительное лицо, и он вдруг посмотрел на меня пристально.

«Блондинка, — сказал он, — воздушная, пышущая крестьянским здоровьем. Как раз то, что мне нужно».

Я подумала, что он сейчас попытается обнять меня, но он этого не сделал. Его голос, казалось, ослабел, и он продолжил:

«Подумайте о моем предложении, мисс Монро. Я могу обещать вам только одно, если вы выйдете за меня, вы станете одной из самых модных звезд Голливуда. Я помогу вам. Слово чести».

Мистер Сандерс поставил стакан на ступеньку и задремал.

Я оставила его на лестнице и вышла в темную калифорнийскую ночь. Я была благодарна мистеру Сандерсу за то, что он поговорил со мной. Но это знакомство стало причиной моего первого голливудского скандала.

Я забегу вперед и расскажу об этом здесь. Года через полтора я все еще была без средств и искала любую работу. Но первое легкое дуновение успеха уже коснулось меня. Вышел на экраны фильм «Асфальтовые джунгли»[4] с моим участием, и зрители свистели точно так же, как «волки» тогда на пляже, когда я впервые надела купальник. И хотя мне не удавалось получить следующую серьезную роль после моего первого «большого успеха», фотографы наперебой приглашали меня в модели.

Одним из них был Тони Бёшамп, известный фотомастер Голливуда, женатый на Саре Черчилль. Я не раз бывала в его фотостудии, позируя для рекламы. Однажды он пригласил меня прийти к ним в воскресенье «на коктейль».

Я была польщена приглашением и надеялась познакомиться с его женой. Я всегда считала Уинстона Черчилля хоть и странноватым, но весьма достойным господином.

Дом Бёшампов стоял на берегу. Я приехала в свитере и юбке. Я еще не научилась понимать, что «прийти на коктейль» означает приглашение на прием. Я думала, что будут только Тони, его жена и я.

Когда я вошла в дом, то остолбенела и не могла сдвинуться с места. Дом был полон нарядно одетых людей с бокалами в руках... Единственным знакомым мне человеком был сам Тони Бёшамп.

«Будьте как дома», — сказал он, представляя меня своей жене. Я проговорила: «Как поживаете?», но стояла не в силах пошевелиться. Тони и его жена отошли.

Тут я заметила какую-то суматоху среди толпы гостей в другом конце комнаты. Блондинка с забавным акцентом что-то громко и возмущенно говорила, обращаясь к окружающим. Я не могла разобрать, что именно она говорила, но она явно была в ярости. Я видела, как она схватила под руку высокого мужчину и устремилась к выходу. Высокий мужчина показался мне знакомым.

Тони подошел ко мне со странной усмешкой.

«Боже мой, Мэрилин, — сказал он, — что ты такое сделала За За Габор?»[5]

«А кто это?» — в свою очередь спросила я.

«Венгерская секс-бомба, — ответил Тони. — Из-за тебя она пришла в такое возбуждение, что вылетела с приема как пробка!»

«Может быть, ее оскорбил мой свитер, — сказала я. — Я бы оделась иначе, если бы знала, что у вас прием».

«Нет, нет, здесь что-то более серьезное. За За кричала, что мы не можем рассчитывать, что приличные люди будут посещать наши приемы, если мы приглашаем таких гостей, как ты. Ну, правда, Мэрилин, скажи честно, чем ты ей так насолила?»

«Ничем, — ответила я. — Никогда в жизни с ней не встречалась».

Я вышла на улицу, чтобы взглянуть на секс-бомбу. Она была из тех блондинок, кому сразу же приходится накинуть лет десять, как только вы подойдете к ним поближе. Теперь я разглядела и ее высокого интересного спутника, с которым она продолжала громко и возмущенно кудахтать. Это был Джордж Сандерс. Стоявший позади меня Тони пояснил, что он муж актрисы.

Бедный мистер Сандерс! Видимо, он слишком часто повторял монолог, который я услышала на лестнице».

«Мне предстояло побывать на множестве элегантных приемов и стоять среди знаменитостей в столь же модных нарядах, что и

они, и растягивать рот в фальшивой улыбке, словно я испытываю огромную радость. Но я всегда чувствовала себя так же напряженно, как и в первый раз, когда стояла в зале у самой двери и наблюдала парад звезд.

Главное удовольствие от приемов люди получают на следующий день, когда гости обмениваются новостями и рассказывают друг другу, какие знаменитости были на приеме и с кем они общались в доме того-то и того-то. На большинство приемов гости приглашаются по приниципу звездности. В Голливуде знаменитостью считаются не только актеры и актрисы или режиссеры и продюсеры. Это могут быть люди, которых недавно арестовали за что-то, или на них напали хулиганы, или же они прославились тем, что были участниками любовного треугольника. Если светская хроника сообщила о таком событии, то эти люди приобретали известность, пока пресса не переключалась на другие объекты и события.

Я не знаю, как функционирует высшее общество в других городах, но в Голливуде знаменитости не могут себе позволить пойти на прием, где не будет множество других важных гостей. Они готовы смириться с присутствием нескольких незнаменитых личностей, если те будут их слушать и восхищаться ими. Но если кинозвезда или руководитель студии или какая-то другая знаменитость оказываются окруженными только безвестными людьми, им становится страшно, словно кто-то пытается понизить их в должности.

Я никогда не могла понять, почему занимающие важное положение деятели вечно стремятся нарядиться и собраться вместе, чтобы посмотреть друг на друга. Может быть, трое или четверо из присутствующих способны сказать своим собеседникам что-то важное и интересное, но двадцать или тридцать будут сидеть, как чурбаны, и с фальшивой улыбкой тупо разглядывать друг друга. Хозяин дома обычно суетится, стараясь вовлечь гостей в общую игру или соревнование. Но гости, как правило, реагируют вяло, и вечеринка тянется без особых происшествий, пока хозяин начинает демонстративно зевать, подавая гостям сигнал, что пора, мол, уходить. Во время приема многие гости изо всех сил стараются не задремать.

Я ходила на такие приемы, главным образом, для саморекламы. Всегда был шанс, что кто-нибудь пристанет к тебе или оскорбит по пьянке, и если инцидент попадет на страницы светской хроники, это послужит хорошей рекламой. Но даже если ничего особенно примечательного не случалось, простое упоминание о присутствии на приеме было полезно. Иногда это было единственное благосклонное упоминание, которого удостаивались кинокоролевы. Приходилось учитывать и такое соображение: если руководители моей студии видят меня в обществе знаменитостей, они могут подумать и обо мне как о кинозвезде.

Такие выходы в светское общество были самой трудной частью моего плана пробиться наверх. Но через несколько месяцев я поняла, как можно значительно сократить скуку. Просто надо было являться на прием спустя примерно два часа после его начала. Тогда ты не только привлекаешь внимание своим появлением, что уже само по себе неплохая реклама, но к этому времени почти все присутствующие бывают полупьяны. Важные персоны гораздо интереснее: когда они наклюкаются, они становятся тогда больше похожи на обыкновенных людей.

Есть и еще одна сторона голливудских приемов — очень важная для светской жизни. Именно там начинаются и заканчиваются романы. Те, кто посещает эти приемы, идут туда не только в надежде удостоиться упоминания в колонке светских сплетен, но также надеются влюбиться, закрутить романчик или, по крайней мере, начать очередной раунд соблазнения. Трудно объяснить, как можно влюбиться в то время, когда тебя одолевает смертная скука, но я знаю, что это правда, потому что несколько раз это случалось и со мной.

Как только я смогла позволить себе купить вечернее платье, я купила самое кричащее из всех, имевшихся в магазине: ярко-красное с глубоким вырезом. И одно мое появление в нем обычно приводило в неистовство половину присутствующих женщин. В каком-то смысле я сожалела о таком эффекте, но передо мной лежал тернистый путь к успеху, и я нуждалась в любой рекламе, чтобы достичь своей цели.

Первым успехом, которого я добилась, была волна сплетен, что я стала подругой Джозефа Шенка. Мистер Шенк действительно пригласил меня однажды пообедать в свой особняк в Беверли-Хиллз. После чего он стал приглашать меня два-три раза в неделю.

Сначала я принимала приглашения мистера Шенка потому, что он был одним из руководителей моей киностудии. Но потом я ездила к нему, так как он мне нравился. И еще: еда была отличная, и за столом всегда оказывались влиятельные и интересные люди — не завсегдатаи приемов, а просто личные друзья мистера Шенка.

Я редко произносила больше трех слов на этих обедах, но тихонько сидела по правую руку от мистера Шенка и, как губка, впитывала разговоры гостей. Тот факт, что в киношных кругах меня стали называть любовницей мистера Шенка, поначалу меня совершенно не волновал. Но позже это стало-таки меня доставать. Мистер Шенк никогда не пытался заигрывать или прикоснуться ко мне, я интересовала его как украшение обеденного стола и еще потому, что я была, по его словам, «нестандартной личностью».

Мне нравилось сидеть с мистером Шенком у камина и слушать его рассуждения о любви и сексе. Он был знатоком в этих вопросах, словно великий первооткрыватель. Мне также нравилось смотреть на его лицо. Это было в равной мере и лицо Голливуда, и лицо конкретного человека. Вся история Голливуда читалась на нем.

Но, наверное, главной причиной моей дружбы с мистером Шенком было то, что эта дружба давала мне несравненное чувство безопасности. Я была подругой и протеже одного из руководителей студии, что плохого могло со мной случиться?

Ответ на этот вопрос я получила в одно «прекрасное» утро. Меня пригласили в актерский отдел и сообщили, что больше в моих услугах не нуждаются. Я лишилась речи. Я сидела, слушала, как в тумане, и не могла пошевелиться.

Сотрудник отдела объяснил, что мне было дано несколько шансов, и хотя я показала себя достаточно хорошо, студия считает, что я не фотогенична. По этой причине, сказал он, мистер Занук приказал вырезать меня из картины, где я снялась в эпизодической роли.

«Мистер Занук считает, что, возможно, вы когда-нибудь станете актрисой, — сказал сотрудник, — но совершенно очевидно, что ваша внешность работает против вас».

Я вернулась домой, легла на кровать и разревелась. Я плакала целую неделю. Я не ела и не причесывалась. Я рыдала так, словно присутствовала на собственных похоронах.

Дело было не только в том, что меня уволили. Если бы они выгнали меня потому, что я не умела играть, это было бы достаточно скверно. Но не смертельно. Я могла бы учиться, совершенствоваться и, в конце концов, стать актрисой. Но как я могла изменить свою внешность? Я-то считала ее своим достоинством, которое нельзя не заметить.

И представьте, как ужасна была моя внешность, если даже мистер Шенк согласился с моим увольнением. Я лежала и плакала день за днем. Я ненавидела себя за то, что была такой дурой и воображала себя привлекательной. Я встала с постели и посмотрела в зеркало. Случилось самое страшное. Я некрасива! На меня смотрела непривлекательная, неотесанная блондинка. Я видела себя глазами мистера Занука. И я видела то, что видел он: девушку с внешностью, совершенно не подходящей для кинокарьеры.

Зазвонил телефон. Секретарша мистера Шенка пригласила меня на обед. Я пошла. Я сидела весь вечер, стыдясь смотреть людям в глаза. Так ведут себя люди, глубоко травмированные. Ты даже не чувствуешь злости на тех, кто тебя травмировал. Ты просто умираешь от стыда. Я испытывала такие чувства в детстве — когда очередная семья отвергала меня и возвращала в приют.

Когда после обеда мы перешли в гостиную, мистер Шенк спросил: «Ну, как дела на студии?»

Я улыбнулась, поняв, что он непричастен к моему увольнению.

«На прошлой неделе меня выгнали».

Мистер Шенк взглянул на меня, и я прочитала на его лице тысячи похожих историй, историй девушек, которых он знал и которые потеряли работу; всех начинающих актрис, безмерно гордящихся успехом и рыдающих после увольнения. Мистер Шенк не пытался утешить меня. Он не взял мою руку и не стал ничего обещать. История Голливуда смотрела на меня из его усталых глаз. И он сказал: «Не сдавайся, продолжай».

«Я буду», — сказала я.

«Попробуй позвонить на студию Х., — сказал мистер Шенк. — Может быть, там найдется что-нибудь для тебя».

Уходя из дома мистера Шенка, я спросила его: «Могу я задать вам личный вопрос? Я выгляжу так же, как всегда или как-то иначе?»

«Ты выглядишь как всегда, — сказал мистер Шенк, — тебе только нужно прекратить плакать и выспаться».

«Спасибо», — сказала я.

Через два дня я позвонила на студию Х. Сотрудник актерского отдела был отменно вежлив.

Да, у них есть для меня место. Меня возьмут в штат и позаботятся, чтобы я получала роли. Улыбаясь и пожимая мою руку, начальник актерского отдела мистер А. добавил: «У вас большое будущее на нашей студии. Я подыщу для вас хорошие роли».

Я вернулась в свое жилище, чувствуя себя воскресшей. И дневные мечты вновь стали посещать меня — украдкой. Ведь мистер А. еженедельно просматривает тысячи девушек, которых он отвергает, а также настоящих актрис и просто красавиц. Должно быть, есть во мне что-то особенное, почему он немедленно взял меня на работу.

Действительно, что-то особенное мерцало в глазах начальника актерского отдела, но узнала я об этом несколько позже. Мистер Шенк позвонил президенту студии Х. и попросил того в качестве личного одолжения дать мне работу.

Я работала в нескольких массовках и в ряде картин снялась для фона. И вот однажды мистер А. позвонил мне. Он пригласил меня явиться к нему в отдел в 4 часа. Весь день я прихорашивалась, мылась в ванной, придумывала прическу, декламировала различные заученные монологи и продумывала, как себя вести. Ведь это был неповторимый шанс. Мистер А. никогда не позвонил бы мне лично, если бы речь не шла о настоящей большой роли. Но я не должна реагировать слишком восторженно, лепетать слова благодарности или расплываться в глупой улыбке. Нет, я должна сохранять спокойствие и достоинство.

Мистер А. куда-то вышел, но его секретарша улыбнулась и попросила зайти в кабинет и подождать там.

Я села в кресло в кабинете мистера А., ожидая его и практикуясь в достойном поведении. Тут боковая дверь кабинета открылась — и на пороге появился человек. Я никогда его не встречала, но немедленно узнала в нем одного из боссов студии Х. Он был так же знаменит, как и мистер Шенк или мистер Занук.

«Здравствуйте, мисс Монро», — приветствовал он меня.

Он подошел, положил руку мне на плечо и продолжил: «Давайте пройдем в мой кабинет и поговорим».

«Но я не могу уйти, — сказала я, — я жду мистера А. Он позвонил мне насчет роли».

«К черту мистера А., — разозлился великий человек. — Он знает, где вас найти».

Я колебалась, и он спросил: «В чем дело? Вы что, на наркотиках или еще что-то? Вы же знаете — я здесь хозяин».

Я последовала за ним через боковую дверь в его кабинет, который был в три раза больше, чем кабинет мистера А.

«Повернись», — сказал великий человек.

Я повернулась как модель.

«Ты отлично выглядишь, — усмехнулся он. — Превосходно все скроено».

«Спасибо», — проговорила я.

«Садись, — пригласил он. — Я хочу тебе кое-что показать».

Пока он копался на своем необъятном столе, я осмотрела кабинет. На столах громоздились бронзовые статуэтки «Оскаров», серебряные чаши и множество других полученных им призов и наград. Я никогда прежде не бывала в кабинете, где работал глава крупной студии. Сюда приходили кинозвезды, продюсеры и режиссеры, здесь обсуждались новые проекты, здесь, за этим столом размером с палубу теплохода, принимались все судьбоносные для кино решения.

«Никаких телефонных звонков, — приказал великий человек в какой-то ящик на столе и, сияя улыбкой, повернулся ко мне: — Вот, что я хотел тебе показать».

В руках у него была фотография яхты.

«Как тебе это нравится?»

«Очень красивая», — ответила я.

«Ты приглашена», — сказал босс и положил руку мне на спину.

«Спасибо, — сказала я. — Я еще не бывала на приемах на яхте».

«А кто сказал, что это будет прием? — Великий человек метнул на меня сердитый взгляд. — Я пригласил тебя, и никого больше. Так ты согласна или нет?»

«Я буду рада присоединиться к вам и вашей жене на яхте, мистер Х.», — проговорила я.

Великий человек пришел в бешенство.

«Оставь в покое мою жену, — сказал он. — Там не будет никого, кроме тебя и меня. И матросов, конечно. Мы отплываем через час. И мы будем в океане всю ночь. Я должен вернуться домой завтра к вечеру, моя жена устраивает обед, и от этого не отвертишься».

Он замолчал, но продолжал грозно смотреть на меня.

«Ну, что ты так стоишь, уставивившись на меня, словно я тебя чем-то обидел. Я знаю, кто ты. Ты подруга Джо Шенка. Он позвонил и попросил в порядке одолжения тебя пристроить. Разве это причина для обиды?»

Я улыбнулась великому человеку.

«Никакой обиды, мистер Х.», — сказала я.

«Вот и отлично, — прокричал он и снова пришел в хорошее настроение. — Мы прекрасно проведем время, и я могу тебя уверить, ты об этом не пожалеешь». Он снова обнял меня. Я не шевельнулась.

«Я страшно признательна за ваше приглашение, но я очень занята на этой неделе, так что вынуждена отказаться».

Он отпустил меня, я направилась к двери. Он стоял неподвижно, и я чувствовала, что должна что-то еще сказать на прощание. Ведь он — великий человек, и соблазнение сотрудниц для него — обычное дело. Поэтому я не должна считать его каким-то монстром, или он никогда...

Я обернулась на пороге. Мистер Х. стоял и смотрел на меня, не мигая. Я никогда прежде не видела мужчину в состоянии такого бешенства.

«Я надеюсь, вы пригласите меня как-нибудь в другой раз, когда я смогу принять ваше приглашение», — проговорила я самым вежливым и дружеским тоном.

Великий человек указал пальцем на дверь и злобно прокричал: «Это твой последний шанс».

Я ушла из кабинета и со студии, где выпекались кинозвезды.

Я приехала в свою комнату. Да, было во мне что-то особенное, и я знала, что это такое. Я была из тех девушек, которых находят мертвыми в постели с пустой бутылочкой из-под снотворного в руке».

* * *

Два руководителя студии «XX век — Фокс» были для Мэрилин воплощением добра и зла. Джозеф Шенк (1876—1961) родился в Рыбинске на Волге в семье торговца. Когда его родители эмигрировали в Америку, он некоторое время работал в аптеках Нью-Йорка, а потом организовал «парк развлечений». Отсюда был прямой путь в кино. К тридцати годам Джо Шенк руководил производством немых лент в Нью-Йорке. В деле участвовали его брат Ник, его невеста, известная актриса немого кино Норма Толмедж, и ее сестры — Констанс и Натали. Джо Шенк был известен как большой поклонник прекрасного пола и сексуальный гигант.

С 1933 года вместе с Д.Зануком он основал компанию «XX век — Фокс» и стал ее президентом.

Однажды, выезжая со студии, Шенк увидел в окно машины Мэрилин Монро, которая одарила его многообещающей улыбкой. Шенк приказал остановить лимузин, подозвал молодую актрису и, дав ей свою визитную карточку, пригласил на обед. Мэрилин знала, с кем свела ее судьба, и охотно приняла приглашение. Трудно сказать, спала ли Мэрилин с Шенком, ведь ему в то время было под семьдесят и, по свидетельствам современников, выглядел он отнюдь не как киногерой. В любом случае эта реальная или вымышленная связь не принесла ей особых дивидендов.

Наоборот, более молодой и энергичный совладелец студии Даррил Занук (1902—1979) сразу же невзлюбил Мэрилин. Он был глубоко убежден, что у Мэрилин нет никаких данных, чтобы стать актрисой, тем более — кинозвездой. Между тем Занук был как раз известен как один из создателей системы звезд. В числе его открытий были актеры Тайрон Пауэр и Алиса Фей, конькобежка Соня Хенни, а также... немецкая овчарка Рин Тин Тин. Со своей стороны, Джон Шенк считал, что контакт актера с публикой гораздо важнее, чем исполнительская техника или сюжет фильма. Вот почему он видел в Мэрилин Монро отличный «звездный» материал.

Об этом периоде жизни Монро вспоминала ее коллега и будущая кинозвезда Шелли Уинтерс: «У меня были друзья среди начинающих актрис, живших в общежитии неподалеку от студии «Коламбия», и время от времени мы вместе ели ланч. Застенчивая, очень красивая блондинка обычно сидела в стороне и наблюдала за нами. Ее звали Норма Джин. Она редко вступала в разговор, а когда произносила что-то, то говорила едва слышно, и мы каждый раз кричали: «Что ты сказала?», и наш крик пугал ее еще больше. Она всегда была одета в облегающие платья на размер меньше и в руках обычно держала какую-нибудь книгу, что-то вроде словаря или энциклопедии».

После увольнения со студии прошло несколько месяцев. Мэрилин не теряла времени даром — снималась для рекламы, занималась в актерской студии Чарновского. Но ей мешали неумение сконцентрироваться, плохая память, трудности в общении с людьми.

В начале 1948 года Джо Шенк решил, что Мэрилин надо снова начать сниматься. Он позвонил президенту студии «Коламбия» Гарри Кону и попросил его в порядке одолжения пристроить молодую актрису. Вот этот-то эпизод так сочно запечатлела актриса в сцене свидания с «мистером Х.».

С 1 марта 1948 года Мэрилин Монро получила контракт и начала сниматься в эпизодах. Единственным фильмом этого периода, где имя Монро осталось в титрах, была лента «Девушки из хора» режиссера Гарри Ромма. Ее маленькая роль Пегги Мартин получила положительный отклик профессиональной газеты «Мошн Пикчерс Геральд». В отрицательной в целом рецензии критик отметил: «Единственным светлым пятном картины является пение Мэрилин Монро. Она очаровательна, и ее приятный голос и манера поведения на экране обещают многое в будущем».

На студии «Колумбия» произошла встреча, сыгравшая важную роль в жизни молодой актрисы. Наташа Лайтесс возглавляла отдел по обучению актеров. Когда Мэрилин получила роль в картине «Девушки из хора», режиссер Карлсон и продюсер Ромм вскоре поняли, что даже эта маленькая роль будет ей не по силам и что Мэрилин нужна серьезная помощь. Здесь-то на сцене и появилась Наташа Лайтесс. До своего бегства из Германии в конце 30-х годов она была актрисой и помощницей знаменитого театрального режиссера Макса Рейнгардта. Лайтесс была одной из многих еврейских деятелей культуры, успевших покинуть Германию до того, как Гитлер приступил к «окончательному решению еврейского вопроса». Вместе с ней в Америку приехал ее любовник писатель Бруно Франк. Но в 1945 году Франк неожиданно умер, оставив ее с дочерью без средств к существованию. Друзья Наташи, помня ее работу с Максом Рейнгардтом, устроили ее на студию «Коламбия» инструктором по актерскому мастерству (Head drama coach). Но ее зарплаты не хватало, и Наташа охотно занималась частным репетиторством.

Ее первое впечатление от встречи с новой ученицей было резко отрицательным. «Накрашенная, безвкусно одетая кукла» — вот что подумала Наташа. Но некоторое время спустя она поняла, что это первое впечатление было ошибочным. Впоследствии, вспоминая свои встречи с Мэрилин, Наташа особенно подчеркивала беззащитность молодой женщины, ее абсолютную неуверенность в себе. Панический страх охватывал ее каждый раз, когда приходилось встречаться с незнакомыми людьми, от которых она ждала подвоха или унижения. Это привлекло Наташу к Мэрилин, и, несмотря на разницу в возрасте, они подружились.

Мэрилин же вспоминала, что ей открыла дверь немолодая неулыбчивая женщина славянского типа с большими темными пронзительными глазами и копной седеющих волос. Наташа была в гневе, так как Мэрилин явилась намного позже назначенного часа. Она еще не знала, что если Мэрилин считала встречу серьезной и важной, она готовилась к ней особенно тщательно — прическа, косметика — и обычно опаздывала на час или даже два. Окинув взглядом квартиру Наташи, Мэрилин сказала: «У вас отличная библиотека». Когда в разговоре молодая актриса откровенно призналась в своих актерских слабостях, Наташа была поражена, ведь большинство начинающих актеров предпочитали умалчивать или преуменьшать свои недостатки. Наташа сразу обнаружила многие проблемы, над которыми следовало работать, например писклявый голос, неуклюжая походка, отсутствие памяти...

Рассказывая Наташе о своей жизни, Мэрилин ограничилась обычной версией о сиротстве. В дальнейшем, когда между ними установился человеческий контакт, Мэрилин доверила ей всю правду о себе.

Наташа сыграла важную роль в жизни молодой актрисы, и положительную, и отрицательную. Она многому научила ее — и в жизненном плане, и в интеллектутальном, и в профессиональном. Например, в этот период Мэрилин стала запоем читать русскую классику — Толстого, Тургенева, Достоевского...

Но постепенно Мэрилин Монро стала ощущать зависимость от Наташи, и не только в работе над ролями. Многие считали, что между ними установилась и более тесная эмоциональная связь. А может быть, и сексуальная. Сама Мэрилин писала, что мужчины нередко принимали ее фригидность за склонность к лесбиянству. Но Мэрилин не была лесбиянкой, хотя проявляла интерес к однополому сексу и не возражала иногда попробовать...

Как бы то ни было, несколько лет Наташа и Мэрилин были близкими подругами, и одно время Мэрилин даже снимала комнату в ее квартире. Надо сказать, что и тетя Грэйс, и тетя Ана, и многие знакомые и любовники Мэрилин относились к Наташе резко отрицательно, считая ее влияние на Мэрилин пагубным. Хотя Наташа, судя по всему, была личностью достаточно неприятной, но несомненно также, что она многому научила Монро.

Наташа Лайтесс оставила в своих воспоминаниях (степень их достоверности остается под вопросом) любопытные зарисовки личности Мэрилин Монро. Вот один отрывок:

«По утрам она любила шататься по квартире нагишом. Она вставала часов в одиннадцать — в полдень. Ей нужно было не меньше часа, чтобы вымыться. Потом — все еще совершенно голая, двигаясь словно в полусне — Мэрилин перемещалась на кухню, где готовила себе завтрак. Ела она всегда одно и то же: апельсиновый сок, холодную овсяную кашу с молоком и два яйца. Она никогда не пила чай или кофе. Когда Мэрилин стала знаменитой, на съемках ей полагался вагончик со спальней, гримерной, гардеробной и туалетом; она и тогда совершенно не заботилась о приличиях — ходила голой по вагончику, окруженная массажистами, парикмахершами, гримершами, костюмершами... Состояние обнаженности, казалось, умиротворяло ее, оказывало на нее своего рода гипнотическое воздействие. Если вдруг она проходила мимо зеркала и взглядывала на себя, она застывала, ее губы раскрывались, и полуприкрытые веками глаза не могли оторваться от собственного изображения. Она словно впитывала себя. Она напоминала тогда кошку, которую чешут за ушами».

* * *

Очередная неудача со студией мистера Х. вновь отбросила Мэрилин далеко назад, казалось, похоронила ее надежды на актерскую карьеру и мечты об успехе. Но к этому времени Мэрилин уже набралась достаточно опыта, чтобы понять, что за неудачей снова приходит успех. Надо только не отчаиваться и продолжать борьбу. В нескольких следующих рассказах Монро описала тот период своей жизни, когда успех перемежался с поражениями.

«**Жизнь не окрашена одной только черной краской — во всяком случае до сих пор было не так.** На самом деле — так никогда не бывает. Когда ты молода и здорова, ты можешь в понедельник думать о самоубийстве, а в среду снова веселиться.

Несколько дней я лежала в постели, изнывая от жалости к себе и проклиная свою неудавшуюся жизнь. Но вскоре я почувствовала, что ко мне снова возвращается надежда. Я не произносила этого вслух, но я словно слышала какие-то голоса: вставай, ты еще не начала настоящую жизнь, ты не такая, как все, и что-то замечательное должно случиться.

И это замечательное «что-то» действительно случилось тогда, когда, казалось, я была уже на самом дне.

Я встретила хороших людей.

Я познакомилась с одной супружеской парой. Они жили в Бербанке в маленьком домике. Однажды вчером, когда я была у них в гостях, они сказали: «Мы уезжаем на несколько месяцев. Почему бы тебе, пока мы в отъезде, не пожить в нашем доме. И на квартплате сэкономишь».

Я перевезла свой чемодан и косметичку в Бербанк. У меня был один костюм, два каждодневных платья, две пары туфель, несколько пар штопаных чулок и немного белья. Переезд не был сложным.

Приближалось Рождество, и я беспокоилась о том, как раздобыть немного денег на рождественские подарки. Когда я была в штате киностудии, я с удовольствием рыскала по магазинам в поисках подарков. Покупала я их, главным образом, для тети Грэйс и тети Аны.

Когда тетя Грэйс заболела, я провела в магазинах несколько часов, купила ей шелковую пижаму, шелковые же тапочки, модную ночную рубашку и флакон духов. Я положила их в коробку и принесла ей. Ее радость, когда она открывала и рассматривала все эти вещи, стоила в тысячу раз больше, чем я потратила.

В этом году все казалось особенно печальным. И не только потому, что я профукала свою карьеру, но и потому, что чувствовала какую-то внутреннюю расслабленность и не могла себя заставить активно взяться за поиски работы. Я предпочитала лежать на диване, жалеть себя и размышлять о том, как жесток и несправедлив окружающий мир. И в результате — у меня совершенно не было денег. Даже на еду, не говоря уже о подарках.

И вот однажды мне позвонили со студии и сообщили, что мне следует получить сорок долларов. Я немедленно помчалась туда. Кассир выдал чек, и я была до такой степени возбуждена, что уехала со студии, забыв получить по чеку наличные.

Когда я вышла из автобуса на Голливудском бульваре, чтобы сделать покупки, у меня в кармане не было ни копейки. Я зашла в кафетерий, поела и хотела расплатиться чеком. Но менеджер отказался его принять. Он, однако, сказал, что доверяет мне, только попросил написать ему мою фамилию и адрес. Я написала.

Потом я заходила еще в несколько мест, пытаясь получить наличные по чеку, но никто не соглашался.

На улице я увидела полицейского, наблюдавшего за мной, подошла к нему и сказала: «Извините, господин полицейский, не могли бы вы мне помочь. Я хочу получить наличные по своему чеку, но не знаю, где это лучше сделать».

Он улыбнулся. «Ну, это серьезная ситуация. Пойдемте, я посмотрю, что можно сделать. Какой это чек?»

«Зарплата со студии «XX век — Фокс».

«Вы там работаете?»

«Работала. Сейчас нет. Но студия в полном порядке».

Полицейский привел меня в магазин. Он поговорил с менеджером, и тот согласился дать мне наличные.

«Значит, вы актриса», — сказал полицейский.

«Да, была. Но, как я уже объяснила, в данный момент не работаю».

Менеджер принес чек назад и попросил меня написать на обороте мое имя и адрес.

Делая это, я заметила, что полицейский внимательно смотрит, как я пишу. Я впервые пригляделась к нему. У него были темные волосы и глаза посажены близко-близко.

Сделав покупки, я пошла к врачу. Я была простужена и уже несколько ночей не спала. Доктор выписал таблетки.

«Я обычно не рекомендую снотворное, — сказал доктор. — Но у вас сдали нервы, и хороший сон поможет не только с простудой, но и поднимет настроение».

Я легла в постель пораньше и приняла таблетку. Наверное, я проспала несколько часов, когда какой-то шум разбудил меня. Я никогда не слышала таких звуков раньше, но сразу поняла, что они означают: кто-то разрезал сетку в окне спальни.

Я вскочила с кровати и выбежала из дома. Я обежала дом, чтобы понять, в чем дело. Какой-то человек лез в окно моей спальни. Имитируя хрипловатый мужской голос, я закричала возмущенно: «Эй, что вы там делаете?»

Человек высунул голову из окна и взглянул на меня. «Убирайтесь отсюда! — кричала я тем же «не своим» голосом. — Я сейчас вызову полицию!»

Человек спрыгнул на землю и направился ко мне. Я повернулась и побежала что есть мочи. Я была босиком и в нижней рубашке модного стиля, едва прикрывавшей пупок.

Дело было около полуночи. Улицы пригорода были пустынны. Я подбежала к соседскому дому и закричала. Вышел сосед, позади него стояла жена. Увидев меня, она заголосила. Но я объяснила, что какой-то человек забрался в мою спальню, и попросила соседа его поймать.

Тот покачал головой.

«Парень, наверное, вооружен. Воры обычно вооружены».

«Он не вор, — объяснила я. — Он за мной охотится».

Прикрыв наготу одеялом, я позвонила в полицию.

Полиция приехала только через час. Я вернулась с ними домой. Они нашли разрезанную сетку, следы и все прочее.

«Видно, вы его сильно напугали, — сказал следователь. — Теперь вам нечего бояться. Ложитесь спать».

«А если он вернется?» — спросила я.

«Маловероятно. Если вора испугали, он никогда не возвращается на то же место. Расслабьтесь и ложитесь спать».

И тут раздался громкий стук в дверь. Я так и подскочила от ужаса. Время было около часа ночи.

«Вас обычно навещают в это время?» — спросил следователь.

«Да нет, никогда. Ко мне сюда никто не ходит».

«Идите и откройте дверь», — сказал следователь.

Я подошла к двери и открыла ее. Это был тот же тип. Он схватил меня, и я завопила что есть силы.

Полицейские арестовали его.

«Это он, — закричала я. — Он лез ко мне в окно».

«В чем, собственно, дело? — возмутился человек. — Мэрилин — моя старая подружка. Старая добрая Мэрилин. — И он подмигнул мне. — Скажи им, детка!»

«Я не знаю этого человека, — сказала я. — Лицо кажется знакомым, но я его не знаю».

«Отпустите меня, — потребовал человек. — Вы не имеете права арестовывать человека, навестившего старую подружку».

«Скажите правду, мисс Монро, — обратился ко мне полицейский. — Он действительно ваш давний поклонник?»

Я чувствовала, что они склонны поверить незнакомцу, и боялась, что они уйдут и оставят меня с ним наедине.

«Какой он вор? — рассердился полицейский. — Он знает ваше имя и адрес. И он вернулся после того, как вы напугали его. Ясно, что он...»

Другой полицейский обыскал человека и вытащил у него из кармана револьвер.

«Эй, смотри-ка, табельное полицейское оружие. Откуда ты это взял?»

При словах «полицейское оружие» я вдруг вспомнила, кто этот человек. Это был тот самый полицейский с близко поставленными глазами, который помог мне получить наличные по чеку. Он запомнил имя и адрес, когда я писала их на обороте чека.

Я просто не узнала его поначалу, тем более что он был в штатском.

Я рассказала, где видела этого человека. Он все отрицал, но полицейские нашли у него в кармане удостоверение управления полиции Лос-Анджелеса.

Его увели.

На следующий день следователи навестили меня. Они рассказали, что человек этот только что начал работать в полиции, женат и имеет годовалого младенца. Они предпочли бы, чтобы я не заводила дела, так как это бросит тень на доброе имя полицейского управления.

«Я не хочу его наказывать, — сказала я. — Но я должна быть уверена, что он не залезет ко мне опять. Или к какой-нибудь другой девушке».

Следователи заверили меня, что он не сделает ничего подобного. Так что я не завела официального дела. Вместо этого я просто переехала.

Я вернулась в свою прежнюю комнату в Голливуде и много дней не выходила из дома. Я плакала и смотрела в окно».

«Если ты неудачница в Голливуде — это все равно что подыхать от голода на пороге банкетного зала, где запах телятины сводит тебя с ума. Я снова лежала на кровати день за днем, без еды, непричесанная. Я без конца вспоминала, как сидела в кабинете мистера А., едва сдерживая возбуждение при мысли о необыкновенной удаче, которая наконец-то мне выпала, и чувствовала себя полной идиоткой. Наверное, в моей жизни вообще нет места удаче. Темная звезда, под которой я родилась, становилась все темнее и темнее.

Я рыдала и бормотала себе под нос. Вот встану и найду работу официантки или секретарши. Миллионы девушек счастливы, работая в ресторане или в разных фирмах. А можно устроиться на фабрику. Я не боялась никакой работы. Сколько я себя помнила, я драила полы и мыла посуду.

Но было во мне что-то такое, что не позволяло вернуться в мир Нормы Джин. И это не были только амбиции или желание стать богатой и знаменитой. Я не чувствовала в себе ни грамма актерского таланта. Я даже не чувствовала, что я красива или просто в каком-то отношении привлекательна. «Что-то» бурлило во мне, своего рода безумие, которое не позволяло отступиться. Это «что-то» обращалось ко мне даже не словами, а цветами — ярко-красным, и золотым, и ослепительно белым, и зеленым, и голубым. Это были цвета мечтаний моего детства, когда я пыталась скрыться от убогого, лишенного любви мира, в котором ютилась жертва сиротского приюта Норма Джин.

Я бежала от того мира, но он все еще окружал меня.

И как раз в этот период, когда я опустилась на самое «дно океана», думая, что никогда больше не увижу дневного света, в этот момент я впервые влюбилась. До тех пор я никогда не была влюблена по-настоящему, я даже не мечтала об этом. Любовь — это было что-то, что существовало для других людей, для тех, кто имел семью и дом.

Но когда я лежала на самом дне, любовь ударила меня наотмашь, подбросила в воздух и поставила на ноги, и я заново увидела мир так, словно только что родилась».

«Он теперь женат на кинозвезде, и, если я назову его настоящее имя, это может поставить в неловкое положение и его, и его жену. Я читала в газетах, что хотя они поженились лишь год назад, их брак уже приближается к тем голливудским рифам, где разваливается большинство киношных браков. Еще пару лет назад я, возможно, сделала бы что-то, чтобы подтолкнуть этот брак к последней черте, хотя бы во имя нашего прошлого. Но теперь, когда я счастлива, я желаю ему только добра и всего хорошего тем, кого он любит.

Я выходила из актерского отдела студии М.Г.М. с обычным результатом — нет ролей, нет надежды, — когда знакомая девушка представила меня ничем не примечательному мужчине. Все, что я могла сказать о нем, это то, что он не актер. Актеры часто прекрасные и очаровательные люди, но для актрисы полюбить актера все равно что совершить кровосмесительство. Ну, скажем, полюбить брата с таким же, как у тебя, лицом и манерами.

Мы зашли в кафе, сели за столик и разговорились. Вернее, говорил он. Я смотрела на него и слушала. Мне было не по себе, я ощущала себя полнейшей неудачницей без малейшей надежды на будущее. Его голос излечивал. Он рассказал, что он музыкант, любит играть на рояле. Объяснил, почему некоторые музыкальные произведения лучше других. Я не воспринимала его как мужчину или как музыканта. Я просто думала: «Он полон жизни, полон силы».

Он начал мне звонить, и я всегда спешила на встречу. Когда я приходила к месту нашего свидания, как бы много людей там ни было, первое, что я видела, был он, его лицо. Оно сразу бросалось мне в глаза.

Через несколько недель он понял, что я его люблю. Я ничего не говорила, но разве нужно было что-то говорить. Когда я была с ним, я запиналась, мой рот был приоткрыт, а сердце ныло так сильно, что мне все время хотелось плакать. Если его рука случайно задевала мою, колени у меня подгибались.

Он все время улыбался мне, словно я была смешной личностью. Когда он смеялся над тем, что не казалось мне смешным, мне было не по себе. Он много говорил о женщинах, о пустоте их любви. Он только недавно развелся и потому был особенно циничен. При разводе суд отдал под его опеку шестилетнего сына.

Однажды вечером, уложив сына в постель, он сел за рояль и начал играть для меня. Он играл долго. Потом сделал то, что заставило мое сердце забиться как сумасшедшее. Чтобы лучше видеть ноты, он надел очки. До тех пор я никогда не видела его в очках. Сама не знаю почему, но меня всегда возбуждали мужчины в очках. Теперь, когда он надел очки, я внезапно почувствовала, что теряю самообладание.

Он прекратил играть, снял очки и подошел ко мне. Он обнял и поцеловал меня. Я закрыла глаза, и у меня началась новая жизнь.

Я переехала со своей квартиры в другую, ближе к его дому, чтобы он мог забегать ко мне по дороге на работу или после нее. Я целыми днями ждала. Оглядываясь на свое прошлое, на все, что сохранила моя память, я содрогалась. Теперь я понимала, какой пустой и холодной была моя прежняя жизнь. Я всегда думала о себе как о существе, которое никто не любит. Теперь я поняла, что было нечто еще более ужасное в моей жизни — мое собственное сердце, не способное любить. Я немного любила себя, любила тетю Грэйс и тетю Ану. Как мало это было — я поняла только теперь!

Я сидела одна, много думала о прошлом и понимала ребенка с застывшим сердцем, Норму Джин. Она просто не смогла бы выжить, если бы в ее сердце было место для любви. Теперь я проводила дни в ожидании *его*, и если он опаздывал даже на несколько минут, меня охватывал панический ужас. Если бы я любила кого-то или что-то в детстве или подростком, мне пришлось бы впадать в отчаянье каждый день! Может быть, все это было, но я просто себе в этом не признавалась. Может быть, поэтому так больно было любить теперь, и сердце билось с такой силой, готовое взорваться от боли и страстного желания.

Я много думала о *нем* и о других мужчинах. Мой любовник был сильной личностью. Я не хочу сказать, что он доминировал в наших отношениях. Сильный мужчина не должен демонстрировать свое превосходство над женщиной. Он не использует свою силу против женщины, ослабевшей от любви к нему. Он использует свою силу в борьбе с окружающим миром.

Когда он входил в мою комнату и заключал меня в объятия, все мои заботы и волнения улетучивались. Я забывала даже Норму Джин и переставала видеть мир ее глазами. Я забывала даже о том, что нефотогенична.

Новая «я» родилась в моем обличье — не актриса и не кто-то, видящий мир в ярких красках. Вся слава, цвета и успех, о которых я мечтала в прошлом, оказались теперь во мне. Когда он сказал: «Я люблю тебя», это было лучше, чем если бы тысяча критиков назвали меня великой кинозвездой.

Я старалась понять,что было иным в моей жизни до встречи с *ним*. Ведь теперь, как и прежде, — не было никакой надежды, никакой перспективы, все двери передо мной закрыты. Проблемы были те же, что и прежде. Но они казались теперь пылью, сметенной в угол комнаты. И было нечто совсем новое — секс.

Неприятно, когда секс — это не секс. Когда я была замужем, я просыпалась по утрам и думала: может быть, мир сошел с ума, зациклившись на сексе. Это как если бы вас постоянно убеждали, что жидкость для чистки туалета — величайшее изобретение человечества.

Потом я догадалась, что другие люди, другие женщины — не такие, как я. Они были способны чувствовать то, что я не могла. И когда я начала читать книги и мне попадались на глаза слова «фригидная», «отвергнутая», «лесбиянка», я думала, не ко мне ли все они относятся?

Как-то один знакомый, поцеловав меня, сказал, что, весьма вероятно, я лесбиянка, так как я не реагирую на поцелуи мужчин, то есть его. Я не спорила, потому что не знала, кто я на самом деле. Бывали периоды, когда я не чувствовала себя человеческим существом, бывали и такие моменты, когда я думала только о смерти. Нельзя при этом отрицать, что хорошо сложенные женщины возбуждали мой интерес.

Теперь, влюбившись, я знала, кто я такая. Я не была лесбиянкой. Интерес всего мира к сексу теперь не казался мне безумием. Наоборот, мне теперь казалось, что безумия было недостаточно.

В моих райских кущах было только одно облачко, и оно все разрасталось. Вначале для меня была важна только моя собственная любовь. Но через несколько месяцев я стала наблюдать за *его* любовью. Я смотрела, слушала и снова смотрела и не могла сказать себе больше, чем он сам мне говорил. Я не могла решить, действительно ли он любит меня.

Он без конца улыбался, когда мы были вместе, часто подшучивал надо мной. Я знала, что я ему нравлюсь и что он счастлив быть со мной. Но его любовь казалась мне не такой сильной, как моя. По большей части его разговоры со мной были полны критики. Он критиковал мои мысли. Он постоянно подчеркивал, как мало я знаю и насколько я далека от жизни. В общем-то он был прав. Я старалась узнать больше, читая книги. У меня появилась новая подруга, Наташа Лайтесс. Она преподавала актерское мастерство и была высококультурной женщиной. Она советовала, что мне читать. Я читала Толстого и Тургенева. Я была в восторге и не могла отложить книгу, пока не заканчивала ее. И мечтала обо всех этих героях, слышала, как они говорят друг с другом. И все-таки я не чувствовала, что становлюсь умнее.

Я никогда не жаловалась на его критические замечания, но они глубоко обижали меня, ранили, как и его скепсис.

Например, я говорю: «Я никогда прежде не чувствовала ничего подобного».

А он отвечает: «Еще будешь, и не раз».

«Не уверена, — продолжаю я. — Знаю только, что для меня это *все-все*».

Он парирует: «Не стоит принимать несколько мимолетных ощущений за что-то серьезное». Потом он спрашивает: «Что для тебя самое важное в жизни?»

«Ты».

«После того, как я исчезну», — смеется он.

Я начинаю рыдать.

«Ты плачешь без всякого повода, — говорит он. — Это потому, что твой ум плохо развит. А если сравнить с твоей грудью, то он просто в эмбриональном состоянии». Я не могу возражать, так как должна сначала посмотреть в словаре, что значит это слово. «Твой ум спит, — продолжает он. — Ты никогда не размышляешь о жизни. Ты просто плывешь по течению с помощью пары воображаемых подводных крыльев».

Оставшись одна, я лежала без сна, перебирая в уме все, что он говорил. И я думала: «Он не любит меня, иначе он не видел бы так ясно все мои недостатки. Как он может любить меня, если я такая дурочка?»

Я не возражала быть дурочкой, только бы он любил меня. Когда мы были вместе, я чувствовала, что иду по дну какой-то канавы, а он — по тротуару. И я смотрела и смотрела вверх, надеясь поймать любовь в его взгляде.

Однажды, когда мы были у меня, он заговорил о нашем будущем.

«Я думал о возможности жениться на тебе, — сказал он, — но, боюсь, это нереально».

Я промолчала.

«Это было бы хорошо для меня, — продолжал он, — но я должен думать и о сыне. Если бы мы поженились и что-то случилось со мной — ну, например, если бы я внезапно умер, — это было бы очень плохо для него».

«Почему?» — удивилась я.

«Было бы несправедливо, если бы его воспитывала такая женщина, как ты. Это было бы нечестно по отношению к нему».

После его ухода я проплакала всю ночь, не из-за того, что он сказал, а из-за того, что я должна была сделать. Я должна была уйти от него.

И в тот момент, когда эта мысль оформилась в моей голове, я поняла, что давно это знала. Вот почему я была так печальна, в таком отчаянии. Вот почему я изо всех сил старалась прихорашиваться для него, так цеплялась за него, как безумная. Потому что я знала, что все идет к концу.

Он не любил меня. Мужчина не может любить женщину, которую он почти презирает, которую стыдится.

Когда мы встретились на следующий день, я сказала ему: «Прощай». Он стоял, пристально глядя на меня, пока я объясняла, что чувствую. Я плакала, рыдала, но в конце концов оказалась в его объятиях.

Но через неделю я снова сказала: «Прощай». На этот раз я ушла из его дома с высоко поднятой головой. Через два дня я вернулась. А были третье и четвертое расставания. Как будто я бегу к краю крыши, чтобы броситься вниз, но каждый раз останавливаюсь и не бросаюсь. Вместо этого я бросалась к нему в объятия и умоляла не дать мне броситься вниз. Нелегко делать то, что ранит твое сердце, особенно когда это обновленное сердце, и ты знаешь, какое оно хрупкое.

В конце концов я все-таки бросила его. Прошло два дня, и я не пошла к нему.

Я сидела дома и наблюдала за собой.

«Продержись еще один день, — убеждала я себя, — боль уже начала утихать».

Это была неправда, но я выдержала третий день и четвертый. Тогда он сам пришел ко мне. Он постучал. Я подошла к двери и прислонилась к ней.

«Это я», — сказал он.

«Я знаю».

«Пожалуйста, впусти меня».

Я не ответила. Он начал стучать в дверь. Когда я услышала этот стук, я поняла, что моя любовь кончилась. Я знала, что преодолела ее. Боль все еще мучила меня, но я чувствовала, что она пройдет.

«Ну, пожалуйста, — умолял он, — я хочу поговорить с тобой».

«Я не хочу тебя видеть, — ответила я. — Уходи».

Он стал кричать и стучать еще громче.

«Ты моя, — кричал он, — ты не можешь так просто бросить меня».

Соседи стали выглядывать из дверей. Кто-то пригрозил вызвать полицию, если шум не прекратится. Он ушел.

Он приходил еще, как раньше это делала я. Теперь он меня любил. Он встречал меня на улице и шел рядом, изливая свое сердце. Но это для меня уже ничего не значило. Когда он сжимал мою руку, рука не дрожала, а сердце не прыгало в груди».

«В то время, когда я любила этого человека, я не переставала искать работу. Я не думала о своей «карьере». Я искала работу потому, что мне казалось, что он будет любить меня сильнее, если я буду работать. Я чувствовала, что он немного нервничает оттого, что я сижу и только и делаю, что жду его. Мужчина иногда сердится и чувствует себя виноватым, если ты любишь его слишком сильно.

Кроме того, у меня совершенно не было денег. Я перебивалась тем, что мне удавалось занять.

Как-то знакомый, с которым я повстречалась в кафетерии, мимоходом сообщил, что на студии делают досъемки фильма «Счастлив в любви» (1950)[6] и им нужна статистка. В картине снимались братья Харпо и Гручо Маркс.

Я пришла в павильон и нашла продюсера Лестера Кована. Это был невысокий мужчина с темными печальными глазами. Он представил меня Гручо и Харпо. Я как бы встретила знакомых персонажей из детских стишков «Матушки Гусыни»[7]. И вот они были передо мной — с веселыми и безумными физиономиями, точно как и в их фильмах. Оба они улыбались мне во весь рот, словно я сладкий пончик.

«Эта молодая леди для сцены в конторе», — объяснил мистер Кован.

Гручо оглядел меня в глубоком раздумье.

«А ну-ка пройдись!» — потребовал он.

Я кивнула.

«Я имею в виду — пройдись не как моя старая тетушка Ципа, — объяснил Гручо. — В этой сцене молодая девушка должна пройти мимо меня так, чтобы мое старческое либидо вспыхнуло молодым пламенем и чтобы у меня буквально дым пошел из ушей».

Харпо гуднул в рожок, прикрепленный к концу его трости, и подмигнул мне.

Я прошлась, как просил Гручо.

«Исключительно хорошо выполнено», — похвалил он.

Харпо гуднул в рожок три раза, потом вложил два пальца в рот и лихо свистнул.

«Пройдись еще раз», — сказал мистер Кован.

Я прошлась туда и обратно перед тремя мужчинами. Они улыбались.

«Это Мэй Вест, Теда Бара и Бо Пип[8], вместе взятые, — сказал Гручо. — Мы снимем эту сцену завтра утром. Приходи пораньше».

«И не вздумай прохаживаться таким образом по улицам без охраны», — добавил Харпо.

Я снялась на следующий день. Гручо был режиссером сцены. Это был всего лишь крошечный эпизод, но продюсер мистер Кован сказал, что у меня есть данные, чтобы стать звездой, и что он немедленно кое-что предпримет по этому поводу.

Когда ты сидишь совершенно без денег и вообще никто, а человек говорит тебе такие слова, он становится в твоих глазах гением. Но ничего не случалось целую неделю. Каждый вечер я сидела, слушая разглагольствования моего возлюбленного о моих разнообразных недостатках, и, несмотря ни на что, пребывала в состоянии блаженства.

И вот в одно прекрасное утро в заголовке очередной колонки голливудской хроники, которую вела Луэлла Парсонс[9] в газете «Лос-Анджелес Экзаминер», я нашла свое имя. Я была так потрясена, что буквально свалилась с кровати. В заметке говорилось, что Лестер Кован предложил мне контракт и главную роль в новом фильме.

Это было нечто! С быстротой молнии я оделась, накрасилась и потратила последние два доллара на такси.

Мистер Кован был в своем кабинете.

«Чем могу служить, мисс Монро?» — спросил он. Он всегда вел себя как джентльмен.

«Я хотела бы подписать контракт, о котором я прочитала в колонке Луэллы Парсонс», — объяснила я.

«Я еще не составил контракт, — улыбнулся мистер Кован. — Это займет некоторое время».

«Сколько же вы собираетесь мне платить?» — спросила я.

Мистер Кован сказал, что еще не решил.

«Сто долларов в неделю будет в самый раз», — сказала я.

«Посмотрим, посмотрим, — сказал мистер Кован. — Вы идите домой и ждите сообщений. Я пошлю за вами».

«Честное слово?»

«Честное слово», — заверил меня мистер Кован, сохраняя серьезное выражение лица.

Я заняла два доллара у человека, которого едва знала, и помчалась в ювелирный магазин. Из-за моего финансового положения я никогда не дарила подарков моему возлюбленному. Теперь у меня был шанс купить ему что-то действительно красивое.

Я показала продавцу магазина колонку Луэллы Парсонс с моей фотографией.

«Я Мэрилин Монро, — сказала я. — Вы можете сравнить меня с фото».

«Я вижу, что это вы», — согласился ювелир.

«Я сейчас на мели, — сказала я, — по правде говоря, у меня нет и двух долларов. Но вы можете прочитать, что я становлюсь кинозвездой и вскоре получу массу денег».

Ювелир кивнул.

«Конечно, я еще не подписала контракт, и даже не видела его. — Я не хотела никаких недоразумений с ювелиром. — И мистер Кован, с которым я только что разговаривала, сказал, что на это потребуется некоторое время, но, я думаю, вы можете мне доверять. Я хотела бы купить подарок очень дорогому для меня человеку».

Продавец улыбнулся и сказал, что он мне верит и я могу выбрать любую вещь в магазине.

Я выбрала вещь стоимостью в пятьсот долларов, помчалась домой к моему любимому и стала ждать его прихода.

Он был несколько ошарашен красотой моего подарка. Никто прежде не дарил ему такую дорогую вещь.

«Ты должна была выгравировать мое имя: «От Мэрилин такому-то с любовью». Или что-то в этом роде».

Мое сердце почти остановилось, когда он это сказал.

«Я хотела это сделать, — ответила я, — но передумала».

«Почему». — Он смотрел на меня с большой нежностью.

«Потому что когда-нибудь ты бросишь меня, — объяснила я, — и у тебя будет другая женщина. И тогда ты не сможешь пользоваться моим подарком: ведь там будет мое имя. А так эта вещь всегда будет с тобой, как будто ты сам ее купил».

Обычно, когда женщина говорит такие вещи возлюбленному, она ожидает, что тот будет возражать, разуверять, что когда-либо покинет ее. Но он этого не сделал. Ночью я рыдала в постели. Любить без всякой надежды на взаимность — невыносимо.

Целых два года я выплачивала ювелиру эти пятьсот долларов. К тому времени, как я с ним рассчиталась, мой бывший любовник был женат на другой женщине».

* * *

Спустя годы биографы звезды расшифровали имя ее возлюбленного. Им был Фредди Каргер, музыкант, работавший на студии «Коламбия». Он был к тому времени разведен и жил с сыном и матерью неподалеку от студии. Когда Мэрилин начала сниматься в «Девушках из хора», а по роли она должна была исполнить две песенки — «Каждый может сказать: «Я тебя люблю» и «Каждому ребенку нужен па-па-папочка» — к ней прикрепили в качестве репетитора Фредди Каргера. Если Мэрилин немедленно по уши влюбилась в Каргера, то его чувства были достаточно сдержанными. Ему было жаль девушку, жившую на грани нищеты. На обед она покупала сырой гамбургер и запивала его черным кофе. «Обычно на завтрак я ем грейпфрут и кофе, а на ланч — хлеб с ореховым маслом и джемом, — рассказывала Мэрилин. — Бывали дни, когда я тратила на еду не более доллара». Фредди пригласил новую знакомую к себе домой на обед и познакомил с матерью, Мэри. Из этого знакомства возникла дружба, продолжавшаяся до самой смерти актрисы. Даже после разрыва с Фредди его дом всегда оставался для Мэрилин родным и гостеприимным.

Отношения Мэрилин и Фредди были неравными. Она была влюблена, мечтала о замужестве, впервые думала о детях. Он же был весьма сдержан и о женитьбе даже не помышлял. Культурная и интеллектуальная пропасть между ними исключала для Фредди Каргера возможность думать о каком-то их совместном будущем.

Трудно поручиться, что их роман развивался точно так, как описала Мэрилин. Но сам по себе рассказ является художественным произведением. И даже когда их отношения прекратились, Мэрилин сохранила глубокую благодарность Фредди за его помощь в работе над фильмом.

Несмотря на успех картины «Девушки из хора» и положительные отзывы о Мэрилин, Гарри Кон не возобновил с ней контракт. Как и Занук, он не верил в ее актерский потенциал, а видел только профессиональные несовершенства начинающей актрисы. О причинах своего увольнения Мэрилин написала в своих воспоминаниях, где она вывела Гарри Кона под именем «господин Х.» и описала приглашение на яхту. Так ли это было, история умалчивает.

* * *

«Мистер Кован сдержал свое слово и послал за мной. Он еще не был готов сделать меня звездой, просто потому что пока не подыскал подходящей для меня картины. Но он хотел использовать меня для рекламной кампании фильма «Счастлив в любви».

«Но я же не знаю, как рекламировать фильм», — сказала я.

«Да вам и знать ничего не нужно, — успокоил меня мистер Кован, — все, что вам нужно делать, — это быть самой собой, Мэрилин Монро».

Он объяснил, что я буду переезжать из города в город по всей Америке, жить в лучших гостиницах, встречаться с журналистами, давать интервью и позировать для фотографов.

«У вас будет возможность повидать мир, расширить кругозор».

Я согласилась рекламировать картину, и мистер Кован обещал оплачивать мои расходы по командировке и выплачивать сто долларов в неделю.

Одной из причин, по которой я согласилась на эту работу, была такая: я думала, что, если я уеду на несколько недель, мой возлюбленный осознает, как сильно он меня любит. Может ли он это понять, если я кручусь вокруг него круглые сутки? Я где-то вычитала, что мужчина будет любить тебя сильнее, если у него возникает ощущение неуверенности в полноте его власти над тобой. Но читать — это одно, а осуществить на практике — совсем другое. Кроме того, я просто не умела притворяться, изображать то, чего не чувствую. Я никогда не могла любить, если не любила, а если я любила, то не могла скрывать свои чувства, как не могла, например, изменить цвет своих глаз.

Накануне отъезда в Нью-Йорк, где начинался мой рекламный тур по Америке, я внезапно поняла, что мне практически нечего надеть. Я позвонила мистеру Ковану и сказала ему об этом.

«Вряд ли я смогу достойно рекламировать что-то в одном старом костюме!»

Мистер Кован рассмеялся и согласился, что желательно иметь больше, чем один костюм. Он дал мне семьдесят пять долларов для экипировки. Я помчалась в магазин и купила три шерстяных платья по двадцать пять долларов каждое.

Я купила именно шерстяные вещи, так как помнила, что Нью-Йорк и Чикаго где-то на севере. В кино я видела эти города, занесенные снегом. Находясь в состоянии возбуждения в связи с поездкой, я совершенно забыла, что на восточном побережье сейчас лето, как и в Лос-Анджелесе.

По пути в Нью-Йорк я строила планы, что я должна там посмотреть.

Мой возлюбленный любил повторять, что одна из причин, по которой со мной не о чем говорить, та, что я нигде не была и ничего не видела.

Теперь я намеревалась исправить этот недостаток.

Когда поезд пришел в Нью-Йорк, я едва могла дышать, было невыносимо жарко. Намного жарче, чем в Голливуде. В шерстяном платье я чувствовала себя как в печке.

Ответственный за мою программу сотрудник мистера Кована нашел выход из положения.

«Мы должны максимально обыграть эту ситуацию», — объяснил он. И организовал фотосессию прямо на вокзале: я позировала на ступеньках вагона, пот струился по моему лицу, в каждой руке я держала вафельный стаканчик мороженого. Подпись гласила: «Мэрилин Монро, самая горячая штучка Голливуда, охлаждается».

Так тема «охлаждения» стала центральной в моей рекламной работе в Нью-Йорке.

Спустя полчаса после прибытия в Нью-Йорк меня привезли в элегантный «люкс» гостиницы «Шерри-Нидерланд» и попросили надеть купальный костюм.

Прибежало множество фотографов, защелкали фотоаппараты, снимая сцены «охлаждения».

Я провела в Нью-Йорке несколько дней, глядя на стены моего роскошного номера и взирая с высоты пятнадцатого этажа на крошечные фигурки людей. Самые разные люди приходили меня интервьюировать, и не только газетчики или сотрудники журналов, но и сотрудники из отдела рекламы студии «Юнайтед Артистс».

Я задавала им вопросы о статуе Свободы, и какие спектакли следует посмотреть, и какие кафе самые модные. Но я никуда не ходила и так ничего и не увидела.

В конце концов я так устала потеть в номере в одном из трех моих шерстяных платьев, что начала жаловаться.

«Мне кажется, — сказала я представителям студии «Юнайтед Артистс», обедавшим со мной в моем номере, — мне нужны более привлекательные наряды на вечер».

Они согласились и купили мне летнее платье в голубой горошек с низким вырезом на распродаже в самом дешевом магазине. Они объяснили, что в больших городах хлопок гораздо более моден, чем шелк. Мне особенно пришелся по вкусу дополнявший платье красный бархатный пояс.

Следующая остановка — Детройт, потом Кливленд, Чикаго, Милуоки и Рокфорд. Везде повторялась та же история. Гостиница, купальник, фотографы и журналисты. Гвоздем были фото с моим «охлаждением».

В Рокфорде я решила, что уже достаточно расширила свой кругозор. К тому же из-за постоянных разъездов или из-за халтурной работы финансовых работников мистера Кована я ни разу не получила свою зарплату. Деньги, как мне каждый раз объясняли, будут ждать меня в следующем пункте. В результате у меня не было и пятидесяти центов, чтобы потратить на себя во время моего грандиозного турне.

И вот после очередного сидения в фойе кинотеатра в Рокфорде, когда я «охлаждалась» в купальнике и дарила орхидеи «моим любимым мужчинам-кинозрителям», я объявила сотруднику студии, что хотела бы вернуться в Голливуд.

Турне не оправдало моих надежд. Когда я вернулась, мне так же не о чем было рассказать, как и прежде. И мое отсутствие, кажется, не заставило сердце моего друга биться сильнее».

* * *

В 1950 году судьба свела Мэрилин Монро с человеком, который сыграл важнейшую роль в ее карьере. Это был Джонни Хайд, невысокий полноватый и некрасивый человек, вице-президент агентства «Уильям Моррис». Он занимался поиском и продвижением кинозвезд. Среди его клиентов были такие знаменитости, как Эл Джолсон, Лана Тернер, Бетти Хаттон, Рита Хейуорт.

Джонни Хайд родился в России, еще ребенком приехал с родителями в Америку. Родители были отличными акробатами, их фамилия — Хайдабура. В 21 год он поступил на работу в престижное агентство по поиску талантов «Уильям Моррис», где вскоре вырос до должности вице-президента. Был он весьма влиятелен и богат. Когда Джонни познакомился с Мэрилин, ему было 53 года, ей — 23. Джонни развелся с женой, оставив ей дом и четырех сыновей, и предложил Мэрилин выйти за него замуж. Но она, став в начале 1950 года его любовницей, решительно отказывалась от брака. «Я тебя люблю, — говорила она, — но я не влюблена в тебя». По словам Мэрилин, любила она только одного человека — Фредди Каргера. Поэтому Мэрилин отвергала настоятельные предложения брака и больших денег. Наташа Лайтесс, от которой Мэрилин ушла к Джонни, называла его Квазимодой и резко осуждала нарушение им профессиональной этики. Другие в дальнейшем осуждали Мэрилин за то, что ее якобы неумеренные сексуальные требования способствовали преждевременной смерти Джонни Хайда.

Джонни вел невероятно активную светскую жизнь, выводил Мэрилин на все голливудские приемы, куда он получал приглашения, на все премьеры и многочисленные концерты в ночных клубах. Как ядовито замечала Наташа Лайтесс, он тратил тысячи долларов на ее наряды, но возмутился, когда Мэрилин купила две пары сережек. «Зачем так много? — удивился Джонни. — Сколько у тебя ушей?»

Даже после первого инфаркта Джонни решительно отказывался следовать советам врачей: спокойствие, никаких эмоциональных и физических стрессов. «Я не инвалид», — парировал Хайд и продолжал бурную светскую и профессиональную деятельность, хотя прекрасно сознавал, что жить ему осталось недолго. Он всячески стремился укрепить позиции Мэрилин Монро в Голливуде, а с помощью брака, на который он все еще надеялся, создать ей и финансовую независимость. Он снова и снова предлагал Мэрилин руку, сердце и миллионы, но неизменно наталкивался на отказ. Он даже попросил Джо Шенка походатайствовать за него, и Шенк целый вечер убеждал актрису, но — безуспешно. Мэрилин объясняла все очень просто: прикосновения Джонни не вызывали в ней ответного чувства, никаких эмоций, а значит, замужество с ним означало бы неискренность, предательство и по отношению к нему, и по отношению к себе.

А вот как описала этот эпизод своей жизни сама Мэрилин Монро.

«Однажды утром я долго ждала в приемной знаменитого агентства «Уильям Моррис». Мужчина маленького роста сидел за огромным столом. Он разговаривал со мной тихим голосом и смотрел добрыми глазами. Это был Джон Хайд, один из самых важных людей в Голливуде, — открыватель талантов. Все звали его Джонни изза его доброжелательного отношения к людям.

«Ты будешь знаменитой кинозвездой, — сказал мне Джонни. — Я знаю. Много лет назад я открыл похожую на тебя девушку и привел ее на студию М.Г.М. Это была Лана Тернер[10]. Ты еще лучше. Ты пойдешь дальше. У тебя больше данных».

«Тогда почему я не могу получить работу? — спросила я. — Просто чтобы хватало на пропитание».

«Начинающей звезде нелегко найти хлебную работу. Звезда хороша только как звезда. И ты не годишься ни на что меньшее».

Впервые за несколько месяцев я рассмеялась. Джонни Хайд продолжал внимательно разглядывать меня.

«Да, — сказал он, — что-то есть. Я чувствую. Я просматриваю сотню актрис в неделю. Но в них нет того, что есть в тебе. Ты понимаешь, о чем я говорю?»

«Да, — ответила я. — У меня тоже бывало такое чувство. Когда я была еще ребенком и когда я только начинала. Но оно уже давно ко мне не приходило. Я была слишком занята своими проблемами».

«Любовными?» — поинтересовался он.

«Да».

«Вот что. Приходи завтра, и мы еще поговорим», — попрощался Джонни.

У меня появился еще один добрый друг, женщина, возглавлявшая группу «охотников за талантами» на студии М.Г.М. Звали ее Люсиль Райман.

Мисс Райман не только была добра ко мне, не только давала взаймы деньги и разрешала носить ее наряды, она тоже уверяла меня, что я стану кинозвездой.

Как-то мисс Райман мне позвонила.

«Для тебя есть роль в фильме Джона Хьюстона[11] «Асфальтовые джунгли». Роль точно на тебя. Роль небольшая, но ты сможешь показать себя и произвести сенсацию. Попроси своего агента связаться с мистером Хьюстоном. Я ему уже рассказала о тебе».

Джонни Хайд привез меня к Джону Хьюстону. В кабинете был еще продюсер фильма Артур Хорнблоу.

Мистер Хьюстон выглядел необычно. Высокий, с длинным лицом и растрепанными волосами.

Он прерывал всех громким хохотом, так что временами казалось, что он пьян. Но он не был пьян. Просто он был в чудном настроении, непонятно почему. И он был гением — первым гением, которого я встретила в своей жизни.

Конечно, я уже знала мистера Занука, которого в Голливуде тоже считали гением. Но тот был гением совершенно другого рода: он имел право приказывать всем и каждому на студии. В Голливуде такой гений пользуется наибольшим уважением из-за своего умения делать деньги. Но вообще-то в остальном он не был гением. Просто он занимал лучшую в мире должность, и на него работали самые талантливые люди.

Мистер Хьюстон дал мне копию сценария. В отличие от мистера Занука он считал, что актриса должна знать, о чем фильм, в котором она будет играть. Я принесла сценарий домой, и мой друг Наташа Лайтесс согласилась работать со мной над ролью.

«Как ты думаешь, справишься? — спросил меня Джонни Хайд. — Ведь ты по роли должна впадать в истерику, рыдать и кричать».

«Вы же сами утверждали, что я готовая кинозвезда, — сказала я, — и что я могу всё».

«Конечно, можешь, но все же я волнуюсь».

Сначала я подумала, что Джонни потерял в меня веру. Потом поняла: он просто был «слишком близко» ко мне и, зная меня, беспокоился насчет моих страхов и нервов.

Я работала над ролью несколько дней и потом приехала к мистеру Хьюстону, чтобы почитать ему. В комнате было несколько человек, включая мистера Хорнблоу, который, при его абсолютно лысой голове, выглядел гораздо элегантнее, чем другие мужчины с шевелюрой. На самом деле он был больше похож на высококультурного иностранного дипломата, чем на голливудского продюсера.

Присутствующие были настроены дружелюбно, шутили, но я не могла выдавить улыбку. Я чувствовала, что просто не в состоянии прочитать даже одну строчку из роли. Сердце пульсировало где-то в желудке. Наверное, я не была бы больше напугана, если бы на меня несся поезд.

«Ну, — начал мистер Хьюстон, — вам нравится ваша роль?»

Я кивнула. Губы так пересохли, что я не могла вымолвить ни слова.

«Думаете, вы справитесь?»

Я снова кивнула.

Меня подташнивало. Миллион раз я уверяла себя, что я актриса. Годами готовилась к актерской работе. И вот теперь, когда мне, наконец, впервые предоставлялся шанс получить настоящую роль под руководством замечательного режиссера, все, что я могла, — это кивать головой как деревянная кукла, стоя на подгибающихся ногах.

По счастью, мужчины в комнате продолжали шутить и, казалось, на время забыли обо мне. Они хохотали, обменивались анекдотами, словно ничего важного не происходило. Но я видела, что то и дело взрывавшийся хохотом мистер Хьюстон краем глаза наблюдает за мной. И ждет меня.

Я была в отчаянии. Что толку читать роль дрожащим голосом, словно запуганная любительница... Мистер Хьюстон перехватил мой взгляд и улыбнулся.

«Мы ждем, мисс Монро».

«Я не уверена, что смогу что-либо сегодня показать».

Все в комнате вдруг замолчали и посмотрели на меня.

«Вы не возражаете, если я буду читать свою роль, лежа на полу?» — выпалила я.

«Отчего же, делайте, как вам удобно, — галантно ответил мистер Хьюстон. — Билл будет подавать реплики».

Я растянулась на полу, и Билл присел рядом со мной. Я почувствовала себя гораздо лучше. Дома я репетировала роль, лежа на диване, в соответствии с ремаркой в сценарии. Здесь же дивана не было, так что, лежа на полу, я была почти в привычной обстановке.

Я произносила свою роль, а сидевший на корточках Билл читал за моего партнера Луи Калхерна. Когда я кончила, я сказала: «Пожалуйста, разрешите мне прочесть еще раз?»

«Если желаете, ради Бога, — ответил мистер Хьюстон. — Только в этом нет нужды».

Я прочитала еще раз.

Когда я поднялась с пола, мистер Хьюстон сказал: «Все было в порядке и в первом чтении. Идите и поработайте с костюмером».

Я знала, что на этот раз моя роль не будет вырезана из картины, потому что она была важной частью сюжета. По ходу действия из-за меня одно из главных действующих лиц, Луи Калхерн, кончал жизнь самоубийством.

Моя героиня в облегающей шелковой пижамс была квинтэссенцией образов Мэй Вест, Теды Бара и Бо Пип».

* * *

«Асфальтовые джунгли» (1950) оказались для Мэрилин действительно первым важным прорывом в кино, первым фильмом, где она что-то действительно *сыграла*. И главным виновником был, конечно, замечательный режиссер Джон Хьюстон. Историки установили, что Хьюстон вовсе не собирался снимать Мэрилин в небольшой роли Анджелы. Но одна из покровительниц Монро, Люси Райман, бесцеремонно использовала свое влияние. Хьюстон держал на ее конюшне своих лошадей, числом двадцать три, и задолжал за услуги. Поэтому Люси могла заставить режиссера занять неугодную ему актрису. На самом деле Хьюстон уже раньше видел Мэрилин на съемках и не слишком сильно возражал против ее участия в картине. Люси же продолжала принимать активное участие в судьбе начинающей актрисы: требовала для нее лучших гримеров, заставила костюмера поменять ее платье для пробной сьемки.

Но какова бы ни была роль Люси Райман, гораздо важнее было влияние и нажим со стороны Джонни Хайда. Он настоял, чтобы сценарий был доставлен в его офис и Мэрилин смогла заранее поработать над ролью с Наташей Лайтесс. Джонни и Наташа отвезли Мэрилин на пробную съемку, которую актриса описала в своем рассказе. Другие актеры, пробовавшиеся на роли в фильме, вспоминали, что Мэрилин была страшно запугана и нервна. Опытный режиссер, Хьюстон, видя состояние Мэрилин, кивнул головой в сторону ее партнера, профессионального актера Луи Калхерна: «Посмотри, как он трясется от страха. Если ты не волнуешься перед съемкой, можешь завязать с актерской карьерой». Позднее опытный педагог Ли Страсберг учил ее, что для настоящего актера волнение — лучший источник творческой энергии.

«Асфальтовые джунгли» — экранизация детектива В.К.Бернетта. Сюжет картины не отличался оригинальностью. Закоренелый преступник Дикс Хендли выпущен из тюрьмы, так как полиция не сумела установить его причастность к ограблению. Так совпало, что и другой опасный преступник, Док Риденшнайдер, тоже выпущен на поруки. Оказавшись на свободе, оба гангстера при помощи коррумпированных адвокатов и лейтенанта полиции похищают многомиллионную коллекцию драгоценностей. Но после многих приключений оказываются арестованными. Порок, как всегда, наказан, добро и хорошие люди торжествуют.

Персонаж, предназначенный Монро — Анджела, любовница продажного адвоката (в этой роли Луи Калхерн), — должна была подтвердить фальшивое алиби любовника, но в конце концов признавалась во лжи. Адвоката арестовали, а вместе с ним и всех гангстеров.

Фильм Хьюстона стал классикой американского кино, образцом для картин подобного жанра («мрачный черный детектив») и основой для нескольких повторных экранизаций этого сюжета. В исполнении Мэрилин Монро Анджела то выступает как соблазнительница стареющего адвоката, то излучает полнейшую невинность при встрече с полицейским агентом. «Не знаю, что получилось на экране, — сказала она Наташе Лайтесс, — но я знаю, что это был для меня замечательный опыт». Несомненно, Мэрилин Монро в этом фильме привлекла внимание голливудской элиты, что помогло ее дальнейшей карьере.

На пробном просмотре более половины зрителей оценили картину как «выдающуюся» или «замечательную». Один из зрителей решительно потребовал: «Дайте больше места блондинке».

Казалось бы, ее дальнейшая актерская судьба обеспечена. Но несмотря на успех картины и единодушно положительные оценки кинокритиков («Мэрилин действительно готова к серьезной работе», — писал рецензент лос-анджелесской газеты) контракт с Мэрилин Монро не был подписан. Глава производственного отдела М.Г.М. Дор Шари[12] решительно возражал, считая, что слишком откровенный эротизм молодой актрисы представляет опасность для студии. Пришлось Мэрилин снова отправляться на поклон в студию «XX век — Фокс».

«На киносъемках часто приходится играть маленькими кусочками. Ты произносишь две фразы, и режиссер кричит «Снято». Меняется свет, камера устанавливается на новом месте, актер произносит еще две фразы, и снова команда — «Стоп». Ты проходишь два метра, и опять «Стоп». В тот момент, когда ты входишь в роль, съемка заканчивается.

Но это все неважно. Ведь на съемках нет аудитории — наблюдающего за тобой зрителя. Нет никого, актер играет только для себя. Это как детская игра, когда ребенок изображает кого-то другого. Обычно это очень похоже на те истории, которые я сочиняла в детстве: как я встретила кого-то, кто в меня влюбился, потому что, невзирая на все слухи и сплетни, я хорошая девочка с золотым сердцем. Нередко, снимаясь в фильмах, я думала, не помогали ли сценаристу и режиссеру их дети? «Разве не чудесно, если бы я случайно открыла дверь комнаты, а там — множество восьми- и девятилетних детей — подлинных создателей фильмов. И тогда я пошла бы к главе киностудии и сказала ему: «Я хочу сыграть что-нибудь получше, чем роль, которую вы мне предлагаете. Что-то гораздо более реальное и человечное». И когда он ответит мне, что мой сценарий написан самыми светлыми умами Голливуда и глупо его критиковать, я бы сказала, что знаю его тайну: комнату со множеством детей, которые на самом деле и пишут сценарии. И он бы побледнел и сдался. А я бы, наконец, получила талантливый сценарий и стала настоящей актрисой».

У меня не было подобных мыслей во время съемок «Асфальтовых джунглей», потому что это был «взрослый» сценарий. На площадке также была наблюдающая за мной аудитория, состоящая из одного человека — режиссера Джона Хьюстона. Такой режиссер, как мистер Хьюстон, превращает твою работу в волшебство. Некоторые режиссеры предпочитают изобразительный ряд работе с актерами. Они ездят с камерой по кругу, приговаривая: «Какой отличный кадр!» Или: «Великолепная декорация. Мы снимем камин и восточную маску одним монтажным планом». Или еще: «Этот план особенно изящен, он сообщает фильму более быстрый темп».

Ты чувствуешь, что постановщиков больше интересует режиссура, нежели работа с актерами над воплощением характеров. Такие режиссеры хотят, чтобы руководство студии, просмотрев отснятый материал, хвалило бы их режиссуру. Мистер Хьюстон не из таких. Его интересовало то, что я делаю на площадке. Он не только смотрел, он активно соучаствовал в моей работе. И хотя роль у меня была маленькая, но когда я стояла перед камерой, я чувствовала себя самым важным лицом на съемочной площадке. Это потому, что каждое мое движение и слово были также важны для режиссера, как если бы я играла главную роль.

Джонни Хайд, как и я, был в восторге от съемок. Он не уставал повторять: «Вот оно! Ты попала в точку. Все без ума от твоей работы».

Когда настало время первого просмотра готовой картины, собралась вся верхушка студии. Это была отличная картина. Меня била дрожь. Но самой большой сенсацией оказалась я сама. Зрители свистели во время моих сцен, веселились, слушая мои реплики. Я им очень нравилась.

Это так прекрасно — чувствовать, что ты нравишься публике. Я сидела в кинотеатре рядом с Джонни Хайдом. Он держал мою руку в своей. Мы не сказали ни слова по пути домой. Он сидел у меня в комнате и светился радостью. Как будто это он произвел фурор на экране, а не я. Он радовался не только потому, что я была его «клиенткой» и он «открыл» меня. Его сердце трепетало от радости за меня. Я чувствовала его искренность, его доброту. Ни один человек не смотрел на меня так тепло и доброжелательно. Он понимал не только меня, он понимал и Норму Джин тоже. Он знал всю мою боль и всё отчаяние. Когда он обнял меня и сказал, что любит меня, я знала, что это правда. Никто никогда не любил меня так, как он. Всем своим сердцем я желала, чтобы и я смогла полюбить его так же сильно.

Я рассказала ему свою любовную историю, которая только что завершилась, и о том, как мне больно. Моя связь закончилась во всех отношениях, кроме одного. Мне трудно было полюбить еще раз. Джонни был добр даже и в этом. Он не кричал и не злился. Он понимал. Он не обвинял и не критиковал. Жизнь полна сложных ситуаций и неправильных поступков, говорил он. Он будет ждать, когда мое сердце укрепится и когда я смогу полюбить его, если смогу.

Доброта — это редкое качество в возлюбленном, да и в любом человеке. Доброта Джонни делала его самым потрясающим человеком, которого я когда-либо встречала в своей жизни.

«Первое, что нужно сделать, — сказал он на следующий день, — это получить контракт с «Метро Голдвин Мейер».

«Ты думаешь, это тебе удастся?» — спросила я.

«Да у них же новая звезда на руках, — сказал Джонни, — и они это знают. Все восхищаются твоей работой. И что еще важнее, ты слышала и видела реакцию публики. Зрители приняли тебя! Я никогда не видел, чтобы так реагировали на исполнителя эпизодической роли».

Через неделю Джонни мне сказал: «Пожалуйста, не впадай в депрессию, но нас постигла временная неудача».

«М.Г.М. не хочет меня?» — спросила я.

«Ты правильно догадалась, — рассмеялся Джонни. — Это полнейший абсурд.

Всю неделю я вел переговоры с Дором Шари. Ему нравится твоя работа... Более того, он думает, что ты отлично справилась с ролью. Но он считает, что в тебе нет материала для кинозвезды. Ты, на его взгляд, нефотогенична, в тебе нет чего-то такого, что делает актрису звездой».

«Может быть, он прав, — сказала я. — Мистер Занук был того же мнения, когда «XX век — Фокс» разорвал со мной контракт».

«Нет, он не прав, — сказал Джонни. — И Занук тоже. Мне смешно, когда я думаю, как они ошибаются и как они будут кусать себе локти. И это время придет очень скоро».

Джонни смеялся, а я — нет. Это тяжело — взлететь так высоко в своих мечтах и снова вернуться в никуда — без работы, без перспектив, без денег. Но на этот раз падение не было столь тяжелым. Я была не одна. Со мной был Джонни. Ведь я была не только его клиенткой или даже его возлюбленной. Я была его личной «миссией». Вот почему мой друг носился как угорелый по всем студиям.

Мое сердце было переполнено благодарностью, я могла отдать за него жизнь.

Но любовь, на которую он надеялся, ко мне не приходила. Заставить себя полюбить так же невозможно, как научиться летать. Но у меня были очень теплые чувства к Джонни Хайду, и я всегда была рада быть с ним. Как будто я стала членом большой семьи и обрела множество родственников».

* * *

«Нелегко жить надеждами другого человека и быть счастливой его мечтами. Но Джонни сделал меня счастливой и поддерживал мою веру в себя. Я больше не бегала по студиям и актерским агентствам. За меня это делал Джонни. Я оставалась дома, брала уроки актерского мастерства и читала книги.

Одна из них особенно впечатлила меня. Это была «Автобиография» Линкольна Стиффенса[13].

Это была, пожалуй, первая книга, в которой я нашла правду о жизни и людях. Горькая, но сильная книга. В других книгах я нередко читала полуправду о жизни — о том, как люди любят друг друга, и как справедливость всегда торжествует, и как выдающиеся личности всегда действуют на пользу своей страны. Линкольн Стиффенс знал правду о бедности и о несправедливости. Он писал о том, как люди лгут ради карьеры. И как подчас самодовольны бывают богачи. Как будто он прожил такую же трудную жизнь, как и я. Мне страшно понравилась эта книга. Читая ее, я забывала об отсутствии работы и о том, что «нефотогенична».

Но Джонни не забыл.

«Есть одна хорошая новость, — сообщил он както вечером. — Я не хотел говорить об этом, пока не был уверен. Теперь я уверен. Речь идет о фильме Джозефа Манкиевича[14] «Все о Еве». Роль небольшая, но она упрочит твое положение на студии «XX век — Фокс».

«Но ведь они меня не хотели», — сказала я.

«Теперь хотят», — ответил Джонни.

Мистер Манкиевич был режиссером совершенно иного плана, чем мистер Хьюстон. Он не была таким импульсивным и любил поговорить. Но он был умным и тонким. Мне было хорошо на съемках, и с помощью Джонни Хайда я снова обрела способность мечтать.

Студия постоянно организовывала всякие «инциденты» для рекламы своих актеров. А я нуждалась в рекламе. Но был один вид рекламы, в котором я отказывалась участвовать. Это по большей части была шумиха вокруг твоего появления ночью в кафе с каким-нибудь актером. Журналисты немедленно начинали строить догадки, что между тобой и молодым актером любовная интрижка.

Я не любила ходить в модные кафе с очередным амбициозным болваном. Мне не нравилось, что мое имя соединяли с именами людей, которых я едва знала. И я понимала, что Джонни это тоже не понравится. Так что я не ходила в кафе и не стремилась попасть в светскую хронику как любительница любовных интрижек.

Единственные «инциденты» в период съемок «Все о Еве» случились из-за Линкольна Стиффенса и За За Габор (снова). История с Линкольном Стиффенсом началась, когда мистер Манкиевич спросил меня, что за книгу я читаю на съемках. Я сказала, что это автобиография Линкольна Стиффенса, и принялась расхваливать книгу. Мистер Манкиевич отвел меня в сторону и тихо преподнес урок.

«Я бы не советовал так шумно восторгаться этой книгой, — сказал он. — Это верный путь к неприятностям. Люди станут думать о вас как о радикалке».

«Какой радикалке?»

«Политической радикалке, — объяснил мистер Манкиевич. — Не может быть, чтобы вы не слышали о коммунистах».

«Не очень много».

«Вы читаете газеты?»

«Я пропускаю неинтересные статьи».

«Одним словом, не вылезайте с восхвалениями мистера Стиффенса, не то попадете в беду», — заключил мистер Манкиевич.

Я думала, что это было личное мнение мистера Манкиевича и что он просто напуган студийными боссами или кем-то еще. Я не могла себе представить, что кто-то начнет меня преследовать только потому, что мне нравился Линкольн Стиффенс. Другим политическим деятелем, которым я восхищалась, был Авраам Линкольн. Я прочитала о нем все, что могла найти. Он был единственным знаменитым американским политиком, который был похож на меня, по крайней мере его детство было похожим.

Через несколько дней сотрудник отдела рекламы попросил меня написать список десяти великих людей в мире. Я поставила имя Линкольна Стиффенса первым в этом списке. Сотрудник покачал головой.

«Это надо убрать, — решительно объявил он. — Нам не нужно, чтобы наша Мэрилин попала под расследование».

И тогда я поняла, что это не было личное мнение мистера Манкиевича, но что все в Голливуде боятся каких-либо связей с Линкольном Стиффенсом. Так что я больше не упоминала его имя, даже с Джонни не обсуждала книгу. Зачем усложнять его жизнь. Но я продолжала тайком читать второй том и прятала обе книжки под кроватью. Это был мой первый секрет после наших тайных кувырканий с маленьким Джорджем в высокой траве.

Третий и, надеюсь, последний инцидент с За За Габор также случился в период съемок фильма «Все о Еве». Я сидела в студийном кафетерии с мистером Джорджем Сандерсом, исполнителем главной мужской роли в фильме. Мы оказались за одним столиком совершенно случайно, и все происшествие было чистой случайностью. Мистер Сандерс только-только начал есть куриный салат, когда кассир кафетерия подошел к нему и позвал к телефону.

Через пять минут мистер Сандерс вернулся к столу, подозвал официанта и расплатился.

«Извините, — вежливо сказал он, — но я должен бежать по делам».

«Но ведь вы еще не доели свой ланч», — удивилась я.

«Я не голоден», — сказал он.

«Но когда вы садились за стол, вы сказали, что страшно голодны, — настаивала я. — И еще заметили, что надо быть осторожным, чтобы не объесться. Может быть, вам стоит немного поесть, чтобы набраться сил для предстоящих съемок».

Мистер Сандерс так побледнел, что я серьезно заволновалась.

«Может быть, вам нездоровится?» — спросила я.

«Я совершенно здоров, — заявил мистер Сандерс, — просто я должен бежать немедленно».

«Я могу подвезти вас к павильону, — сказала я. — Я приехала на машине, а вы, как я заметила, пришли пешком».

«Нет, нет, спасибо большое, — ответил мистер Сандерс. — Не стоит беспокоиться».

«Никакого беспокойства, — сказала я. — Я уже поела. А вам нельзя идти пешком на пустой желудок».

Я встала и вышла из кафетерия вместе с мистером Сандерсом, но он бросился от меня с такой скоростью, что угнаться за ним было совершенно невозможно. Так что я поехала одна, не спеша, удивляясь, почему это мистер Сандерс в панике бежал от меня.

Минут через десять на съемочной площадке ко мне подошел дублер мистера Сандерса, столь же очаровательный и вежливый человек, как и сам актер, и передал мне поручение кинозвезды. «Мистер Сандерс просил передать вам, чтобы впредь, если вы захотите пожелать ему «доброго утра» или сказать «до свиданья», вы делали это на расстоянии».

Меня бросило в жар от такого оскорбления, но внезапно я догадалась, что произошло. Жена мистера Сандерса За За Габор, несомненно, имела соглядатая среди сотрудников съемочной группы. И кто-то тут же ей позвонил и сообщил, что мистер Сандерс сидит со мной за одним столиком. И мисс Габор тут же позвонила ему и дала подробнейшие инструкции. Я рассмеялась, когда это поняла, и какое-то время размышляла об этом случае. Я могу себе представить, что женщина любит мужчину так сильно, что хочет быть с ним каждую минуту. Однако ревновать до такой степени, чтобы пользоваться услугами осведомителей для слежки! Но, может быть, я была слишком молода, чтобы понимать такие вещи».

* * *

Интересно, что в воспоминаниях Джозефа Манкиевича эпизод с книгой выглядит немного иначе. Вот что он писал: «Помню один случай, который особенно много говорит о Мэрилин Монро. Однажды на съемочной площадке «Все о Еве» — мы работали над сценой вечеринки — Мэрилин проходила мимо меня, держа под мышкой тоненькую книжечку. Я позвал ее и спросил, что она читает. Она ничего не ответила, только показала мне обложку. Это были «Письма к молодому поэту» Рейнера Марии Рильке. Я спросил Мэрилин, знаете ли она, кто такой Рильке. Она покачала головой: «Нет, а кто он такой?» Я рассказал ей, что Рильке — немецкий поэт, что он умер и что я знаю о нем немного, гораздо меньше, чем я хотел бы знать. И я спросил ее, чего это она вздумала читать Рильке и, в особенности, эту его книгу? Кто-то рекомендовал ей? Опять она покачала головой: «Нет, никто не рекомендовал. Знаете, за всю свою жизнь я мало чего читала. Я просто не знаю, с чего начать. Так что я захожу в книжный магазин, просматриваю разные книги, и когда что-то меня заинтересует, я такую книгу покупаю. Это плохо?»

Манкиевич успокоил Мэрилин: «Это совсем не плохо. Это лучший путь, чтобы выбрать книги для чтения». Мэрилин была довольна и на следующий день послала режиссеру другой экземпляр «Писем» Рильке, который Манкиевич так никогда и не удосужился прочитать.

По ходу съемок Манкиевич наблюдал за Мэрилин и понял, что она абсолютно одинока. Во время ланча на студии она сидела одна и отказывалась присоединиться к компании, даже когда ее приглашали. Мэрилин Монро понимала эту свою проблему и старалась быть более общительной. Но, увы, ей это редко удавалось.

Итак, в марте 1950 года новый контракт со студией «XX век — Фокс» был подписан. Этот контракт был чрезвычайно выгоден для студии. Мэрилин получала всего 500 долларов в неделю, и контракт мог продлеваться до бесконечности. Так и случилось. Этот документ действовал вплоть до смерти актрисы.

«Все о Еве» стал одним из самых успешных голливудских фильмов 50-х годов. Фильм был номинирован на 11 «Оскаров», и режиссер Манкиевич получил «Оскар» за режиссуру. Сюжет картины достаточно известен. Театральный мир. Соперничество актрис. Подсиживание, предательство, взлеты и падения. Замечательные актеры — Бетт Дейвис, Энн Бакстер, Джордж Сандерс... Мэрилин играла небольшую, но важную для сюжета роль молоденькой актрисы, мисс Клаудии Касвелл. В этом персонаже воплотилась идея сценария о том, что цепочка подлостей, начавшись, никогда не прекращается. Ева (Энн Бакстер) подсидела Марго (Бетт Дейвис), но сама стала жертвой молоденькой «старлетки» (Мэрилин Монро).

Целый ряд реплик героини Мэрилин и связанные с этим образом фразы стали нарицательными в Голливуде. Например, мисс Касвелл так оценила кинопродюсеров: «Почему они всегда выглядят как несчастные кролики?» Персонаж фильма, театральный критик Аддисон ДеВитт, представляет мисс Касвелл как «выпускницу школы драматического искусства в Копакабане» и предвещает, что «ее карьера вознесется как восходящее солнце на востоке». Когда же выясняется, что мисс Касвелл провалилась, ДеВитт предлагает ей попытать счастье на телевидении. «А где пробуют актеров для телевидения?» — спрашивает мисс Касвелл. На что критик отвечает: «Все, что вокруг нас, — это телевидение. Ничего больше, только прослушивания для телевидения».

Хотя имя Монро нечасто упоминалось в рецензиях на фильм, картина закрепила ее успех после «Асфальтовых джунглей». «Самый провокационный фильм года! — восклицали рецензенты. — Его можно было бы назвать “Все о женщинах и их мужчинах”».

Казалось, 1950 год должен был стать переломным в жизни молодой актрисы. Она снялась в шести картинах, включая две небольшие роли в фильмах М.Г.М. — «Правый крест» с Диком Пауэлом и Джюн Эллисон и «Из жизни родного города». Но Мэрилин разрывалась между двумя силами, которые тянули ее в противоположные стороны: Джонни Хайд видел ее будущее в стандартных голливудских комедиях, тогда как Наташа Лайтесс делала все возможное, чтобы привить интерес ученицы к серьезным ролям типа Грушеньки Достоевского или Норы Ибсена.

Даррил Занук был полностью согласен с Джонни. И, конечно же, все картины, в которых снялась Мэрилин, относились к разряду стереотипных костюмных музыкальных комедий с примитивным сюжетом, но с забавными ситуациями, песенками, репликами и набором звезд. То есть стандартный рецепт для создания коммерчески успешного фильма, рассчитанного на самого массового и нетребовательного зрителя. За редкими исключениями, такова была актерская судьба Мэрилин Монро, таковы были двадцать картин, в которых она снялась с 1950-го по 1955 год.

* * *

В воспоминаниях Мэрилин Монро мы встречаем серьезные психологические зарисовки тогдашней жизни Голливуда, ее взгляды на жизнь, на взаимоотношения мужчин и женщин. Сегодня, когда воинствующий феминизм и политическая корректность существенно изменили роль мужчины и женщины в Америке, свидетельства знаменитой актрисы особенно поучительны.

«Я бы никогда не смогла полюбить мужчину с идеальными зубами. Мужчины с белоснежными зубами меня всегда пугали. Я не знаю, в чем дело, но, вероятно, это связано с тем типом мужчин, которых я знала и которые сверкали идеальными зубами. Во всем остальном они были далеки от идеала.

Есть еще другой тип мужчин, которые мне никогда не нравились: они страшно боятся тебя обидеть. В результате такие мужчины ранят тебя гораздо сильнее. Я предпочитаю, чтобы мужчина был волком, и если уж он хочет тебя «закадрить», то пусть делает это откровенно, чтобы все было ясно и открыто.

Во-первых, ухаживание совсем не всегда неприятная вещь. Ведь мужчины, которые ухаживают за мной, обычно привлекательны и умны. Во-вторых, имея дело с волком, никогда не приходится сидеть и выслушивать пустые разговоры о налогах или о трагической ситуации в Индии, как это делают неуверенные в себе мужчины, пока они набираются храбрости, чтобы начать наступление.

Хуже того, эти пустобрехи-ухажеры считают себя Добрыми Самаритянами. Именно они проявляют особый интерес к моей актерской карьере и хотят сделать для меня что-то важное. Конечно, как правило, они женаты. Я не хочу сказать, что все женатые мужчины лицемеры. Многие из них откровенные волки. Нисколько не смущаясь, они предлагают тебе закрыть глаза на то, что они связаны узами брака с женщинами, которые, возможно, их обожают, и прямо перейти к делу.

Есть немало разных типов мужчин. Даже волки отличаются друг от друга. Некоторые волки любят поговорить о сексе. Другие чрезвычайно вежливы, стараются не говорить ничего обидного и ведут себя так, словно приглашают тебя на важное светское мероприятие.

Самое приятное в волках, что они тебя не критикуют и редко злятся. Кроме, конечно, тех случаев, когда ты им уступила. Тут они подчас теряют выдержку. Но совсем не по той причине, что большинство мужчин. Волк обычно приходит в ярость, если женщина делает ошибку и в него влюбляется. Но надо быть полной идиоткой, чтобы такую ошибку совершить.

Я знала только один случай, когда волк действительно потерял самообладание. Вот эта история. Как-то моя подруга вступила в связь с известным кинорежиссером.

«Вот тебе ключ от моей квартиры, — сказала она ему. — У меня деловой обед. Иди туда и жди меня. Я приеду примерно в десять тридцать».

Известный режиссер пришел в квартиру, разделся и лег в кровать. Он захватил с собой сценарий и углубился в чтение. В половине двенадцатого режиссер закончил чтение сценария. Раздался телефонный звонок. Мужской голос позвал мисс Б.

«Ее еще нет дома», — ответил знаменитый режиссер.

После этого телефон трезвонил каждые пятнадцать минут. Конечно, телефон можно было выключить, но режиссер не знал, где находится розетка, и ему приходилось отвечать на постоянные звонки. Каждый раз это был еще один волк, желающий встретиться с мисс Б.

Не знаю точно, что произошло дальше, но когда моя подруга вернулась домой около 4 часов утра, она нашла постель пустой, а телефонный шнур был с корнем вырван из стены. В оставленной записке говорилось: «Получи обратно свой ключ. Тебе нужен не любовник, а автоответчик».

Но вернемся к типу Доброго Самаритянина. Они не только самые неприятные, но и самые многочисленные. Постарев, такие мужчины начинают говорить с тобой отеческим тоном. Когда мужчина говорит мне: «Я даю тебе точно такой совет, какой я дал бы своей дочери», я знаю, он уже больше «не опасен», конечно, в том случае, если у него действительно есть дочь.

Главный недостаток мужчин — болтливость. Я, конечно, не имею в виду мужчин-интеллектуалов, тех, у кого масса идей и информации о жизни. Мне всегда интересно их слушать. Они говорят по делу и не хвастаются. Болтливые же мужчины навевают на меня смертельную тоску, потому что говорят только о себе. Иногда они просто хвастаются, часами рассказывают, как они умны и как глупы все окружающие. Другие не только хвастаются, но еще сообщают, что они ели вчера на обед и в каких странах побывали за последние пять лет.

Такие мужчины — совершенно безнадежны.

Мужчина может рассказать женщине о себе, когда они уже стали любовниками. Тогда ему можно и покаяться во всех грехах, и сообщить о предыдущих связях.

Любовники, которые этого не делают и хранят молчание о прошлом, крайне редки. И они не слишком умны. Иногда мужчинам нравится узнавать подробности о прошлых связях женщины, но женщинам лучше не искушать судьбу и промолчать. Разве что женщина действительно сильно влюблена и хочет принадлежать мужчине полностью и без остатка и не возражает против возможности оскорблений в ответ на признания.

Мужчина, полагающий, что прошлые связи женщины уменьшают ее любовь к нему, обычно глуп и неуверен в себе. Женщина может действительно сильно любить очередного любовника, если только они не меняются слишком часто.

Самые отвратительные мужчины те, которые гордятся своими мужскими достоинствами и рассматривают секс как своего рода спорт. А постель считают наградой за победу. Чтобы сделать секс интересным, мужчина должен эмоционально настроить женщину. Настоящий любовник возбуждает тебя одним прикосновением, или улыбкой, или просто своим взглядом в пространство».

Если Мэрилин Монро не пожалела сатирических красок, рисуя обобщающий портрет голливудских мужчин, то уж тамошним женщинам досталось сполна. Достаточно вспомнить ее зарисовки «светской львицы» За За Габор.

«С четырнадцати лет я отличалась талантом раздражать женщин. Когда жены видят, что их мужья со мной заговаривают, они обычно реагируют на это как на сигнал пожарной тревоги. Даже молодые и хорошенькие голливудские «девицы» приветствуют меня кислой миной вместо улыбки.

Этот сексуальный страх женщин, которые считают, что я вторгаюсь в их владения, оказывает на меня обратное действие. Мне он кажется и лестным, и огорчительным. Мне трудно объяснить такую реакцию. Женщины не любят меня не потому, что я красивее их или лучше сложена, и не потому, что я больше оголяюсь, чем они. Я встречаю на приемах женщин, одетых ровно настолько, чтобы не быть арестованными. И я слышу от этих без пяти минут нудисток, как я вульгарна. Они демонстрируют больше ног, больше обнажают грудь или показывают позвоночник, чем я, и я же после этого оказываюсь «вульгарной»!

Женщины терпеть не могут и мою манеру говорить, даже когда я разговариваю не с их мужьями или любовниками. Одна злющая баба сказала, что мой голос «слишком преднамеренный». Я выяснила, что она имела в виду какое-то мое эротическое придыхание. Это неправда. Главная разница между моим голосом и голосами большинства знакомых мне женщин в том, что я пользуюсь своим голосом реже, чем другие. Я не могу просто болтать, даже если захочу. Я не могу искусственно и глупо смеяться и делать вид, что я в прекрасном настроении, когда я в компании. Если ты стоишь на приеме и выглядишь серьезной, это немедленно вызывает недоброжелательные комментарии женщин. Они уверены, что я задумала что-то гадкое: например, увести их мужчин у них из-под носа.

Меня не беспокоит, что они думают. Лучше, чтобы тысячи женщин ревновали меня, чем я приревновала бы к одной из них. Я знаю, что значит ревновать, и поверьте, это небольшое удовольствие.

Я бывала на приемах, где никто не заговаривал со мной весь вечер. Мужчины, боясь своих жен или подруг, обходили меня стороной. А дамы собирались кучками в углу, чтобы позлословить на мой счет и обсудить мой вредный характер.

Но такое холодное отношение никогда не огорчало меня. Стоя одна в углу с бокалом шампанского, я просто думала на разные темы и совсем не стремилась с кем-то общаться. Я думала о женщинах. Их ревность имела ко мне мало отношения. Просто они сознавали собственные недостатки и слабости. Мужчины рассказывали мне немало интересного о других женщинах, например, как беспомощно зачастую их поведение в постели, как они выдают истерику за страсть, а ворчливость — за преданность. Глядя на меня, эти женщины думают, что я отличаюсь от них, и это приводит их в бешенство.

Когда я вижу, как женщины бросают на меня хмурые взгляды и сплетничают на мой счет, я чувствую глубокое сожаление. И не к ним, а к их мужчинам. Я чувствую, что такие женщины — плохие любовницы, сексуальные калеки. Единственно, что они способны подарить своим мужчинам, так это комплекс неполноценности. Такие женщины считают, что добились «успеха», если им удается убедить мужчину, что он плохой муж или неполноценный любовник».

* * *

Одни из самых впечатляющих и глубоких страниц книги Мэрилин Монро посвящены Джонни Хайду. Это был человек, в котором для Мэрилин воплощались все те качества, которых она была лишена в жизни, — отеческая забота и любовь, преданность, бескорыстное желание помочь ее карьере и ее становлению как личности. Хайд умел поставить дело так, что она не чувствовала себя содержанкой, хотя злые языки, конечно же, шептались об этом на каждом углу. Мэрилин было хорошо с Джонни, хорошо и удобно.

«Доброта Джонни Хайда изменила для меня внешний мир, но не затронула мою внутреннюю сущность. Я очень старалась полюбить его. Он был не только добр, но умен и предан.

Он водил меня повсюду. Люди восхищались им и принимали меня как его невесту. Но я ею не была. Джонни просил меня стать его женой. «Этот брак будет недолгим, — сказал он, — у меня больное сердце». Но я не могла сказать «да».

«Объясни мне еще раз, почему ты не хочешь выйти за меня?» — спрашивал он, мягко улыбаясь.

«Потому что это будет нечестно, — отвечала я. — Я не люблю тебя, Джонни. Если я выйду за тебя, а потом вдруг встречу другого, в которого влюблюсь, что я буду делать? Я не хочу, чтобы такое случилось. Если я выйду замуж, то знаю, что всегда буду верна мужу и никогда не полюблю другого».

Джонни было тяжело слушать мои слова, но он любил меня за то, что знал: он может мне верить. Он никогда не ревновал меня из-за того, что я сделала, а только из-за того, что я *могла бы* сделать. Большинство мужчин ревнуют по той же причине. И мне нравится их ревность. Очень часто это единственное искреннее проявление их чувства. Большинство мужчин оценивают твою роль в их жизни по тому, как сильно ты можешь их ранить, а вовсе не потому, какое счастье ты им даешь. Но был один вид ревности, который я не выносила. Это когда твой ревнивый любовник бесконечно задает вопросы о других мужчинах, старается узнать больше и больше подробностей и никогда не бывает удовлетворен. Я понимала тогда, что моего ревнивого друга те другие мужчины интересуют больше, чем я, и что эти показные страдания от ревности на самом деле не что иное, как скрытая форма гомосексуализма.

Я делала все что могла, чтобы смягчить страхи Джонни. Я никогда не появлялась в обществе других мужчин. Я была ему верна и отвечала добром на его доброту.

Джонни Хайд дал мне больше, чем свою доброту и любовь. Он был первым из тех, кого я знала, кто меня понимал. Большинство мужчин (и женщин) считали, что я двулична и склонна к интригам. Не важно, как бы искренна я ни была или как бы порядочно я себя ни вела, они все равно думали, что я пытаюсь их одурачить.

У меня есть привычка в разговоре не заканчивать предложения, и поэтому создается впечатление, что я говорю неправду. Но это не так. Я просто не заканчиваю предложения. Джонни знал, что я не вру и что я не буду его дурачить и обманывать.

На самом деле я никого никогда не обманывала. Подчас я позволяла мужчинам заниматься самообманом. Мужчины нередко не дают себе труда понять, кто я и что я на самом деле. Вместо этого они сами создают мой образ. Я никогда с ними не спорю. Они, несомненно, любят, но кого-то другого, не меня. И когда они это понимают, то, естественно, обвиняют меня в собственном разочаровании и утверждают, что я их обманывала.

Я даже пыталась быть правдивой с женщинами. Это гораздо труднее, чем говорить правду мужчинам. Мужчины бывают благодарны за то, что ты говоришь им правду о своих чувствах. Но очень немногие женщины хотят слышать правду, если эта правда их чем-либо не устраивает. Насколько я понимаю, женская дружба основана на лжи и красивых, но лишенных смысла словах. По тому, как они, собираясь вместе, кокетничают и флиртуют друг с другом, можно подумать, что женщины — это стая волчиц, пытающихся соблазнить друг друга. Случались, конечно, и исключения. Была, например, одна женщина, которая мне очень помогла в первый голливудский период, когда я была на мели и мечтала заработать хоть немного денег, чтобы купить новый лифчик. Она давала мне деньги, позволяла жить у нее, разрешала носить свои платья и меха. Она делала это потому, что искренне любила меня и верила в мой талант, в то, что я когда-нибудь стану кинозвездой. Назову ее Делия, чтобы писать свободно, не смущая ее.

Делия была замужем за известным киноактером. Он был не только звездой, но и настоящим мужчиной. Такое встречается достаточно редко, и не потому, что многие мужчины-киноактеры — гомосексуалы, а потому, что актерство по сути своей женственно. Когда актер должен гримироваться, позировать и изображать эмоции, выставлять себя напоказ, ожидая аплодисментов, то это совсем не те качества, которые присущи нормальному мужчине. Он «актерствует», то есть «притворяется», точно так же, как женщина в жизни. Вот почему актеры по своему характеру нередко женоподобны. Актер соревнуется с женщинами, даже когда он любит одну из них.

Однажды я помогала мужу Делии на благотворительном соревновании по гольфу, таскала за ним тележку с гольфными клюшками, и он привел меня к себе домой

«Вот маленький голодный котенок, — сказал он жене. — Позаботься о ней. Она появляется в модных местах, но ей нужна небольшая помощь».

* * *

«Для человека, которому я хотела бы помочь больше всех в жизни — Джонни Хайда, — я абсолютно ничего не могла сделать. Ему нужно было то, чего у меня не было — любовь. А любовь — это нечто такое, что ты не можешь изобразить, сколько бы ни пыталась.

Он, бывало, говорил мне: «В какого человека, по-твоему, ты когда-нибудь влюбишься?» И я отвечала: «Не знаю». Я умоляла его не думать о будущем, а наслаждаться нашей сегодняшней совместной жизнью.

Однажды вечером у себя дома он поднимался по лестнице за книгой для меня. Я видела, как он остановился и прислонился к перилам. Я помнила, как с моей тетей Анной случилось то же самое за несколько месяцев до ее смерти от сердечного приступа.

Я подбежала к Джонни, подхватила его и закричала: «О, Джонни, что с тобой? Тебе плохо?»

«Все будет отлично», — сказал он.

Через неделю Джонни Хайд снова заговорил о браке. Он был у врача, и тот сказал, что жить ему осталось недолго.

«Я богат, — сказал мне Джонни. — У меня почти миллион долларов. Если ты выйдешь за меня, после моей смерти тебе останется все».

Я мечтала о деньгах, я очень хотела получить много денег. Но миллион, который обещал мне теперь Джонни, для меня ничего не значил.

«Я не покину тебя, — сказала я ему. — Я никогда тебя не предам. Но я не могу выйти за тебя,

Джонни. Потому что ты выздоровеешь, а я, может быть, когда-нибудь по-настоящему влюблюсь».

Он только улыбался мне.

«Я уже не выздоровлю и я хочу, чтобы ты получила мои деньги, когда я уйду из жизни».

Но я была не в силах сказать — да. Он был прав. Ему не стало лучше. Через месяц его положили в больницу. В больнице он продолжал умолять меня выйти за него — не для его, а для моей пользы.

Но я не могла сделать этот шаг. Джо Шенк тоже уговаривал меня согласиться.

«Ну подумай, что ты теряешь?» — настаивал он.

«Себя, — отвечала я. — Я выйду замуж только по любви».

Джо спросил меня: «За кого ты вышла бы замуж: за богатого, который тебе нравится, или за бедного, которого ты любишь?»

«Конечно, за бедного, которого люблю», — тут же ответила я.

«Я в тебе разочарован, — сказал мистер Шенк. — Я думал, ты умная девочка». Но на самом деле мистер Шенк стал относиться ко мне лучше после этого разговора.

Джонни Хайд умер. Его родственники не позволили мне даже сесть рядом с ними в церкви. Я сидела в задних рядах среди знакомых Джонни. Когда я проходила мимо его гроба, я испытывала такое горе, что забылась, бросилась на гроб и разрыдалась. В ту минуту я хотела бы мертвой лежать вместе с ним.

Моего друга похоронили. Я осталась без его помощи — некому было сражаться за мои роли — и без его любви, которая направляла меня. Я плакала много ночей. Я ни разу не пожалела о миллионе, от которого отказалась. Но я никогда не переставала сожалеть о смерти Джонни Хайда, самого доброго человека в мире».

* * *

Джонни Хайд умер 18 декабря 1950 года. Он так и не успел изменить завещание, хотя неоднократно обсуждал этот вопрос со своим адвокатом и другом Сэмом Бирке. Он хотел оставить Мэрилин треть своего состояния, а остальное — детям на образование. Незадолго до смерти его посетил брат Алекс и уговаривал Джонни порвать с Мэрилин. Он характеризовал ее как распутную женщину с многочисленными любовными связями, которая просто хочет использовать старого, больного человека. Но Джонни прекрасно знал о предыдущих связях Мэрилин и не изменил своего мнения о ней.

Уже в последние минуты жизни он просил свою помощницу Дону Халловей не оставлять Мэрилин в беде. «Пусть они (его семья) относятся к Мэрилин как к члену семьи».

Но сразу после смерти семья потребовала от Мэрилин освободить дом и не появляться на похоронах. Из дома Мэрилин выехала без возражений, снова поселившись у Наташи, но на похороны пришла. Сын Джонни Хайда вспоминает, «что Мэрилин громко плакала навзрыд и повторяла имя отца. Это всех потрясло».

Мэрилин впала в глубокую депрессию, она проводила большую часть времени в своей комнате. Однажды, вернувшись с работы раньше времени, Наташа обнаружила на двери записку: «Не разрешай Барбаре входить в мою комнату».

Наташа вспоминает: «Я немедленно поняла, что это означает, рванула дверь и вбежала в комнату, не зная, застану ли я ее живой или увижу бездыханное тело... Я схватила Мэрилин за плечи и стала ее трясти. «Что ты сделала?» Тут я увидела куски розовой массы у нее на губах и засунула пальцы ей в рот. Там было полно той же самой розовой массы — вероятно, 30 таблеток нембутала. Достаточно, чтобы убить пятерых.

К счастью, Мэрилин не проглотила их, просто потому, что ее горло было сухим, вероятно от страха... И она лежала, ожидая, когда таблетки размягчатся и проникнут в желудок, оборвав ее жизнь. Она не предполагала, что я вернусь раньше времени».

Этот был первый описанный случай, когда Мэрилин Монро пыталась покончить с собой.

После смерти Джонни Мэрилин была окружена заботой и вниманием друзей. Наташа восстановила свое неограниченное влияние на Мэрилин. Она даже ушла со студии «Коламбия», чтобы уделять больше внимания работе с Мэрилин. Несколько позднее Монро удалось уговорить руководителей «XX век — Фокс» взять Наташу на работу в той же должности — репетитора актеров. Семья Каргеров была с ней близка, и Мэрилин часто заходила к матери Фредди Мэри, встречалась и с Фредди. Люси Райман продолжала принимать участие в судьбе актрисы, как и Джо Шенк, старавшийся, в обход Даррила Занука, протежировать ей с помощью главы студии Спироса Скураса[15].

Теперь, когда вступил в действие контракт со студией (500 долларов в неделю), Мэрилин смогла потихоньку начать отдавать долги и помогать друзьям. Она, например, купила Наташе меховое манто и дала деньги на операцию. Позднее она также финансировала поездку Ли Страсберга в Японию для изучения театрального дела (это стоило десять тысяч долларов) и одолжила несколько тысяч Поле Страсберг.

Между тем общественное мнение было настроено против Мэрилин. Многие в Голливуде упрекали ее в эксплуатации Джонни Хайда и даже считали непосредственной причиной его смерти. Например, сотрудники агентства «Уильям Моррис», где работал Джонни, откровенно демонстрировали нежелание продолжать с ней какие-либо деловые отношения. Поскольку и сама Мэрилин испытывала колоссальный «комплекс вины», она долгое время вообще обходилась без агента.

* * *

В первой половине пятидесятых годов в жизни Монро произошли две важные встречи.

Известный театральный и кинорежиссер Элиа Казан[16] проникся симпатией к молодой актрисе. Казана подкупили ее непретенциозность, живой ум и, конечно, красота. Известно, что у них была недолгая, но очень интенсивная связь. Но Казан никогда не предлагал Мэрилин ролей в своих фильмах. Сценарии, в которых снималась Мэрилин, совершенно не привлекали реалиста Казана, а Мэрилин, в свою очередь, была связана контрактом со студией «XX век — Фокс».

В Голливуд приехал Артур Миллер[17], надеявшийся заинтересовать студии новым сценарием. Из этой затеи ничего не вышло, и позднее драматург переработал сценарий в одноактную пьесу «Вид с моста» (1955). Казан, который только недавно поставил имевший шумный успех спектакль по пьесе Миллера «Смерть коммивояжера», пригласил драматурга на студию «XX век — Фокс», где в это время снималась очередная комедия с участием Мэрилин Монро — «Молод настолько, насколько чувствуешь». Сценарий был написан по рассказу начинающего писателя и драматурга Педди Чаевского[18]. Казан и Миллер пришли на площадку, но после окончания очередного дубля Мэрилин исчезла. «Она часто скрывается, хочет быть одна. Она тяжело переживает смерть Джонни Хайда», — объяснил режиссер фильма Хармон Джонс. Миллер и Казан пошли по студии искать актрису. Когда они, в конце концов, нашли Мэрилин, она, как и предсказывал режиссер, затаилась в углу павильона и рыдала. Ей пришлось высморкаться и вытереть глаза, прежде чем Казан смог представить ее Миллеру.

Мэрилин в то время была в глубоком психологическом кризисе. Смерть Джонни Хайда потрясла ее и оставила беззащитной перед лицом студии и режиссеров. Агентство «Уильям Моррис» игнорировало ее звонки, а общественное мнение Голливуда считало ее виновницей смерти Хайда. Несмотря на трехлетний контракт со студией, у нее не было в планах ни одной картины. Но внутренний кризис актрисы имел мало общего с реальностью. Ее фильмы пользовались успехом, и даже враждебный Даррил Занук не собирался оставлять популярную звезду в простое. Воспоминания о Джонни Хайде не помешали Мэрилин довольно быстро вступить в связь с известным ловеласом Элиа Казаном и отчаянно флиртовать с Артуром Миллером.

Подлинная встреча с Миллером состоялась в доме известного агента Фельдмана через несколько дней после посещения драматургом студии. Они сидели на диване и смотрели друг на друга. Мэрилин сбросила туфли и поджала под себя ноги. В какой-то момент Миллер незаметно сжал большой палец ее ноги. Встреча с Миллером и его уважительное отношение к ней (он не потащил ее немедленно в постель) произвели сильное впечатление на актрису. Она могла сравнить циничного Казана с интеллигентным и серьезным Миллером.

В разговоре Мэрилин заметила, что отсутствие отца сыграло значительную роль в ее жизни. Миллер промолчал, но через несколько дней написал в письме: «Если тебе нужна личность, чтобы восхищаться и поклоняться, обрати внимание на Авраама Линкольна. Карл Сэндберг[19] написал потрясающую биографию президента».

Мэрилин купила многотомную биографию Линкольна и принялась за чтение. Миллер позднее так описал ее читательские пристрастия: «Она обычно читала биографии, поэзию. Она могла всерьез читать работы индийских философов, но ее чтение не было глубоким. Она любила сам процесс чтения. Она «ныряла» в книгу, но в большинстве случаев не дочитывала до конца. Она могла мистически воспринять главную мысль автора, правильно пересказать идею книги, но зачастую понимала ее совершенно неверно, по-своему. При этом она все быстро схватывала и была интеллигентным читателем».

Когда позднее Мэрилин познакомилась с Карлом Сэндбергом, и они подружились, он дал Монро самую лучшую характеристику.

Миллер вернулся в Нью-Йорк, так и не пристроив свой сценарий, но его контакты с Мэрилин не прекратились. Они стали обмениваться письмами. Переписка была особенно активной в 1951-м и 1952 годах и, видимо, в 1955 году, вплоть до их брака. Более точно сказать невозможно, так как пачка писем исчезла из дома Мэрилин после ее смерти.

Как бы то ни было, уже вскоре после их первой встречи Мэрилин призналась Наташе, что влюблена в Миллера. А Миллер в то время еще был женат на Мэри Слаттери, матери его детей, и не мог открыто продолжать отношения с актрисой. Он не отрицал, что брак его неудачен. Мэрилин казалась ему свежей и умной, хотя и малообразованной. Но тем более привлекательной, так как она, по-видимому, была готова сделать его своим учителем жизни. Между тем и отношения с Казаном продолжались в этот период, хотя Казан также был женат и не помышлял о более серьезной связи с Мэрилин. Он был готов уступить Мэрилин другу, но Миллер был достаточно сдержан и нерешителен, чтобы пуститься во все тяжкие. Так что их настоящие отношения должны были дожидаться своего часа...

* * *

Фильм «Молод настолько, насколько чувствуешь», в котором Мэрилин снималась в момент знакомства с Артуром Миллером, с некоторой натяжкой можно назвать комедией положений. Сюжет его довольно запутан. Пожилой сотрудник компании уволен по возрасту. Он выдает себя за президента компании, в него влюбляется жена настоящего президента, и после многих коллизий наступает счастливый конец. Жены остаются с мужьями, герой возвращается на свое рабочее место, добродетель торжествует.

Сценарист Ламар Тротти подогнал под Мэрилин роль Харриет, секретарши президента компании. Хотя видный кинокритик Босли Кроутер назвал ее работу «выдающейся», сама актриса была ролью недовольна. Вероятно, сказалось влияние Наташи, считавшей, что студия принижает ее, навязывая ей тип «глупой блондинки». Но Мэрилин понимала, что пока еще рано вступать в борьбу с руководством студии, а Дэррил Занук видел ее исключительно в этом амплуа. Он по-прежнему считал, что Мэрилин не актриса, а «экранная личность», которой нужны роли одного плана: пустоголовая, наивная блондинка, иногда секретарша, иногда жена, но всегда нуждающаяся в помощи окружающих. Популярность актрисы у зрителей, казалось, подтверждала эту теорию, вот почему Даррил Занук попросил сценариста развернуть роль Харриет для Мэрилин Монро.

Один из актеров, Дэвид Уэйн, вспоминал такой эпизод: «Снималась сцена в театре. Режиссер заполнил площадку статистами. Все эти статисты, а также и так называемые звездочки сидели и чего-то ждали. Так продолжалось все утро, и я наконец спросил: «Чего мы ждем?» Помреж сказал: «Да ничего особенного, сидите и ждите». Когда после ланча мы вернулись на площадку, то увидели красивую молодую девушку. По сценарию у нее не было даже одной фразы, ей просто указали, где сесть. Я спросил: «Вы хотите сказать, что все это время мы ждали эту статистку?» Съемки начались, и тогда я понял, что эта девушка обладает какой-то непонятной силой воздействия, страшной властью, истоков которой я тогда не мог осознать».

Имя Мэрилин Монро приобретает популярность, зрители просят «больше Мэрилин», и студия решает вложить деньги в ее «раскручивание». К этому времени относится и попытка Мэрилин встретиться с отцом. Она даже наняла частного детектива, который быстро обнаружил, что отец живет недалеко от Лос-Анджелеса. Мэрилин попросила Наташу отвезти ее к отцу. Наташа предупреждала, что, весьма вероятно, этот человек не захочет встретиться со своей внебрачной дочью. Так оно и случилось. Когда, уже подъезжая к дому, Мэрилин позвонила по телефону, чтобы предупредить о визите, жена отца сказала, что тот не желает ее видеть, и если у нее есть претензии, то вот телефон его адвоката. Как Наташа и предполагала, этот эпизод глубоко потряс Мэрилин, ожидавшую, что отец изменился и теперь станет частью жизни, ее другом.

В этот же период актриса не раз делала попытки получить образование. Она прекрасно понимала, как не хватает ей знаний, как необходимо расширить круг чтения, чтобы по крайней мере иметь возможность участвовать в беседах. Этой теме и посвящен ее следующий рассказ.

«Однажды вечером два моих друга поспорили за обедом в маленьком итальянском ресторанчике. Один из них был писателем, другой — режиссером.

Спор зашел о том, был ли Боттичелли лучшим художником, чем Леонардо да Винчи. Я слушала их, хлопая глазами, не понимая, о чем они говорят. Ведь я даже не знала, кто такие Боттичелли и да Винчи.

«Мэрилин заскучала, — сказал режиссер. — Я всегда знаю, когда ей скучно до слез. Она широко открывает глаза и приоткрывает рот с деланным интересом».

«Давай поговорим о чем-то более ей понятном, чем эпоха Ренессанса, — согласился писатель. — Ну, например, о сексе».

«По крайней мере я знаю твои склонности в этом вопросе», — парировала я.

Но на самом деле я не знала. Спор о сексе также был для меня темным лесом. Они рассуждали о Фрейде, Юнге и разных других типах, имена которых мне ничего не говорили. И пока я сидела и слушала разговор моих друзей, я вдруг поняла, что в большинстве случаев не имею ни малейшего понятия, о чем идет речь, даже если собеседники — женщины. И невозможно было скрыться от того факта, что я клинически глупа. Я ничего не знала о живописи, музыке, книгах, истории, географии. Я ничего не знала даже о спорте и политике.

Вернувшись домой, я села на кровать и задала себе вопрос: есть ли вообще что-либо, что я знаю? И мне ничего не пришло в голову, кроме актерской профессии. Я знала, как играть. Это был способ на короткое время погружаться в мир грез.

И я решила пойти учиться. На следующий день я записалась на курс истории искусств в университет Южной Калифорнии. После полудня я ежедневно посещала занятия, а иногда и по вечерам. Профессором была женщина. Сначала я огорчилась: я не могла себе представить, что женщина может чему-то меня научить. Но через несколько дней я изменила мнение.

Мой педагог была одним из самых интересных людей, каких я когда-либо встречала. Она рассказывала о Ренессансе, и ее рассказы были в десять раз важнее, чем любой голливудский фильм. Я буквально впитывала каждое ее слово. Я встретилась с Микеланджело, с Рафаэлем, с Тинторетто. Каждый день я узнавала о жизни и творчестве очередного гения.

Ночью я лежала в постели и думала, как хорошо было бы жить в эпоху Ренессанса. Конечно, с тех пор я бы уже умерла. Но тогда мне казалось, что это того стоило.

Через несколько недель я бросила занятия и стала покупать книги Фрейда и его учеников. Я читала их до одурения. Но у меня было мало времени. Я посещала уроки актерского мастерства, уроки пения, фотосессии. Я должна была постоянно давать рекламные интервью и, конечно, репетировать свои роли. В конце концов я решила отложить свое образование, но дала себе слово не забыть о нем. Я поклялась, что через несколько лет, когда моя жизнь и карьера наладятся, я начну учиться — всему. Я буду читать книги и постараюсь узнать обо всех чудесах, что есть в мире.

И когда я буду встречаться с людьми, я не только буду понимать, о чем они говорят. Я смогу также и вставить в разговор несколько слов».

* * *

Следующая история, рассказанная Мэрилин Монро, лишний раз свидетельствует о ее нелюдимости, о трудностях в общении с людьми и в особенности с женщинами.

«С Джоан Кроуфорд я встретилась в доме Джо Шенка. Она произвела на меня сильное впечатление. Я любовалась ею на протяжении всего обеда. Хотела бы я в ее возрасте выглядеть, как она.

Некоторые кинозвезды в повседневной жизни совсем не похожи на звезд, другие же знаменитости выглядят даже более «звездными» в жизни, чем на экране. Не знаю, что лучше, но мисс Кроуфорд совершенно точно относилась ко второй категории. За столом в доме миссис Шенк она была еще более звездой, чем в каком-нибудь фильме, где она буквально наэлектризовывала зрителя.

Мне было лестно, что я произвела благоприятное впечатление на мисс Кроуфорд. После обеда она мне сказала: «Думаю, что я смогу вам помочь, если позволите. Например, это белое вязаное платье, что на вас, совершенно не годится для обеда такого уровня».

Это было мое единственное хорошее платье. Я носила его в гости и днем, и вечером. И собственноручно чистила каждый день.

Я взглянула на изумительное вечернее платье мисс Кроуфорд и поняла, что она имела в виду.

«Вкус, — продолжала моя собеседница, — не менее важен, чем внешность и хорошая фигура». Она вежливо улыбнулась и спросила: «Так вы позволите мне помочь вам, дорогая?»

Я сказала, что крайне польщена ее предложением. Мы назначили встречу на воскресное утро в церкви. Оказалось, что мы посещаем одну и ту же церковь.

Мы встретились в церкви после службы, и мисс Кроуфорд сказала: «Я страшно рада вас видеть. Но вы не должны являться в церковь в туфлях без каблуков и в сером костюме с черной отделкой. Если уж вы надели серое, то и отделка должна быть серой, только другого оттенка. И никогда не надо добавлять черное».

Это был мой единственный костюм, но я сочла невозможным оправдываться, объяснять причину.

«Хотите поехать ко мне домой?» — спросила мисс Кроуфорд.

Я ответила, что буду счастлива, и мы договорились, что я последую за ее машиной.

Я была взволнована предстоящим визитом. Я была почти уверена, что мисс Кроуфорд подарит мне кое-что из своего гардероба: то, что ей надоело или вышло из моды.

Дом был необыкновенно красив и элегантен. Мы завтракали на кухне с четырьмя детьми актрисы и ее прелестным белым пуделем. После завтрака мисс Кроуфорд пригласила меня подняться на второй этаж в свою комнату.

«Коричневое будет вам очень к лицу, — сказала она. — Я покажу вам вещи, которые сама вяжу». И она продемонстрировала целый ряд вставочек разных оттенков коричневого и объяснила, что их надо надевать под соответствующие по тону коричневые костюмы.

«Главное искусство хорошо одеваться, — продолжала она поучать меня, — это умение сочетать все элементы — туфли, чулки, перчатки, сумку — с платьем или костюмом. Теперь я хочу, чтобы вы приготовили полный список всех вещей из вашего гардероба, и тогда я сделаю список того, что вам необходимо докупить, и прослежу, чтобы вы купили именно то, что нужно».

Я ничего не ответила. Обычно я не стеснялась объяснять знакомым, что я бедна и временами мне приходится перехватывать несколько долларов до следующей получки. Но почему-то я не смогла сказать мисс Кроуфорд, что она уже видела весь мой гардероб — неподходящее вязаное белое платье и неправильный серый костюм с черной отделкой.

«Ведь это так легко не выглядеть вульгарно, — заверила меня знаменитая актриса, когда я собралась уходить. — Приготовьте список и дайте мне немного вами поруководить. Вы сами будете поражены результатом. Да и все ваши знакомые тоже».

Сама не знаю, зачем я позвонила мисс Кроуфорд на следующий день, наверное, просто потому, что обещала. А может быть, я все еще надеялась, что она отдаст мне кое-что из ненужных ей нарядов. Или же я все-таки намеревалась рассказать ей правду о том, что у меня нет средств для покупки модной одежды.

Но когда я услышала по телефону голос знаменитой актрисы, я принялась заговаривать ей зубы, как и раньше. Сделала ли я список своего гардероба? — Нет, еще не сделала. — Нельзя же быть такой лентяйкой! — Да, я знаю. Я подготовлю список и в ближайшие дни позвоню.

«Отлично, — сказала мисс Кроуфорд. — Буду ждать вашего звонка».

Я не позвонила мисс Кроуфорд. Следующий раз я услышала о ней примерно через год. Из газет. К этому времени я уже работала на студии «XX век — Фокс» и уже начинался бум Мэрилин Монро. Киножурналы и колонки светских сплетен были полны моими фотографиями, а почтальоны тащили мешки писем от моих поклонников.

В числе почетных обязанностей, которые теперь на меня сыпались, была также обязанность представить одного из победителей на ежегодной церемонии вручения премии «Оскар». Накануне церемонии я была просто парализована страхом. Перед выходом на сцену для передачи статуэтки «Оскара» я вся дрожала. Я молилась в душе, чтобы не оступиться и не грохнуться и чтобы мой голос не сел, когда нужно будет произнести две стандартные фразы. И когда этот момент настал, я сумела дойти до микрофона, сказать все, что было нужно, и вернуться за кулисы без всяких проблем. Точнее, так я думала до следующего утра, когда, раскрыв газету, прочитала замечания мисс Кроуфорд.

Я не сохранила вырезку, но отлично помню ее слова. Она сказала, что выход на сцену Мэрилин Монро был верхом вульгарности и позором для всего Голливуда. Вульгарными, по ее мнению, были и мое неприлично обтягивающее платье, и моя вихляющая походка на сцене со священной фигуркой «Оскара» в руках.

Я была до такой степени поражена, что с трудом могла поверить своим глазам. Я позвонила присутствовавшим на церемонии друзьям и спросила, правда ли то, что написала мисс Кроуфорд. Они смеялись. «Это неправда», — сказали они и посоветовали простить даму, которая когда-то сама была молодой и соблазнительной.

Я так подробно описала один из эпизодов моей «вражды», потому что он типичен. Вражду всегда начинали те, кого я каким-то таинственным образом обидела, — всегда женщины.

На самом деле и облегающее платье, и вихляние задом были выдумкой мисс Кроуфорд. Она, видимо, слишком много читала обо мне в светской хронике. Но, скорее всего, она не простила мне, что я так никогда и не принесла ей список моего гардероба».

* * *

После смерти Мэрилин Монро эта забавная голливудская история получила еще более забавное продолжение. В 2005 году, в годовщину смерти актрисы, газета «Лос-Анджелес таймс»[20] опубликовала дневник Мэрилин, который она записала на магнитофон совсем незадолго до смерти. Это были записи, предназначенные для психиатра актрисы, доктора Гринсона, чтобы тот мог лучше понять ее психологические проблемы. Я еще вернусь к этим важным свидетельствам, а сейчас расскажу только один эпизод — встречу с Джоан Кроуфорд. Здесь она выглядит несколько иначе, чем в «причесанном» и вполне приличном рассказе Мэрилин. Вряд ли Мэрилин в действительности надеялась получить какие-то вещи из гардероба Джоан: она была гораздо выше и крупнее стареющей звезды. Дело было совсем в другом. Вот что наговорила на пленку Мэрилин Монро.

«Вот передача по радио... пытается возродить старую вражду между мной и Кроуфорд. Да. Она наговорила массу грубостей обо мне какое-то время назад. Меня это не волнует. Я не знаю, почему она это сделала. Мы начали вполне дружески... Мы зашли в ее спальню... У Кроуфорд был колоссальной силы оргазм, она вопила как безумная. Надо отдать должное Наташе. Она может научить не только хорошо играть...

Следующий раз, когда мы встретились, Джоан хотела проделать это еще раз. Но я прямо сказала, что не получаю удовольствия от секса с женщиной. После того как я ее отвергла, она обозлилась...»

Так оно, судя по всему, и было. Джоан Кроуфорд, видимо, надеялась продолжить отношения, но Мэрилин почувствовала, что на этом пути могут быть только одни неприятности и проблемы. Ее не пугали лесбиянские отношения, ее испугала агрессивность Джоан, сразу же взявшей на себя ведущую роль.

После разрыва Мэрилин сделала все, чтобы эта тайна не стала добычей репортеров. Но ей не удалось предотвратить враждебных действий насмерть разобиженной стареющей актрисы.

Мэрилин Монро описала эпизод, случившийся в феврале 1953 года на вручении ей Золотой медали как лучшей новой звезде года. Кроуфорд и ее свита появились в зале спустя пять минут после начала церемонии, как раз чтобы привлечь к себе внимание зала и фотожурналистов. Но Мэрилин, по своему обыкновению, явилась еще позднее. Она была в золотом, невероятно обтянутом платье с глубочайшим декольте. Платье было столь узким, что актриса практически не могла идти. Она делала малюсенькие шажки, и понадобилось немало времени, чтобы она смогла добраться до своего стола. Надо ли говорить, что церемония вручения наград практически прекратилась: мужчины застыли с раскрытыми ртами, а ведущий вечера Джерри Льюис вскочил на стол и завопил: «Ооооооо!» Атмосфера необузданного эротизма разлилась по залу. Как и многие другие присутствующие актрисы, Кроуфорд была возмущена до глубины души. К тому же она поняла, что ее уроки хорошего вкуса не пошли Мэрилин впрок.

После церемонии Кроуфорд пригласила журналиста Боба Томаса и излила ему свои чувства. «Смотрите. Все в порядке с моей грудью, но я же не демонстрирую ее всему залу, суя ее людям в лицо». На следующий день она дала пространное интервью по поводу церемонии, уделив особое внимание наряду Мэрилин Монро.

«Понятно, почему ее картины не имеют зрительского успеха. Секс играет исключительно важную роль в личной жизни человека. Люди интересуются этим вопросом, но они не хотят, чтобы эта тема грубо эксплуатировалась, чтобы это выплескивалось на них... Реклама зашла слишком далеко. И мисс Монро делает ошибку, уверовав в рекламу. Кто-то должен объяснить ей ее ошибку. Ей нужно сказать, что зрители любят провокационную личность женщины, но они также любят знать, что под покровом секса скрывается настоящая леди...»

Интересно, что Даррил Занук послал Джоан Кроуфорд записку, написав в частности: «Не извиняйтесь перед ней (имея в виду Мэрилин Монро. — *В.Г.*). Это ей только на пользу». Но ведь именно костюмер студии «XX век — Фокс» придумал ее вызывающий наряд.

На защиту Мэрилин выступила ведущая звезда студии «XX век — Фокс» Бетти Грейбл: «Они просто завидуют Мэрилин. Она — самое большое явление, случившееся за последние годы в Голливуде». Совпадение или нет, но в июле 1953 года Грейбл разругалась с Зануком и порвала свой пятилетний контракт со студией. «Детка, — сказала она на прощание Мэрилин, — не теряйся, действуй, теперь твоя очередь!»

В разгоревшемся скандале активное участие приняли и две «первые леди Голливуда» — Луэлла Парсонс и Хедда Хопер. Эти две журналистки и светские сплетницы держали в своих руках «весь Голливуд» и постоянно соперничали. Их колонки светской хроники и радиопрограммы пользовались огромной популярностью, и с помощью этих средств массовой информации они создавали и разрушали актерские репутации. Биографы Монро припоминают, что на одном из светских приемов обе сплетницы в буквальном смысле тянули Монро в разные стороны. Мэрилин предпочла Луэллу, и та стала ее постоянной защитницей. Конечно, в обмен Парсонс требовала, чтобы все, что происходило в жизни актрисы, становилось известной ей немедленно и из первых рук. И Хедда, и Луэлла не прощали, если информация поступала к ним откуда-то со стороны.

Парсонс действительно очень хорошо относилась к Мэрилин, жалела ее и уделяла ей немало места в своих колонках. В октябре 1952 года она попала в больницу и была поражена, что и сестры, и врачи расспрашивали ее о Мэрилин Монро больше, чем о какой-либо другой кинозвезде. Позднее в том же месяце Луэлла написала статью «Десять самых восхитительных женщин», в которой на первое место в списке поставила Монро. «Мэрилин — одна из самых восхитительных личностей среди актеров ее поколения. У нее есть свойство быть абсолютно естественной, а это невозможно подделать», — писала Парсонс.

Когда разгорелся скандал с Джоан Кроуфорд, Парсонс поспешила на помощь и напечатала интервью с Мэрилин. Та сказала следующее: «Я всегда восхищалась Джоан, что она такая прекрасная мать — усыновила четверых детей, дав им крышу над головой. Кто лучше меня знает, что такое быть бездомным ребенком». Смысл этой шпильки заключался в том, что по Голливуду циркулировали слухи о том, что якобы Кроуфорд в действительности была очень плохой матерью, совершенно не занималась детьми.

В обмен на их добрые отношения Мэрилин рассказывала Луэлле все новости своей личной жизни. В дальнейшем Луэлла была первой, кто сообщил о предстоящей свадьбе Мэрилин и Джо ДиМаджио[21]. Это была колоссальная сенсация, которой газеты уделили больше места, чем сообщениям о разводе Мэри Пикфорд и Дугласа Фейрбенкса в 1933 году.

Мэрилин получала от поклонников до 25 тысяч писем в неделю. Ее место в кино было обессмертено звездой на асфальте около Китайского театра на Голливудском бульваре. Между тем Монро оставалась глубоко неудовлетворенной подбором ролей для нее и неизменным повтором типажа. «У меня никогда не было шанса узнать что-либо стоящее в Голливуде. Они двигали меня слишком быстро. Из одной картины в другую. Я хотела расти как личность и как актриса, но Голливуд никогда не интересовался моим мнением. Они просто приказывали мне, когда явиться на работу», — жаловалась актриса уже после огромного успеха картины «Джентльмены предпочитают блондинок».

Ее взаимоотношения с актерами, с Голливудом в целом никогда не были простыми и безоблачными. И никто, конечно, не мог описать их лучше самой Мэрилин.

* * *

«У меня много дурных привычек. Люди вечно читают мне нотации по этому поводу. Например, я неизменно опаздываю на встречи, иногда на два часа и больше. Я пыталась изменить эту привычку, но причина, по которой я опаздываю, слишком важна и слишком приятна, чтобы от нее отказаться.

Если я должна быть на обеде в восемь часов, мне нужно полежать в ванне час или больше. Восемь часов приходит и проходит, а я все еще лежу в ванне. Я лью духи в воду, спускаю и наполняю ванну свежей водой. Я забываю об обеде и о партнере, который должен меня туда сопровождать. Мои мысли и чувства витают где-то очень далеко.

Мне кажется, я знаю причину своих поступков. Это не Мэрилин Монро наслаждается ванной, а Норма Джин. Я доставляю удовольствие Норме Джин. Ведь ей приходилось мыться в воде, оставшейся после шести или восьми человек. Теперь она может себе позволить нежиться в чистейшей и прозрачнейшей воде. И понятно, что Норма Джин всё никак не может насладиться этой свежей, благоухающей дорогими духами водой.

Есть еще одна вещь, которая постоянно «задерживает» меня. Выйдя из ванной, я провожу долгое время, втирая кремы в кожу. Мне это приятно. Иногда еще час проходит, в полном счастье.

Когда я, наконец, начинаю одеваться, мои движения замедленны. У меня появляется некоторое чувство вины, потому что это какой-то импульс во мне — прибыть на обед как можно позже. Это каким-то образом доставляет мне удовольствие — опаздывать.

Люди меня ждут. Люди хотят встретиться со мной. Меня хотят. Я желанна. Но ведь еще совсем недавно меня никто не ждал. Сотни раз никто не хотел видеть маленькую служанку Норму Джин, даже ее собственная мать.

Я чувствую странное удовлетворение, наказывая людей, которые теперь мечтают со мной встретиться. Но, конечно, не их я на самом деле наказываю. А тех людей из прошлого, которые отвергали Норму Джин.

И я ощущаю не просто радость реванша. Меня возбуждает чувство, что это Норма Джин едет на прием, а не Мэрилин Монро. И чем позднее я приеду на обед, тем счастливей будет Норма Джин.

Люди не любят меня за эти опоздания. Они ругают меня. Говорят, что я стараюсь показать, какая я важная птица, и произвести более сильное впечатление своим поздним появлением. Отчасти это верно, но только это Норма Джин хочет доказать свою значительность, а не я.

Недостатки моего поведения в обществе — постоянные опоздания, неумение то и дело расплываться в улыбке на приемах, разыгрывать радость и веселье от встречи с людьми, неспособность болтать не переставая, как попугай с другими попугаями, — все это кажется мне менее значительным, чем недостатки, которые я замечаю в других.

Самое ужасное, на мой взгляд, это когда люди наряжаются и едут на прием, оставляя свое настоящее «я» дома. Они как будто играют на сцене роли других людей. Они демонстрируют свою значительность и хотят, чтобы окружающие замечали только их важное место в обществе, а не их самих. Но еще хуже то, что, когда эти люди ведут светские беседы, они неспособны быть человечными и умными. Они не осмеливаются думать иначе, чем все остальные. Мужчины и женщины не только одеты почти одинаково, но и одинаково мыслят. И они ждут от тебя, что ты будешь говорить только то, что принято говорить на приемах.

Я просто леденею, когда вижу, как знаменитости делают значительные мины. Или с напыщенным видом прохаживаются среди менее знаменитых гостей. Мне нравятся выдающиеся люди, но они нравятся мне только тогда, когда они делают или говорят что-то важное, а не самодовольно принимают поклонение менее важных гостей.

На любом «светском» приеме есть также люди, которые не считают себя выдающимися, хотя они приглашены на важный прием и их имена обязательно появятся в светской хронике. Такие люди обычно просто прогуливаются по залу, словно статисты на съемочной площадке. У них нет своей роли, нет никакого «дела», кроме «заполнения пространства». Но я не испытываю к ним жалости, потому что, как только я подхожу к одной из групп таких статистов, все они начинают балабонить как безумные, и улыбаться, и говорить никому не нужные благоглупости. Я знаю, что они чувствуют, ведь мне еще больше не по себе, чем им, и они хотят показать, как им хорошо и приятно на этом приеме.

Голливудские приемы не только приводят меня в замешательство, но и часто разочаровывают. Разочаровывают, когда я вижу кинозвезд, которыми восхищалась с самого детства.

Я всегда думала, что кинозвезды — это исключительные и талантливые люди, наделенные какими-то особыми свойствами. Встречая их на приемах, я нередко нахожу, что он (или она) совершенно бесцветные или даже отталкивающие личности. Часто я молча стою на приеме, наблюдая, как идеальные кногерои моей мечты превращаются в скучных и заурядных типов».

* * *

Монро была совсем не глупа. Присутствуя на многочисленных деловых встречах, на которые ее постоянно водил Джонни Хайд, она слушала и запоминала. Было ясно, что важным фактором в деятельности студии «XX век — Фокс» была вражда президента компании Спироса Скураса с начальником производства Даррилом Зануком. Третьим участником руководящего триумвирата был Джо Шенк, который занимал нейтральную позицию, но втайне поддерживал Скураса.

Греческий иммигрант Спирос Скурас, которого на студии называли «Старый грек», предпочитал работать в Нью-Йорке и заниматься продвижением фильмов на рынок. Он работал по шестнадцать часов в день и был особенно продуктивен в контактах с прокатчиками.

Скурас стал президентом студии в 1942 году. Лысый, невысокого роста, толстенький, всегда одетый в темно-синий костюм с белым платочком в кармане, Скурас работал как вол, но и любил пожить в свое удовольствие. Рядом с его кабинетом находилась турецкая баня, и два массажиста обрабатывали массивное медведеподобное тело президента, в то время как секретарша, сидевшая за занавеской, стенографировала его указания, произносимые на ломаном английском языке. «Старый грек» был знаменит тем, что мог мгновенно задремать и проснуться через несколько минут совершенно освеженным и готовым к новым многочасовым бдениям. Правда, кое-кто считал, что способность засыпать была не чем иным, как удобным трюком, позволявшим Скурасу отключаться и не слушать то, чего он не хотел слышать.

Со своей стороны, Занук, занимавшийся производством картин в Голливуде, считал своего президента полным идиотом и гордился тем, что Скурас был совершенно отключен от производственных решений. Занук хвастался, что ни разу не послал сценарий в Нью-Йорк. Туда отправлялись уже готовые фильмы. Дымя сигарой и попивая виски, Скурас смотрел их ночами в собственном просмотровом зале.

Но в марте 1951 года Скурас нанес редкий визит на Западное побережье, чтобы присутствовать на конференции прокатчиков. Видимо с подачи Шенка, Мэрилин Монро решила использовать трения между Скурасом и Зануком, чтобы показать себя в лучшем виде и заручиться поддержкой президента. Во время ланча с прокатчиками Мэрилин в прозрачном шифоновом наряде впорхнула в зал и уселась за один из столиков с прокатчиками со Среднего Запада. Скурас не мог не заметить, что появление Мэрилин внесло оживление в зале. Владельцы кинотеатров наперебой стали спрашивать, в каком фильме она сейчас снимается и каковы ее планы. «Об этом надо спросить господина Скураса», — дипломатично отвечала актриса. Скурас, конечно, видел Мэрилин в фильмах «Асфальтовые джунгли» и «Все о Еве», и он также хотел узнать ее планы. Джо Шенк, сидевший рядом со Скурасом за главным столом, сообщил ему, что мисс Монро в настоящее время не снимается и что возможно даже, что ее контракт не будет продлен. Через несколько минут Мэрилин уже сидела рядом с президентом. А через два часа они вместе отправились в ресторан. В тот же день Скурас распорядился подыскать для Мэрилин подходящие сценарии. Так, у Мэрилин появился влиятельный союзник, который и в дальнейшем по мере сил способствовал ее карьере. В этих условиях Занук, оставаясь при своем мнении, все же вынужден был предлагать Монро новые роли.

* * *

1952 год оказался весьма продуктивным для Мэрилин Монро. «Ночная стычка» — в отличие от других ее картин — почти кровавая семейная драма об измене, ревности, предательстве, иллюзии любви... Режиссером фильма был Фриц Ланг[22], создатель таких классических лент, как «Метрополис», «М» и «Ярость». Хотя Мэрилин играла второстепенную роль — работницы консервной фабрики, — ее имя было помещено над названием картины вместе с именами исполнителей главных ролей — Барбарой Стенвик, Полом Дугласом и Робертом Райаном. Актер Кит Эндс, игравший возлюбленного Мэрилин, вспоминал, как на съемках в Монтерее (Калифорния), неподалеку от военной базы, постоянно толпились солдаты, смотревшие на Мэрилин, пуская слюни от сладострастия.

Съемки еще не начались, а в популярном журнале «Кольерс» уже появилась большая статья об актрисе под названием «Модельная блондинка 1951 года». Она живописала свою жизнь в самых мрачных красках, рассказывая о страданиях сироты, лишенной родительского тепла и заботы. Материал в «Кольерс» и многие последующие статьи в газетах и журналах вызывали сочувствие публики, и Мэрилин получала множество писем от поклонников.

Между тем на съемках «Ночной стычки» начались те же проблемы. Режиссер поначалу давал указания актрисе, не понимая, что та на самом деле смотрит только на Наташу, которая стояла позади режиссерского кресла и подавала условные знаки. Чтобы Ланг ни говорил, без одобрения Наташи Мэрилин играть не начинала. Даже когда Ланг считал, что сцена снята и следует перейти к следующей, Мэрилин нередко отказывалась следовать его приказам, если результат не полностью ее удовлетворял. Вечно неуверенная в себе, Мэрилин была убеждена, что без Наташи она вообще не сможет сниматься. Ланг, поняв, наконец, в чем дело, пришел в ярость и приказал Лайтесс немедленно убраться со съемочной площадки. Но не тут-то было. Мэрилин стояла насмерть, и в конце концов был достигнут компромисс: Наташа могла присутствовать на съемках, но нс подавать никаких сигналов своей подопечной.

К сожалению, постоянные опоздания актрисы на съемку вызвали напряженис в съемочной группе. Мэрилин часто тошнило от нервного напряжения, и ее руки покрывались нервной сыпью. Наконец, Барбара Стенвик, известная своим профессионализмом — она всегда знала свою роль назубок и была точна как швейцарские часы, — заявила режиссеру Фрицу Лангу: «Пусть Монро, по крайней мере, не крутится на площадке, когда она не занята».

Еще до начала съемок Фриц Ланг попросил Кита Эндса помочь Мэрилин освоиться с ролью. Кит, уже имевший опыт работы на Бродвее, согласился. «Все дело было в физической привлекательности Мэрилин, — вспоминал Кит, — но у нее не было настоящего таланта». Позднее, уже под влиянием легенды Монро, Кит сделал существенные добавления к своим впечатлениям об актрисе. «Играть с Мэрилин на площадке было все равно что работать с ребенком или животным. Фриц Ланг дрожал от нетерпения и возмущения, и он был абсолютно прав: все это было ужасно. Но Мэрилин была расчетливая секс-богиня. Когда мы репетировали наши сцены, повторяя тексты снова и снова, она нередко вставала передо мной в коротенькой обтянутой юбке и блузке, из которой выпирали все ее прелести, и спрашивала: «Как ты думаешь, мужчины способны оценить достоинства вот этой линии живота?» В работе над ролью она шла от чувственной стороны образа, и в этом она была подлинная мастерица».

Среди достоинств Мэрилин было ее умение одеваться так, чтобы выделить все прелести своей фигуры. В фильме «Ночная стычка» она просила костюмера смоделировать для нее специальные джинсы, которые бы облегали ее бедра, но выглядели как обыкновенные дешевые брюки из универмага.

Вот как описывал один из участников съемок процесс работы с Мэрилин. Перед началом сцены режиссер репетировал и спрашивал ее, знает ли она, что делать на площадке. «Да, — говорила Мэрилин, — я выхожу, прохожу мимо Барбары, иду к Полу, потом к Роберту и останавливаюсь здесь». Отлично. Гримеры проверяли ее грим, объявлялся небольшой перерыв для установки света. В это время Мэрилин накладывала на щеки тонкий слой вазелина. Она считала, что это создаст правдивую атмосферу страшной жары и духоты. Но когда начиналась съемка режиссер в глазок камеры видел влагу на ее щеках и кричал: «Стоп!» Гримеры убирали вазелин, снова проводилась репетиция, и так несколько раз... Естественно, напряжение на съемочной плащадке росло, пока, наконец, Ланг не плюнул и не снял сцену с «вазелином» И что вы думаете, на экране эта испарина на щеках создавала реальный эффект жары и влажности».

Реакция критики была разноречивой. Один из рецензентов считал, что оба актера — Мэрилин и Кит — молодые, красивые, но оба не умеют играть. Но большинство оценило работу Мэрилин скорее положительно. Газета «Лос-Анджелес экзаминер» считала, что Мэрилин показала, что умеет играть и может работать на равных с известными киноактерами. Но еще более убедителен был голос кассы: фильм собрал полтора миллиона долларов. Для зрителей и критиков именно в этот момент родилась Мэрилин — кинозвезда.

Съемки были завершены в феврале, и продюсер начал рекламную кампанию, в которой немаловажная роль отводилась Монро. Но тут разразился грандиозный скандал. Пронырливый журналист обнаружил в доме для душевнобольных в Калифорнии мать Мэрилин, Глэдис Бейкер. Напомню, что Мэрилин и ее рекламный агент распространяли версию о сиротстве актрисы. Новая сенсация могла серьезно повредить карьере Мэрилин. С одной стороны, она лгала насчет сиротства, с другой — содержала мать в больнице для бедных за счет налогоплательщиков, тогда как при ее доходах она могла и должна была поместить мать в хорошую клинику. Киностудия опубликовала разъяснение от имени актрисы, что, мол, она не знала матери, которая долгие годы находилась в сумасшедшем доме. Но что теперь, когда она повзрослела, она получила возможность заботиться о матери.

Как это ни удивительно, и этот скандал не нанес ущерб репутации Мэрилин. Скорее наоборот.

Уже в следующем месяце Глэдис была переведена в частный дом для престарелых и провела там долгие годы, даже после смерти Мэрилин.

Глэдис, при всех ее болезнях, внимательно следила за карьерой дочери и хранила множество газетных вырезок о ее фильмах и жизни. Одно из писем Глэдис дочери сохранилось и было обнародовано уже после смерти Мэрилин:

«Дорогая Мэрилин! Пожалуйста, дитя мое, я хотела бы получить от тебя письмо. Ситуация здесь крайне неприятная, и я хотела бы как можно скорее отсюда уехать. Мне нужна любовь моей девочки, а не ненависть. С любовью. Мама».

* * *

Кроме «Ночной стычки», Монро снялась еще в четырех картинах студии «XX век — Фокс». По большей части это были довольно примитивные, хотя и забавные комедии положений. Например, фильм «Давай поженимся» по сценарию Нанелли Джонсона и в постановке Эдмунда Гулдинга целиком построен на недоразумении... Гражданский судья уже совершил шесть бракосочетаний, когда обнаружилось, что его лицензия на проведение этой церемонии еще не вступила в силу. Одна из шести пар к этому времени уже подала на развод, но пять других получили извещения, что их брак незаконен. Эти пять историй и составляют содержание картины. Героиня одной из них, Аннабель Норрис (ее играет Мэрилин Монро), победительница конкурса красоты штата — «Мисс Миссисипи». Пока жена зарабатывает деньги и славу на конкурсах красоты, ее мужу Джефу приходится заниматься домашним хозяйством и ребенком. Узнав об аннулировании брака, Джеф приходит в восторг: ведь теперь Аннабель не сможет участвовать в конкурсе красоты на звание «миссис Америка». Но Аннабель не теряется: она принимает участие в конкурсе «Мисс Миссисипи» и выигрывает его... Впереди новые конкурсы!

В этом водевиле снимались Джинджер Роджерс[23] и За За Габор, но главной приманкой служила Мэрилин в купальных костюмах. Фильм имел коммерческий успех, а Монро снова продемонстрировала, что ее прелести действуют на публику безотказно. Критика отметила работу актрисы в нескольких благожелательных репликах, но ее актерское мастерство все еще оставляло желать лучшего. Так, ее партнер по фильму Дэвид Уайн вспоминал, что она совершенно не знала, как работать перед камерой. «В одной из сцен я стоял напротив Мэрилин и камера снимала из-за моего плеча, так что свет падал на Мэрилин сверху, над моим плечом. Но Мэрилин все время норовила отступить на шаг назад: тогда моя тень падала на нее и мешала съемке. Так повторялось несколько раз, пока я не придвинул ее к самой стенке, так что ей некуда было отступать».

Еще один интересный эпизод, связанный с этой картиной, — меморандум Даррила Занука продюсеру и сценаристу Нанелли Джонсону о том, что есть опасность вмешательства цензуры, так как не состоящие в браке герои новеллы рожают ребенка. К счастью, эти опасения оказались беспочвенными, и летом 1952 года фильм благополучно вышел на экраны.

Другой проходной работой была лента «Полный дом О' Генри». Там тоже было несколько новелл, и Мэрилин снялась с Чарлзом Лоутоном[24] под руководством режиссера Генри Костера. Мэрилин играла проститутку и совершенно не знала, с какого конца подойти к роли. Только объединенные усилия Наташи и Лоутона помогли ей преодолеть обычный страх и неумение вжиться в роль. Все же результат оказался удовлетворительным.

Лоутон играл бездомного по кличке Мыльный. Его герой предпочитал проводить холодные зимние месяцы в тюрьме. С этой целью он каждый раз совершал мелкие преступления и благополучно оказывался за решеткой. Но на этот раз полицейские раскусили маленькие хитрости Мыльного и упорно отказывались его арестовывать. Одним из «преступлений» было приставание к «невинной» молодой девушке, которая на поверку оказывалась проституткой. Роль Мэрилин была крошечная — всего 85 секунд, но в рекламе картины ей отводилось место, равное исполнителям главных ролей — Лоутону, Энн Бакстер, Ричарду Уидмарку...

«Естественно, мисс Монро больше подходит купальный костюм, чем наряд девушки легкого поведения прошлого века», — писал один из критиков, но в целом отношение прессы было снисходительно позитивным.

Примерно того же уровня были и «Обезьяньи проделки» режиссера Говарда Хоукса[25] по сценарию Бен Хекта и Лу Дайамонда. Здесь Мэрилин снималась в окружении звезд первой величины — Кэри Гранта, Джинджер Роджерс и Чарлза Кобурна.

...Ученый работает над изобретением эликсира молодости. Подопытная обезьяна подливает эликсир в питьевую воду, и все сотрудники лаборатории превращаются в подростков. Все, кроме секретарши Лоис в исполнении Мэрилин Монро. Возможно, назло Даррилу Зануку, называвшему Мэрилин «пустоголовой», сценаристы сделали ее героиню единственным положительным персонажем фильма.

Режиссер доброжелательно относился к Монро и считал, что та обладает большим актерским потенциалом.

Надо только понять, какого рода роли ей подходят. Например, Хоукс был убежден, что фильм «Можно входить без стука» совершенно не соответствовал амплуа актрисы, что ее нужно было снимать в комедиях.

Как только начались съемки, Мэрилин стали преследовать неудачи. Сначала у нее начался приступ аппендицита. В больнице настаивали на операции, но Мэрилин решительно отказалась, так как это повлекло бы остановку съемок на довольно длительный период. Тогда ей заморозили аппендикс, и она вернулась на площадку. Но почти сразу же после возвращения на работу ее вызвал Даррил Занук. На студии стало известно, что Мэрилин два года назад снялась для календаря обнаженной. Эта ее фотография украшала теперь стены гаражей и бензозаправочных станций по всей Америке. О фото пронюхали журналисты, и, по мнению Занука, карьере Мэрилин неизбежно будет нанесен сокрушительный удар. Сам Занук не имел претензий к фотографии, но предупредил: если публика будет возмущена, студии придется уволить Мэрилин.

Монро призналась, что действительно снялась для календаря в 1949 году в момент безденежья, и объяснила, как это случилось.

По общему мнению руководителей студии, Мэрилин должна была отрицать, что обнаженная красотка на красном бархате — это именно она. Но известный журналист Сидней Сольский рекомендовал поступить как раз наоборот. Он убеждал Мэрилин быть искренней с публикой. И актриса последовала его совету. «Ах, этот календарь! — воскликнула Мэрилин, встретившись с журналисткой. — Да, да я и не отрицаю... Ведь он же повсюду! И я совершенно не стыжусь этой фотографии! Что в ней дурного? Я предпочитаю быть честной со своим зрителем».

И зритель снова не подвел: реакция была исключительно благожелательной. Публика восхищалась «мужественной сироткой», «самой потрясающей Золушкой в истории Голливуда»... Спустя два дня, снова по подсказке Сольского, Мэрилин, чтобы закрепить успех, отправилась на свидание с Джо ДиМаджио. Когда эта сенсационная новость «просочилась» в прессу, руководство студии окончательно успокоилось: предполагаемый крах карьеры Мэрилин превратила в очередную победу.

Хотя роман с бейсболистом стремительно развивался, связь Мэрилин с Элиа Казаном продолжалась. Казан в это время давал показания Комитету Конгресса по антиамериканской деятельности. Он был тесно связан с коммунистами, в чем откровенно признался конгрессменам. Поначалу он отказывался назвать имена своих товарищей, о принадлежности которых к американской компартии ему было известно. Перед Казаном стояла непростая дилемма: распрощаться с Голливудом или выдать своих друзей по искусству? И в конце концов режиссер назвал имена своих коллег, включая и Артура Миллера.

Приехав в Голливуд на церемонию вручения «Оскаров», Казан тут же позвонил Мэрилин, так как нуждался в женской ласке, чтобы снять напряжение. Но актриса как раз уезжала на свидание с Джо и обещала приехать к Казану в гостиницу позднее. Добраться до гостиницы ей удалось только под утро, и она объяснила удивленному режиссеру, что больше с ним встречаться не сможет, так как нашла человека, за которого хочет выйти замуж. Естественно, Казан думал, что речь идет об Артуре Миллере. «Он бросил все дела и примчался сюда из Сан-Франциско, чтобы только пообедать со мной», — рассказывала Мэрилин. «Так кто же он?» — воскликнул вконец сбитый с толку Казан. Тогда Мэрилин назвала имя Джо ДиМаджио: «Он хочет жениться на мне, и он мне нравится. Он не похож на всю эту киношную публику. В нем есть чувство собственного достоинства».

Между тем фильм Элиа Казана «Трамвай “Желание”» не получил «Оскара» ни за режиссуру, ни за лучший фильм. Это было наказание за политически некорректное поведение Казана в Конгрессе. Раздосадованный режиссер вернулся в Нью-Йорк, даже не попрощавшись с возлюбленной.

* * *

Борьба Мэрилин со студией из-за Наташи продолжалась и на следующей картине «Можно входить без стука» режиссера Роя Бейкера. Даррил Занук на этот раз предложил Мэрилин сделать пробную съемку. Мэрилин готовилась с Наташей день и ночь, и съемка прошла успешно. Это побудило Занука послать Мэрилин письмо, в котором он убеждал актрису отказаться от услуг Лайтесс. Занук утверждал, что Мэрилин сама способна работать на площадке и не нуждается в помощи тренера. «Вы создали себе Свенгали[26], — писал Занук, — и если вы хотите продвинуться в вашей актерской карьере, стать по-настоящему талантливой актрисой, а не только заниматься саморекламой, вам надо освободиться от вашего Свенгали, пока он не уничтожит вас».

Мэрилин поначалу согласилась с доводами Занука. Но когда начались съемки, ей пришлось то и дело звонить Наташе, обсуждать с ней каждую предстоящую сцену. Так что вскоре Мэрилин потребовала вернуть Наташу на площадку.

Тем не менее на съемках она то и дело забывала свой текст, и работа шла исключительно медленно. Как всегда, страх и неуверенность в себе сочетались у Мэрилин со стремлением к достижению идеального результата.

Наташа Лайтесс была для Мэрилин и педагогом, и подругой, и любовницей, и психиатром. Их отношения всегда были драматичными и конфликтными. Они зависели друг от друга. Мэрилин тщательно прорабатывала с Наташей свои роли, даже самые маленькие. Они репетировали часами задолго до того, как Мэрилин появлялась на съемочной площадке. Актриса приходила на съемки с уже готовой ролью, что немедленно вызывало возражения режиссеров. При этом Мэрилин постоянно забывала свой текст и нуждалась в постоянной помощи Наташи во время съемок. Но, с другой стороны, Мэрилин интуитивно знала, когда она играла правильно, а когда нет. Так что она нередко заставляла режиссера снимать множество дублей, пока не добивалась идеального, по ее мнению, результата. Чувствуя, что играет неверно, Мэрилин была не в состоянии исправить положение, а просто требовала новых и новых пересъемок, надеясь, что в какой-то момент получится. Какой-то внутренний голос подсказывал ей, что теперь все в порядке. Поэтому для режиссеров, коллег-актеров, да и для всей съемочной группы работа с Мэрилин Монро была сплошной нервотрепкой.

В фильме «Можно входить без стука» героиня Монро, Нелл Форбс, работает няней и страдает нервным расстройством, которое началось после того, как ее жених, Филипп, военный летчик, погиб во Второй мировой войне. Она лишь недавно вышла из психиатрической клиники и пытается начать новую жизнь, но прошлое не отпускает ее. Нелл встречается с другим пилотом, Джедом, у которого сложные отношения с певицей Линн. Джед приходит в гостиницу, где Нелл опекает девочку Банни, пока ее родители развлекаются. Когда Джед и Нелл целуются, летчик видит на обеих руках Нелл глубокие порезы — свидетельство попыток к самоубийству. Видя, что она разоблачена, Нелл приходит в ярость. Ей кажется, что Филипп вернулся к ней и она должна за него бороться. В этот момент раздается стук в дверь и Джед прячется в гардеробе. Появляется дядя Нелл, Эдди, лифтер в той же гостинице. Эдди сразу понимает, что Нелл все еще серьезно больна. Когда Эдди обнаруживает Джеда в шкафу, Нелл ударяет дядю тяжелой пепельницей по голове. Джеду удается выскользнуть из номера, а Нелл, считая, что Филипп покинул ее из-за Банни, связывает ребенка. Джед зовет на помощь мать Банни, и они спасают девочку, тогда как Нелл в полном отчаянии угрожает бритвой сотрудникам гостиницы. В конце концов Джеду удается уговорить ее отдать бритву и убедить, что он не Филипп. Полиция увозит Нелл в больницу...

Может быть, впервые здесь Мэрилин досталась драматичная роль, и это при том, что значили в ее семье душевные болезни. Играть в психологическом триллере было ей не под силу даже при самом добром отношении режиссера и коллег. К тому же слабый сценарий, искусственные ситуации и неубедительные диалоги представляли дополнительные трудности для неопытной актрисы. Сценарист и режиссер пытались смягчить характер Нелл, вызвать зрительские симпатии к ней и вообще к душевнобольным людям. Занук даже предложил дать героине фамилию матери Мэрилин, чтобы актриса могла убедительнее сыграть свою роль.

Фильм имел определенный коммерческий успех, покрыв незначительные расходы. Критики дали ему в основном посредственные оценки, отметив, в частности, недостаточность у Мэрилин Монро актерских средств, необходимых для убедительного показа всей гаммы чувств и переживаний героини.

Иначе оценила работу с Монро дебютировавшая в этом фильме Энн Бакстер[27]. Впоследствии она так вспоминала свою единственную в фильме сцену с Монро. «Мэрилин в этот момент не была ни секс-символом, ни знаменитостью. Я видела перед собой просто страдающую женщину. И она была настолько достоверной, что я не могла не реагировать. Я действительно ответила на ее страдания и боль, так что у меня на глазах появились слезы. Поверьте, такие моменты случаются нечасто, если вообще случаются».

Видимо, впечатлен был и Даррил Занук, потому что он немедленно дал Мэрилин роль в фильме «Ниагара».

* * *

Между тем отношения Мэрилин с Наташей Лайтесс постепенно ухудшались. Несколько эпизодов подорвали доверие актрисы. Так, Наташа стала жаловаться на боли в горле и сказала, что врач нашел у нее опухоль и рекомендовал срочную операцию. Хотя Мэрилин имела теперь достаточный доход, но и расходы ее были велики. Так что выложить тысячу долларов на операцию было для нее нелегко. Тогда Мэрилин продала меховую шубу, подаренную ей Джо, и дала тысячу долларов Наташе,

Наташа Лайтесс и Мэрилин Монро, 1948

В фильме «Девушка из хора», 1948

В фильме «Счастлив в любви», 1950

Там же с Харпо Марксом

В фильме «Все о Еве», 1950

Энн Бакстер, Бетт Дейвис, Мэрилин Монро и Джордж Сандерс в фильме «Все о Еве»

На съемках фильма «Огненный шар» с Микки Руни, 1950

В фильме «Любовное гнездышко», 1951

На съемках фильма «Молод настолько, насколько чувствуешь», 1951

В фильме «Ночная стычка» с Робертом Райном, 1952

В фильме «Можно входить без стука», 1952

В фильме «Как выйти замуж за миллионера»
с Бетти Грейбл и Лорен Боколл, 1953

С Бетти Грейбл

«Джентльмены предпочитают блондинок», 1953

В фильме «Джентльмены предпочитают блондинок»
с Джейн Рассел, 1953

Режиссер Генри Хаттауэй и Мэрилин Монро на съемках фильма «Ниагара», 1953

«Ниагара», 1953

«Река, с которой не возвращаются», 1954

«Нет лучше бизнеса, чем шоу бизнес», 1954

«Нет лучше бизнеса, чем шоу бизнес», 1954

В фильме «Зуд седьмого года» с Робертом Штраусом и Томом Эвеллом, 1955

Там же

С режиссером Билли Уайлдером, на заднем плане – Наташа Лайцесс, 1955

◄ *С Ричардом Шерманом в «Зуде седьмого года», 1955*

На съемках фильма «Принц и хористка», 1957

С Лоуренсом Оливье на съемках фильма «Принц и хористка»

«Принц и хористка», 1957

«Некоторые любят погорячее», 1959

В «Займемся любовью» с Джейн Келл и Ивом Монтаном, 1961

Режиссер фильма «Займемся любовью» Джордж Кьюгер с Ивом Монтаном и Мэрилин Монро

«Займемся любовью»

С Монгомери Клифтом и Кларком Гейблом в «Неприкаянных»

С режиссером Джоном Хьюстоном и Артуром Миллером

В «Неприкаянных» с Кларком Гейблом

На съемках «Неприкаянных», 1961

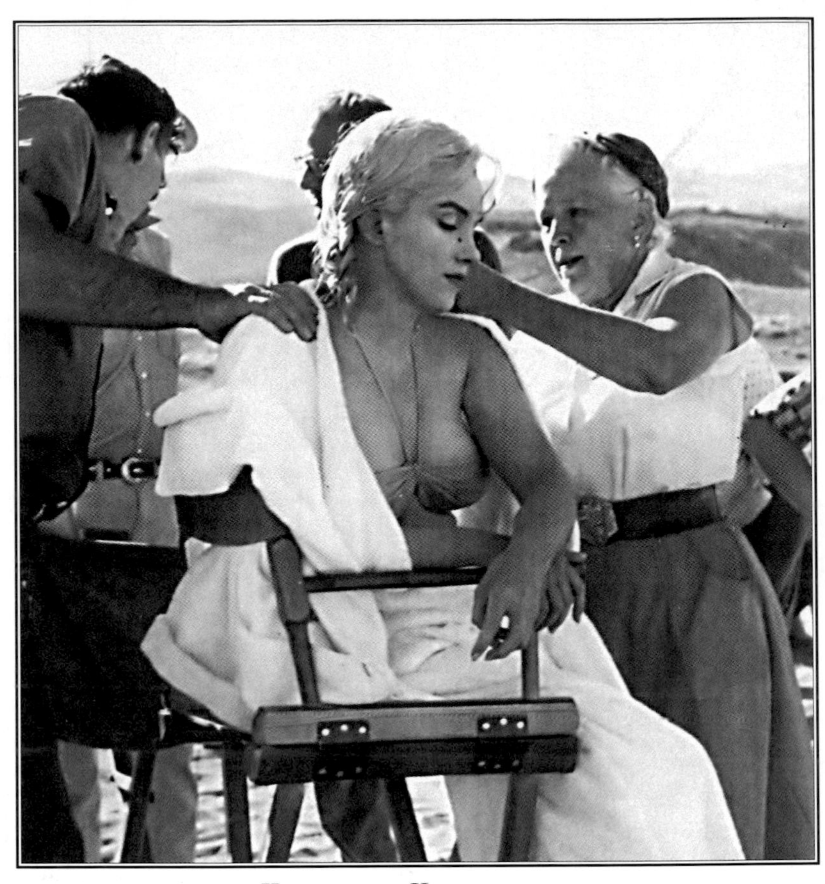

На съемках «Неприкаянных»

Из незавершенного фильма «Надо что-то давать», 1962

Последние съемки...

сказав, что «лето слишком жаркое, чтобы носить меха». Но позднее Монро узнала, что Наташа операцию не сделала. Правда, уже после смерти Монро Наташа действительно заболела раком гортани и умерла в 1964 году.

Второй случай был еще более неприятным. Наслышавшись от Наташи и Чехова о Максе Рейнгардте, Мэрилин купила на аукционе рукописи легендарного немецкого режиссера. Вскоре после покупки Наташа сообщила Мэрилин, что неподалеку живет сын режиссера, который сильно нуждается; он мечтает вернуть в семью материалы отца, но не имеет на это средств. Наташа уговорила Мэрилин перепродать ему рукописи за ту же цену. Сердобольная Мэрилин согласилась, но вскоре узнала, что сын Рейнгардта с большой прибылью перепродал рукописи театральному факультету местного университета. По всей видимости, Наташа служила посредником в этой сделке и, может быть, даже получила свою долю.

Тем не менее Мэрилин Монро была нужна помощь Наташи, она все еще зависела от ее присутствия на съемочной площадке. Наташа помогала ей преодолевать неуверенность в себе, что, по свидетельству всех знакомых и коллег актрисы, было ее главной проблемой. «Мэрилин никогда не верила в собственные силы, постоянно нуждалась в поддержке тренеров, преподавателей, так называемых друзей», — вспоминал ее гример и друг Уитни Снайдер. Но психологическая уязвимость сочеталась в ней с сильной волей под маской слабости. Она, например, могла легко отвергнуть кого-то из друзей, если считала, что тот или та предали ее. На разных стадиях ее жизни и карьеры круг ее знакомых постоянно менялся. Причиной тому были два доминирующих свойства ее характера: уязвимость и чувствительность. Страдая комплексом неполноценности, Мэрилин остро реагировала на любые проявления негативного отношения к ней. В то же время она была исключительно чувствительна к человеческому горю. Если она видела плачущего ребенка или голубя, нуждающегося в защите, или голодное животное, она немедленно откликалась и сильно переживала, если не могла помочь.

* * *

Рекламная афиша «Ниагары» подчеркивала два главных аттракциона картины: «Ниагарский водопад и Мэрилин Монро — яростный ураган эмоций, который даже стихия не в состоянии контролировать!»

Мэрилин играла роль Роз Лумис, неверной жены, пытающейся справиться с нелюбимым мужем-невротиком. Джордж только что вышел из психиатрической клиники, но пока он там лечился, Роз нашла молодого любовника, Теда. Все трое отправляются на Ниагарский водопад, где и происходят главные события картины. Джордж подозревает жену в неверности, и Роз договаривается с любовником, что тот убьет мужа. Но в морге Роз, к своему ужасу, опознает труп не мужа, а Теда.

Роз чувствует опасность и пытается бежать, но Джордж находит ее и душит... Спасаясь от полиции, Джордж гибнет в мощных струях Ниагарского водопада...

Студия обеспечила картине широкую предварительную рекламу, делая упор на сексуальную сирену — Мэрилин Монро. Занук поручил режиссуру своему самому доверенному режиссеру Генри Хаттауэю[28]. Хаттауэй согласился делать фильм без всякого энтузиазма, так как был наслышан о трудностях работы с Мэрилин Монро. Но, к его удивлению, все прошло без сучка и задоринки. Мэрилин являлась на съемки вовремя, помнила свои диалоги, и съемки шли с одного дубля. Вероятно, это было влияние Джо ДиМаджио, который приехал на съемки вместе с Мэрилин. В результате Хаттауэй назвал Монро «лучшей и самой естественной актрисой, с которой я когда-либо работал».

В этом фильме Мэрилин впервые продемонстрировала свою вихляющую походку, и зрители имели возможность наблюдать актрису, которая, направляясь к водопаду, словно приглашала: «Возьми меня, я твоя». Фирменным знаком Мэрилин стали также влажные губы, полураскрытый рот и платиновые волосы. Мужская аудитория была в восторге, тогда как феминистские организации нашли актрису «вульгарной и отталкивающей». Рецензент коммунистической газеты «Дейли уоркер» вынес следующий приговор: «Монро или смешна и нелепа, или же патологически скучна».

Актриса Джин Петерс так вспоминала работу с Мэрилин Монро на этом фильме: «Мэрилин должна была произнести одну реплику: «Извините, вы не видели моего мужа?» Пока мы репетировали, она все время смотрела куда-то мимо меня. «Куда это вы все время смотрите?» — спросила я. «На вас». — «Нет, вы смотрите мимо меня». — «Пожалуйста, не заставляйте меня смотреть вам в глаза, иначе я забуду свою реплику», — попросила Мэрилин. «Мэрилин, но ведь мы играем сцену!» — воскликнула я. «Я знаю, знаю», — сказала она. Тут режиссер потребовал, чтобы я перестала командовать и позволила Мэрилин дслать то, что она хочст. Только позднее я поняла, что она смотрела поверх меня на Наташу Лайтесс, которая стояла в глубине съемочной площадки и шевелила губами, проговаривая реплику. Вот почему работать с Мэрилин было достаточно трудно». Но большинство съемочной группы считали, что нехватка таланта и профессионализма с лихвой восполняется необычной и таинственной аурой, которую излучала Монро.

Одним из самых впечатляющих моментов фильма была сцена, в которой Мэрилин исполнила свою коронную песню «Поцелуй». На ней было платье кроваво-красного цвета с таким глубоким декольте, что, по словам одного из актеров, сквозь него можно было видеть ее коленки. На съемках этого, весьма эротичного, эпизода съемочная группа была особенно возбуждена, так как актриса не носила нижнего белья. Мэрилин, как известно, любила ходить дома голышом и не считала это чем-то неприличным. Для нее обнаженное тело было таким же естественным состоянием, как еда или сон. Она как-то сказала журналисту Сокольскому, что единственно, что она носит ночью, так это «Шанель № 5».

Но студия должна была думать о цензуре, и некоторые сцены с Мэрилин пришлось затемнять для смягчения эффекта соблазнительных кадров.

Пресса в целом оказалась весьма доброжелательной, хотя подчас и ироничной к Мэрилин, а фильм стал крупным коммерческим успехом студии и остался в памяти поклонников актрисы как одна из самых значительных ее работ.

* * *

Почти немедленно начались съемки экранизации популярного мюзикла «Джентльмены предпочитают блондинок», где Мэрилин получила роль Лорелей Лии, наивной и глупой блондинки. Работа шла всю осень 1952 года, вплоть до самого Рождества.

Помимо Мэрилин в картине снялась Джейн Рассел, звезда студии Говарда Хьюза, одолженная для этой роли. Рассел можно назвать темноволосым эквивалентом Мэрилин: примерно такого же роста и с такими же роскошными формами. Но она казалась более земным существом, тогда как Мэрилин была более эфемерной. Как это ни удивительно, актрисы отлично поладили, и работа шла в хорошем темпе. Единственной проблемой режиссера Говарда Хоукса были вечные опоздания Мэрилин. И поскольку в мюзикле были заняты десятки статистов, оркестр и множество технических работников, каждое опоздание срывало или надолго задерживало начало съемок.

Первоначально роль Лорелей предназначалась Бетти Грейбл. Но Занук подсчитал, что Бетти по контракту должна была получить за фильм 150 тысяч долларов, тогда как Мэрилин стоила студии всего 750 долларов в неделю. К тому же Бетти уже пережила зенит своей славы, тогда как Мэрилин становилась все более популярной. Вместо Бетти Занук нанял Джейн Рассел, которая тоже обошлась студии в 150 тысяч.

Джейн Рассел вспоминала о своих встречах с Монро: «Мэрилин была симпатичная, очень застенчивая и нервная. Я обычно заходила в ее уборную и говорила:

«Пойдем-ка, мы должны быть на площадке». Она покорно вставала и шла за мной. Я думаю, что если бы так поступали на съемках других фильмов, она бы никогда не опаздывала. Она просто была ужасно запугана».

В фильме было немало забавных сцен и диалогов. Например, когда отец Гэса напрямую спрашивает Лорелей: «У тебя хватает совести стоять передо мной и твердить, что ты хочешь выйти замуж за моего сына не из-за *его* денег?» Лорелей отвечает: «Да». «Но тогда почему же ты хочешь выйти за него замуж?» — недоумевает богач. «Я хочу выйти за нсго замуж из-за *ваших* денег», — чистосердечно признается наивная девушка, которая получает в фильме прозвище «охотница за золотом». Услышав такой искренний ответ, старший Эсмонд восклицает: «А я-то думал, что ты полная идиотка!», на что следует реплика девушки: «Я могу быть умной, когда это нужно, но большинство мужчин терпеть этого не могут».

«Мисс Монро становится частью американской сказки — чувственная блондинка или корыстная простушка, чье очарование оправдывает все эти качества», — писала после этого фильма газета «Моушн пикчерс геральд». Ей вторила «Лос-Анджелес экзаминер»: «...Ее естественные прелести так впечатляют, словно три шарика мороженого в жаркий августовский день».

* * *

У Мэрилин была своя теория, как стать знаменитой, и она поделилась этой теорией с читателями своих рассказов.

«Есть три разных пути, как стать знаменитым в кино. Первый путь чаще случается с мужчинами, чем с женщинами. Это происходит неожиданно, в результате одной-единственной блестяще сыгранной роли. Актер снимается, активно работает, но — никто его не замечает. Затем, внезапно — как это было с Джоном Гарфилдом в прошлом или с Керком Дугласом, Марлоном

Брандо, Хозе Феррером[29] в недавние времена — он снимается в главной роли и наутро после хвалебных рецензий просыпается знаменитым на всю оставшуюся жизнь.

Иногда это может случиться и с актрисой, но в последнее время я что-то не припомню таких случаев. Актрисы чаще достигают славы другими путями. Первый — ее карьеру организует студия. Когда руководство убеждено, что одна из актрис на контракте обладает «звездным» потенциалом, студия начинает широкую кампанию. Потенциальную звезду окружают учителями и тренерами. Продюсерам и режиссерам студии дают знать, что *Некто* скоро станет привлекать к кассам миллионы зрителей. И все продюсеры и режиссеры наперебой начинают приглашать потенциальную звезду в свои картины.

В то же время рекламный отдел студии наводняет газеты, журналы и телеграфные агентства массой материалов и фотографий о замечательном характере будущей звезды, о ее детстве, семье... Журналистов светской хроники штурмуют информацией о жизни актрисы, начиная с полдюжины грядущих браков и кончая тем же количеством моднейших автомобилей. И вот у миллионов читателей и зрителей уже создается впечатление, что чуть ли не каждый потенциальный романтический жених борется за право стать мужем будущей звезды и что она получает ведущие роли в половине самых выдающихся голливудских фильмов.

Все это требует немалых расходов и мощных усилий всего студийного механизма, за исключением, конечно, самой молодой актрисы, которую кинобоссы решили сделать звездой.

Еще один путь к славе, возможный для актрисы, — это скандал. Ложись в постель с дюжиной известных донжуанов, разведись с несколькими мужьями, подними шумиху конфликтами с полицией, скандалами в кафе или стань причиной бракоразводных процессов — и спрос на тебя будет такой же, как на Бетт Дейвис или Вивьен Ли[30].

Единственная проблема: если ты получаешь известность таким путем, то не всегда возможно поддерживать славу старыми скандалами. Чтобы сохранить «репутацию» в глазах поклонников и голливудских продюсеров, нужны новые и новые «инциденты». А с возрастом делать это становится трудней и трудней. После тридцати пяти, например, устраивать скандалы в кафе или участвовать в любовных треугольниках совсем не так просто, требуется не только участие опытного рекламного агента, но и своего рода маленькое чудо.

Мой путь к славе был совсем иным. Студия никогда не рассматривала меня как «звездный» материал, и идея дать мне главную роль в фильме никогда не приходила в голову мистеру Зануку.

Так что у меня не было шанса быть представленной публике как «Великий Талант».

И студия никогда не вела кампанию по созданию из меня звезды, не рассылала материалов обо мне для прессы и авторов светской хроники. Я не была замешана в скандалах. История с фотографией в календаре всплыла уже после того, как я стала знаменитой повсюду, за исключением студии «XX век — Фокс», возглавляемой мистером Зануком.

До того как новость о моей обнаженной фотографии появилась в печати, я целую неделю пребывала в панике. Я была уверена, что этот эпизод положит конец моей карьере, что студия выбросит меня вон, публика и пресса отвернутся от меня, и я не переживу этот свой «грех». Мой «грех» заключался в том, что, остро нуждаясь в пятидесяти долларах, чтобы выплатить долг за машину, я снялась обнаженной для календаря.

Для молодой хорошенькой актрисы в Голливуде есть много других путей заработать пятьдесят монет, не подвергая опасности свое доброе имя. Я полагаю, что публика прекрасно знала об этом. В результате история с позированием для календаря не стала скандалом и не повредила мне. Она была воспринята скорее как сражение с нищетой, чем грех, который требует наказания.

Через несколько недель после появления информации о фотографии я поняла, что моя репутация не только не пострадала, а, наоборот, упрочилась: миллионы зрителей были тронуты моей недавней бедностью, и им также понравилась сама фотография.

Мой путь к славе был не совсем обычный: слава пришла ко мне по требованию самой публики, и большинство поклонников были в военной форме. Они находились в Корее, на фронте.

Письма стали приходить на студию тысячами и сотнями тысяч. Все они были адресованы мне. Сначала по три с половиной тысячи в неделю, потом по 5—7 тысяч. Я получала в пять раз больше писем, чем тогдашняя главная звезда киностудии Бетти Грейбл[31].

Сообщения отдела писем привели руководство студии в замешательство. Сотрудники отдела рекламы были вызваны на ковер и должны были ответить, не велась ли какая-то тайная кампания в мою пользу. Нет, никакой. Поток писем шел лишь потому, что зрители видели меня на экране, восхищались и хотели поблагодарить меня и попросить фотографию.

Светская хроника и колонки голливудских сплетниц объявили меня новой любимицей публики. Студия не сообщала им об этом. Пресса просто откликалась на реакцию зрителей, обо мне шли разговоры.

Некоторое время руководители студии хранили молчание. Они делали ставку на другую потенциальную звезду. Мистер Занук считал меня своего рода чудачкой, для которой никто не пошевелил и пальцем и которая, по непонятным причинам, стала поводом для проявления нездоровых вкусов публики.

Мне платили пятьсот долларов в неделю, и я тратила большую часть этих денег на уроки пения, танца и актерского мастерства. Я жила в крошечной комнатушке и была почти на такой же финансовой мели, как и в недавнем прошлом, когда я вообще не имела постоянной работы. Чуть ли не еженедельно мне приходилось занимать десять—двадцать долларов до получки. Разница теперь была только в том, что я могла отдавать долги быстрее, чем раньше, иногда через несколько дней.

Наконец, почта моих поклонников достигла таких размеров, что руководство студии не могло далее меня игнорировать, как невозможно было бы игнорировать землетрясение, перевернувшее письменный стол в кабинете мистера Занука. Сам мистер Занук послал за мной, бегло оглядел и промямлил какие-то поощрительные слова.

Все, что я должна, сказал мистер Занук, это верить ему. Он сделает все для моего блага и поможет мне стать самой большой звездой киностудии.

Я понимала, что не особенно нравлюсь мистеру Зануку, что он и теперь не видит во мне ни таланта, ни красоты, как он не видел это год назад, когда уволил меня за нефотогеничность. Студийные боссы чрезвычайно ревниво относятся к своей власти. Как и политические лидеры, они предпочитают сами выдвигать своих собственных кандидатов на величие. Им не нравится, когда публика поднимает голос и возносит свою собственную «нефотогеничную» избранницу, как бы говоря: «Вот наша девушка».

В недрах студии разгорелась дискуссия, в каких картинах меня снимать. И руководство было по-прежнему уверено, что мое появление — без их ведома — чистая случайность и что через год меня забудут.

Но этого не случилось. И я знала, что не случится. Я знала это уже в тринадцать лет, когда первый раз шла по пляжу в купальнике. Я принадлежала *Зрителям* и всему миру не потому, что я была талантлива или даже красива, а потому, что я никогда не принадлежала никому и ничему. Публика была моей единственной семьей, единственным моим Принцем и единственным домом, о котором я когда-либо мечтала.

Когда у тебя есть одна-единственная мечта, много шансов, что она реализуется, ведь ты работаешь для этой мечты целеустремленно, не отступая ни на шаг и не отвлекаясь.

Я тяжело и много работала. Я работала на самой студии и вне ее. И я знала, что теперь уже недолго ждать и что мистер Занук предложит мне главную роль в дорогой постановке. Рекламный отдел уже начал суетиться. Пресса отмечала почти бесконечную «неделю Мэрилин Монро». Мои фотографии были на обложке чуть ли не всех журналов.

Люди стали относиться ко мне иначе. Я более не была чудачкой или экзотическим украшением приема, чем-то вроде уличной кошки: теперь уже нельзя было пригласить меня куда-то и немедленно забыть. Я также становилась достаточно известной, чтобы недоброжелатели начали на меня нападать. Знаменитые актрисы говорили про меня гадости, чтобы самим попасть на газетные страницы.

На самом деле своей популярностью я была обязана исключительно мужской части аудитории. Женщины либо делали вид, что я их забавляю, либо откровенно заявляли, что я их раздражаю.

Я не делала ничего вульгарного на экране. Все, что я делала, — это работала по 8—14 часов в день: я играла или училась, старалась развить и улучшить свой талант.

Я все время чувствовала усталость. Хуже того, я чувствовала уныние и скуку. Мир стал бесцветным. Я не была несчастна и я не лежала по ночам без сна вся в слезах. Такого рода сцены остались в прошлом, по крайней мере в это время.

Что же случилось? А то, что, тяжело работая, добиваясь славы, я забыла о радости жизни. Ни от чего я не получала удовольствия. И не было во мне любви к чему-то и к кому-то. Был только успех — его начало.

И вот тогда-то один знакомый со студии мне сказал: «Есть такой парень. Его зовут Джо ДиМаджио».

«Я слышала о нем», — ответила я.

Это было почти правдой. Я слышала имя, но не знала, кто за ним скрывается.

«Ты что, не знаешь, кто он?» — спросил мой друг.

«Футболист или бейсболист, кажется», — сказал я...

«Потрясающе, — засмеялся мой знакомый. — Пора тебе вылезти из твоего кокона под названием «Мэрилин Монро». ДиМаджио — одно из самых громких имен, когда-либо гремевших в бейсболе. Он и сейчас идол для миллионов любителей спорта».

«Он меня не интересует», — ответила я. И на вопрос «почему» добавила: «Да, хотя бы потому для начала, что мне не нравится, как спортсмены одеваются. Не люблю людей в кричащей одежде. В пиджаках в клетку, из которых выпирают мускулы, и в розовых галстуках. Мне становится не по себе».

Но вскоре я была приглашена на обед в ресторан, где среди других гостей был и Джо ДиМаджио».

* * *

«Это был чудесный вечер, и я, как всегда, опоздала.

Когда хозяин стола представил: «Мисс Монро, это Джо ДиМаджио», я была несколько удивлена. Джо ДиМаджио оказался сюрпризом. Я думала увидеть громогласного спортивного вида верзилу. Вместо этого передо мной был сдержанный джентльмен в сером костюме, с серым галстуком и седой прядью в волосах. На его галстуке было несколько синих горошин. Если бы я не знала, что он бейсболист, я бы приняла его за промышленника или конгрессмена.

Он произнес только: «Рад с вами познакомиться» и погрузился в молчание на весь оставшийся вечер. За столом мы сидели рядом. И я только сказала: «У вас заняло много времени так завязать галстук?»

ДиМаджио покачал головой. Я сразу поняла, что этот человек не тратит слов понапрасну. Вести себя таинственно и держать дистанцию, находясь в обществе, — это, кажется, была моя специальность. И я не знала, как это воспримет тот, кто сам вел себя таинственно и отчужденно.

В течение следующего года я поняла, что ошибалась насчет бейсбольного идола. Джо не наигрывал, когда хранил молчание, и он был менее всего странным человеком. Просто это был его способ чувствовать себя хозяином положения.

Возвращаясь к моему первому обеду с мистером ДиМаджио, отмечу, что он не пытался произвести впечатление — ни на меня, ни на кого-либо другого. Другие мужчины беседовали, общались и демонстрировали себя окружающим. Мистер ДиМаджио просто молча сидел за столом. Но каким-то таинственным образом он был самым привлекательным мужчиной за этим столом. Привлекательность таилась в его глазах. Его взгляд был острым и живым.

И тут я обратила внимание на одну странную вещь. Мужчины за столом не выпендривались передо мной и не рассказывали свои истории, чтобы привлечь *мое* внимание. Они пытались очаровать мистера ДиМаджио. Это было что-то новенькое! Ни одна женщина никогда прежде не могла задвинуть меня в тень. Но это сделал бейсбольный герой, Джо ДиМаджио.

Насколько я могла понять, все в ДиМаджио было необычным. В Голливуде чем важнее человек, тем больше он говорит. Чем лучше он в своем деле, тем больше он хвастается. Согласно этим голливудским стандартам мой сосед по обеденному столу был просто никем. Но я никогда не встречала в Голливуде мужчину, который вызывал бы такое уважение и привлекал такое внимание за обеденным столом, как мистер ДиМаджио. Сидеть рядом с ним было все равно, как если бы вас поместили рядом с павлином, распушившим хвост и сделавшим вас невидимым.

Я приехала на обед смертельно усталой. Теперь же я не чувствовала ни малейшего утомления. Глупо отрицать, что меня влекло к этому человеку. Но я не могла понять почему. Как правило, мне нетрудно ответить на вопрос, что привлекает меня в данном мужчине. Но мистер ДиМаджио был исключением. Мои чувства к этому молчаливому, редко улыбающемуся джентльмену начали меня беспокоить. Какой смысл суетиться вокруг человека, который словно окружен коконом. Но вскоре я поняла. Его молчание не было игрой, это был способ быть самим собой. И я подумала: «Ты научился так молчать и улыбаться в то время, как миллионы людей смотрят на тебя с любовью и восхищением, а ты стоишь совсем один, готовясь к чему-то».

Однако я хотела бы понять, что именно делал мистер ДиМаджио. Я пыталась вспомнить, что делали футболисты в тот раз, когда мой первый муж, Джим Догерти, взял меня на футбольный матч. Но я не могла вспомнить ничего интересного. Я никогда в жизни не видела бейсбольную игру, так что нечего было и стараться представить себе, что столь важное делают игроки на бейсбольном поле. Но теперь я была уверена, что они делают что-то очень важное. Прошел час, но мужчины за столом по-прежнему старались привлечь внимание мистера ДиМаджио и произвести на него впечатление. В этом отношении мужчины сильно отличаются от женщин. Они поклоняются героям своего пола. Невозможно представить себе, чтобы несколько женщин за столом в течение часа льстили и восхищались другой женщиной, будь она трижды чемпионкой.

После моего выступления насчет синей горошинки на галстуке мы не перемолвились с мистером ДиМаджио ни одним словом. Я была заинтригована, но не могла не думать: «Знает ли он, что я актриса? Скорей всего, нет. Наверное, я этого никогда не узнаю. Он, наверное, из тех самовлюбленных мужчин, которые лучше отрежут себе руку, чем проявят интерес к кому-нибудь. Все это напрасная трата времени. Надо сейчас же, не откладывая, ехать домой и о нем забыть».

Я сказала хозяину стола, что устала и что завтра трудный день на студии. Это была правда. Я тогда снималась в фильме «Можно входить без стука».

Когда я встала, мистер ДиМаджио тоже поднялся.

«Могу я проводить вас до двери?» — спросил он.

Я не стала его отговаривать.

У двери он снова нарушил молчание.

«Я провожу вас до машины».

Когда мы подошли к машине, он произнес целую речь.

«Я живу недалеко отсюда, и у меня нет машины. Не подбросите ли меня до гостиницы?»

Я ответила, что буду рада.

Я вела машину уже пять минут и чувствовала, как у меня падает настроение. Мне ужасно не хотелось, чтобы через несколько минут, когда мы подъедем к гостинице, мистер ДиМаджио вылез из машины и ушел из моей жизни, что должно было неминуемо случиться. Я сильно снизила скорость, когда мы начали приближаться к цели.

В этот самый момент мистер ДиМаджио снова заговорил.

«Мне что-то не хочется спать, — сказал он. — Вы не возражаете, если мы немного покатаемся?»

Возражала ли я? Мое сердце стучало как сумасшедшее, и я чувствовала необыкновенное счастье. Но я только кивнула и сказала: «Сегодня чудная ночь для прогулки».

Мы ездили вокруг три часа. После первого часа я начала кое-что узнавать о Джо ДиМаджио. Он был членом нью-йоркской бейсбольной команды «Янки», входящей в американскую лигу. И он всегда волновался, встречаясь с девушками. Как правило, все было отлично на первом свидании. Сомнения начинались на втором. Что касается третьего свидания, то оно случалось крайне редко. У него был преданный друг по имени Джордж Солотейр, который вступал в дело, и девушка больше не появлялась.

«Скажите, а мистер Солотейр сейчас с вами в Голливуде?» — спросила я.

Он ответил утвердительно.

«Я постараюсь не затруднять его, когда он начнет отгонять меня от вас».

«Я не думаю, что на этот раз мне придется прибегнуть к услугам моего друга», — ответил мой спутник.

После этого мы не разговаривали примерно полчаса, но я не возражала. Инстинктивно я чувствовала, что нового комплимента от мистера ДиМаджио скоро не дождешься. Я была рада единственному и была готова хранить молчание.

Тогда он заговорил снова.

«Недавно я видел вашу картину», — сказал он.

«Какую именно?»

«Не фильм, а фотографию в спортивном журнале».

Я помнила это фото. Студия послала меня участвовать в рекламной кампании в Пасадине, где бейсбольная команда из Чикаго готовилась к новому сезону на Восточном побережье. На мне были коротенькие шортики и лифчик, и спортсмены по очереди поднимали меня, сажали на плечи и подпрыгивали, пока фотограф делал снимки.

«Я думаю, вас снимали для рекламы тысячи раз», — сказала я.

«Не совсем так, — ответил мистер ДиМаджио. — Лучшие мои снимки были с Этель Барримор[32] и генералом МакАртуром[33]. Но вы красивее».

Такое признание произвело на меня странное впечатление. Я читала тонны писанины о моей красоте, сотни мужчин говорили мне, как я прекрасна. Но теперь впервые мое сердце ёкнуло от слов мистера ДиМаджио. Я знала, что это значило, и загрустила. Что-то завязывалось между мной и мистером ДиМаджио. Поначалу нередко все было приятно и волнующе. Но кончалось одним и тем же — скукой.

Я подумала, как глупо кружить вот так вокруг Беверли-Хиллз, словно это полицейская патрульная машина.

Но это не было глупо».

* * *

Мэрилин Монро довольно подробно и правдиво описала свое знакомство и отношения с ДиМаджио. Джо в 37 лет ушел из большого спорта, но был в отличной форме и зарабатывал много денег, представляя разные спортивные фирмы. Роман молодой кинозвезды и самого знаменитого спортсмена Америки был сущей находкой для журналистов и папарацци. Многие задавали ей вопрос: останется ли она в кино? Но актриса неизменно повторяла, что не собирается бросать карьеру в Голливуде. Иногда внимание толпы было обращено на Мэрилин, но нередко, особенно в Нью-Йорке и Сан-Франциско, болельщики окружали ДиМаджио, требуя автографы.

«**Мне нужно проявлять особую осторожность, когда я пишу о своем муже Джо ДиМаджио.** Многие вещи, которые мне кажутся нормальными или даже желанными, вызывают у него досаду или обиду. Он не любит фотографироваться и давать интервью. Даже сам факт приглашения участвовать в рекламной кампании приводит к взрыву сильнейшего возмущения. Джо не слишком заботит, что о нем пишут в газетах, но он категорически против собственного участия в том, что может способствовать его популярности или привлекать внимание публики. На самом деле рекламная шумиха, да и любые другие, казалось бы, совсем невинные попытки умножить его популярность раздражают его больше всего.

Реклама стала одной из проблем в наших отношениях после трехчасового кружения по Беверли-Хиллз в ту первую ночь.

«Не знаю, смогу ли я вынести всю эту сумасшедшую шумиху вокруг тебя», — сказал Джо.

«Ты не должен иметь к этому никакого отношения», — возразила я.

«К сожалению, я имею прямое отношение. И это меня беспокоит».

«Это часть моей карьеры, — настаивала я. — Когда ты был бейсбольной знаменитостью, ты ведь не прятался от фотографов».

«Именно это я и делал».

«А я не могу».

«Я в этом не уверен», — покачал головой Джо.

«Ты что хочешь, чтобы я спряталась от всех в каком-нибудь подвале?» — спросила я.

«Посмотрим, что можно сделать», — сказал Джо.

Было немало такого, что он хотел бы «изменить». Например, глубокий вырез моих платьев и костюмов.

Тут я ему уступила. Я больше не надевала таких платьев. На смену им пришла одежда с разного рода воротничками. Вырез заканчивался где-то прямо у шеи.

Я отложила спор о декольте на будущее. Но после моего приключения с армией во время конкурса красоты в Атлантик-Сити я начала подумывать, что, может быть, Джо прав и его позиция — «не показывай им ничего» — имеет серьезные основания.

Между тем, ситуация на студии с каждым днем ухудшалась. Во всяком случае каждый раз, когда я об этом думала, она казалась мне все хуже.

Среди многих претензий ко мне руководства студии был, в частности, тот факт, что я заставила мистера Занука целый час прождать меня на церемонии вручения какой-то премии. Он упрекал меня в том, что я сделала это нарочно. Но это неправда. Я была на съемке, и мне понадобился час, чтобы снять грим и привести в порядок прическу.

Но заставить мистера Занука меня ждать было делом второстепенным среди многих гораздо более серьезных проблем. Даже вопрос об увеличении зарплаты был второстепенным — как для меня, так и для студии. Когда кто-то из контрактных актеров привлекает публику, это означает миллионы долларов прибыли. И каждая студия понимает, что следует позаботиться о финансовом благосостоянии курицы, которая несет золотые яйца. По крайней мере до тех пор, пока она продолжает их нести.

Подлинная сложность была совсем в другом. Я хотела, чтобы ко мне относились как к человеку, который кое-чего добился и имеет какие-то права. И я считала, что кое-чего добилась, с тех пор как покинула сиротский приют. Когда я попросила дать мне заранее сценарий фильма, в котором должна была играть главную роль, мне сообщили, что мистер Занук не считает это нужным. В свое время мне пришлют мою роль для запоминания и пригласят на репетицию.

Фильм назывался «Девушка в розовом трико». Это был повтор старой ленты с участием Бетти Грейбл.

Название меня беспокоило. Я работала из всех сил, чтобы стать настоящей актрисой. Я понимала, что студия хочет заработать, показывая меня в розовых трико в пошлом фильме, но я-то этого не хотела.

Я поставила студию в известность, что не согласна сниматься в «Розовых трико», пока не прочитаю сценарий и не одобрю его. В ожидании ответа я улетела в Сан-Франциско к Джо.

Поначалу студия решила временно освободить меня от работы и прекратить выплачивать еженедельную зарплату. Я не возражала. Затем они передумали и сообщили, что восстанавливают меня на работе и платят зарплату. Я опять не возражала.

После этого почта доставила мне копию сценария. Я прочитала текст и призадумалась.

Это было еще хуже, чем я опасалась. Сюжеты киномюзиклов обычно скучны при чтении. Но этот сценарий был ниже самого низкого уровня скучности. Он был просто глуп, даже при том, что действие происходило в 90-е годы девятнадцатого века.

Моя героиня — чопорная и добродетельная школьная учительница — решает стать танцовщицей в сомнительном заведении на Бауэри, чтобы подкопить деньжат и помочь жениху выучиться на доктора. Жених и его вдовая мамочка принадлежат к высшему обществу, но бедны, как кладбищенские крысы. Занудная, насквозь схематичная особа в розовых трико была самой идиотской героиней, которую мне когда-либо приходилось играть.

Какой смысл быть кинозвездой, если ты должна играть роли, за которые тебе заранее стыдно? Когда я представляла, как Джо или кто-то из моих друзей увидят меня на экране в роли училки, виляющей задницей во имя благородной цели развития медицины, я краснела до слез.

Мало того, «Розовое трико» в конце концов выходит замуж не за «Человека из Высшего Общества», во имя медицинского образования которого она пошла плясать в сомнительный кабак, а за владельца этого заведения, человека с грубой внешностью, но золотым сердцем.

Я отослала сценарий обратно, сообщив, что сниматься в этом фильме отказываюсь.

Я слышала от разных людей, что сценарий этот никому на студии не нравился. Даже абсолютная уверенность мистера Занука, что у него на руках потенциальный шедевр, повествующий о скромных, но интересных людях, была поколеблена, когда один из ведущих режиссеров студии отказался снимать картину.

Но мне это никак не помогло. Весь мир мог отвергать эту картину, включая зрителей, но виновата во всем была я. И все благодаря моей репутации у руководства студии. В их глазах я была чудачкой, которая преуспела вопреки их сведущему мнению.

Я не сердилась, но мне было грустно. В то время как весь мир смотрел на актрису по имени Мэрилин Монро, мистер Занук, в чьих руках находилась моя актерская судьба, видел только Норму Джин и относился ко мне точно так, как люди относились к Норме Джин.

Джо и я уже несколько месяцев обсуждали вопрос о женитьбе. Мы знали: этот брак не будет легким. С другой стороны, мы не могли вечно находиться в роли разлученных любовников. Раньше или позже это начало бы вредить обеим нашим карьерам.

Публику не очень беспокоит, когда люди живут вместе вне брака, в том случае, если это состояние временное и есть уверенность, что они его постепенно преодолеют и поженятся. Было бы странно, если бы публика реагировала на такую ситуацию негативно, учитывая, что, по статистике доктора Кинси[34], 80 процентов американских женщин вступало в половую связь с будущими мужьями до брака.

После долгих объяснений мы с Джо решили, что если мы не можем расстаться друг с другом, то брак будет единственным выходом из такого положения. Мы оставили открытым только вопрос о времени и месте.

Однажды Джо мне сказал:

«У тебя конфликт со студией, ты не снимаешься, так почему бы нам не пожениться сейчас? Я все равно должен лететь в Японию по бейсбольным делам, и мы могли бы провести там наш медовый месяц».

Таков Джо ДиМаджио — всегда хладнокровный и практичный. Когда я возбуждаюсь при виде своей фотографии на развороте в каком-то журнале, он улыбается и спрашивает: «Все это хорошо, а денежки где?»

«Да это же бесплатная реклама», — кричу я.

«Деньги лучше», — говорит он тихим голосом человека, знающего, что выиграл спор.

Итак, мы поженились и отправились в Японию в свадебное путешествие.

Я никогда не планировала и никогда об этом не мечтала — стать женой выдающейся личности. Точно так же и Джо никогда не думал жениться на женщине, которая на восемьдесят процентов состоит из рекламы.

По существу, мы были очень похожи. Моя реклама, как и слава Джо, — это нечто, что существует помимо нас. Это не имеет ничего общего с тем, что мы есть на самом деле. Что я значу для Джо, я еще не слышала от него. Он не большой говорун. Для меня Джо — это человек, чью внешность и чей характер я люблю всем сердцем».

Проблемы и конфликты начались почти сразу. У них были совершенно разные интересы, привычки и требования. Почти все друзья бейсболиста старались держаться подальше от киноактрисы. Хотя у Мэрилин не было образования, она тяготела к интеллектуальным знакомствам, а таких людей в окружении ДиМаджио не было вовсе. Спортсмен взялся охранять будущую супругу от голливудских акул и «обманщиков». Само собой разумеется, что Наташа Лайтесс была сразу же отнесена к числу «обманщиков» и стала смертельным врагом ДиМаджио и его окружения. Он обзывал Наташу пиявкой.

Наташа тоже не стеснялась в выражениях, когда речь заходила о новом друге Мэрилин. «Скучный грубиян, который относится к своим женщинам как к подстилке». «Он, может быть, и знаменитый спортсмен, — говорила Наташа, — но совершенно неровня Мэрилин. Я сомневаюсь, что он хоть раз в жизни взял в руки книгу». Наташа была потрясена, что ее ученица могла упасть так низко и влюбиться в такого человека.

Мэрилин всячески пыталась приспособиться к образу жизни своего жениха. Они старались не обсуждать спорные темы, чтобы сохранить и без того непрочные отношения.

Мэрилин знала, что Джо обычно проводил время в барах и клубах со своими друзьями-спортсменами, где обсуждались главным образом две темы — спорт и бабы. Она понимала, что для него общение с женщиной является своего рода уступкой. Мэрилин хотела бы ходить с Джо на танцы, но он не любил танцевать. Были только две вещи, которые их объединяли, — рыбная ловля и постель. С Джо Монро словно вновь открыла для себя смысл слова «любовь». Казалось, ничто не доставляло Мэрилин такого удовольствия, как заниматься любовью.

Они решили пожить вместе, привыкнуть друг к другу, чтобы лучше подготовиться к браку. А тем временем Мэрилин продолжала активно и довольно успешно сниматься и не собиралась прекращать работу в кино ради того, чтобы ублажить своего мужа...

«Как выйти замуж за миллионера». В этой картине снимались, помимо Мэрилин, еще две звезды — Бетти Грейбл (это ее последняя работа для студии «XX век — Фокс») и Лорен Боколл[35]. Хотя Мэрилин была еще начинающей актрисой, ее имя стояло в титрах первым, и все внимание рекламного отдела студии, а также фотографов и репортеров было отдано именно ей. Готовясь к этой работе, Мэрилин активно занималась с Михаилом Чеховым, а также наняла преподавателя танца и мимики Лотту Гослар.

...Три подружки — Пола (Монро), Локо (Грейбл) и Шатце (Боколл) сняли роскошную квартиру, чтобы начать охотиться за богатыми мужьями. По ходу сюжета они попадают в самые разнообразные, запутанные и весьма банальные ситуации, в результате которых все девушки выходят замуж за богачей.

Режиссер картины, иммигрант из Румынии Жан Негулеску, уделял много внимания Мэрилин, старался не реагировать на ее постоянные опоздания и капризы. Например, по роли героиня Мэрилин носила очки и нередко попадала в комические ситуации из-за близорукости. Мэрилин страшно возмущалась, что ей приходится носить очки, и хотела играть роль Локо. Но режиссер убеждал ее, что именно роль Полы докажет всем, что она стала настоящей профессионалкой. Когда Мэрилин спросила режиссера, как ей подойти к своей роли, он ответил: «Не продавай секс. Ты сама воплощение секса. Ты институт секса. Единственный мотив в этом фильме, что ты без очков ничего не видишь, как летучая мышь». Ее близорукость многократно обыгрывалась в фильме и была источником множества комических ситуаций.

Негулеску рассказывал своей возлюбленной, актрисе Джейн Питерс: «Мэрилин все делает неправильно, всех приводит в бешенство. Но вот ты идешь в просмотровый зал, смотришь ее на экране и восклицаешь: «Здорово!»

Отрывочные воспоминания о работе над фильмом и встречах с Мэрилин оставила Лорен Боколл: «Мы все чувствовали, что должны как-то заботиться о Мэрилин. Мы нередко ждали ее одиннадцать часов, а ее все нет. Я часто говорила ей: «Не давай студии эксплуатировать себя». Для студии она была товаром, дойной коровой... Она нередко обращалась ко мне: «Давай поговорим. Здесь мне совершенно не с кем разговаривать». Ей нужен был кто-то. Она была совершенно одинока... Впервые я встретила ее с Джонни Хайдом, когда он был ее агентом. Он привел ее в ресторан «Романофф», а я была там с Боги (Хэмфри Богарт. — *В.Г.)* и Нанелли Джонсоном... Мэрилин побывала у нас дома только один раз. Она всегда была немного печальна. Она мне нравилась, но не потому, что я могла о чем-то с ней беседовать. Казалось, она постоянно находилась в состоянии замешательства. Она хотела быть лучше. Она хотела быть счастливой. Но было слишком мало людей, которым она могла бы довериться. Она обожала Джо ДиМаджио. Он был предан ей до конца. Можно было подумать, что это идеальный брак, но, увы, это оказалось не так... В ее жизни было немало пиявок. И она слишком часто ошибалась в выборе друзей... Она всегда опаздывала. Но я думаю, что причиной был постоянный страх. Она не могла справиться с окружающей жизнью, была не в состоянии оказаться лицом к лицу с поставленными перед ней задачами... На съемках с Мэрилин почти всегда приходилось делать множество дублей: некоторые — потому что она забывала текст, другие — потому что Мэрилин была неудовлетворена своей работой. Это раздражало, но я не могла на нее сердиться, в ней не было злости, враждебности и обычного для кинозвезд сволочизма».

Критики и зрители единодушно расхваливали фильм, который к тому же принес студии изрядный доход: это была самая прибыльная из всех картин с участием Монро.

В том же 1953 году Мэрилин первый и последний раз приняла участие в телевизионном шоу, комедийной программе Джека Бенни. Собственно говоря, студия позволила ей пойти на телевидение для того, чтобы рекламировать новую картину «Джентльмены предпочитают блондинок».

По общему мнению, Мэрилин выступила довольно удачно, была естественна и не уступала опытному профессионалу Джеку Бенни.

По незамысловатому сюжету Джек во сне смотрит фильм «Джентльмены предпочитают блондинок» и видит себя рядом с Мэрилин Монро. Но когда он просыпается, рядом с ним оказывается какая-то жирная тетка. Он гонится за ней, как вдруг перед ним — настоящая Мэрилин Монро. «Почему ты убегаешь от меня?» — спрашивает ведущий. «Потому, что, когда я тебя вижу, я перестаю владеть собой, — отвечает звезда. — Ты такой сильный, а я вся слабею, когда ты смотришь на меня своими большими голубыми глазами. Я просто... Я просто...»

Юмористический эффект возникал еще и потому, что Джим Бенни был средних лет лысеющим господином непривлекательной наружности. Джим невероятно горд, он подмигивает зрителям и спрашивает актрису, не пригласит ли та его в свой следующий фильм на роль героя-любовника. На что Мэрилин отвечает, что должна получить разрешение главы студии Даррила Занука. «Почему? Кого же тогда имеет в виду мистер Занук?» — удивляется Джим. «Себя», — следует ответ Мэрилин. Джим Бенни предлагает ей выйти за него замуж, и когда та напоминает о разнице в возрасте, он уточняет, что разница-то невелика: «Тебе 25, а мне 39». — «Да, — парирует Мэрилин, — но что будет через 25 лет, когда мне будет 50, а тебе только 39».

* * *

Мэрилин рассказывает:

«Студия постоянно придумывала новые и новые способы меня рекламировать. Однажды они решили, что я должна возглавить парад в Атлантик-Сити, где проходил конкурс красоток в купальниках на звание «мисс Америка». Конечно, я не участвовала в конкурсе, но была своего рода официальным лицом.

Все шло хорошо, пока не вмешались Вооруженные силы США. У армии тоже имелся рекламно-пропагандистский отдел. Офицер из этого отдела поинтересовался, не соглашусь ли я помочь им рекрутировать в армию девушек, готовых послужить «дяде Сэму».

Я сказала, что с удовольствием это сделаю.

На следующий день армейский фотограф попросил меня позировать в окружении хорошеньких девушек, одетых в военную форму. Я же, не будучи на военной службе, была в обычном дневном платье. Правда, тогда Джо еще не победил в нашем споре о глубине выреза. Но, клянусь, это было во всех отношениях приличное платье. В нем можно было ехать в трамвае, не вызывая беспокойства пассажиров.

Беда в том, что один расторопный фотограф сообразил, что можно получить более выразительные снимки, если найти ракурс сверху. Я и не заметила, что он нацелил на меня камеру прямо с балкона надо мной. Ведь я позировала для фотографа, стоявшего передо мной.

На следующий день разразился скандал. Фотография, «снятая сверху», вызвала резкое осуждение одного армейского генерала. Он сказал, что это дурной пример для Вооруженных сил и для родителей рекрутов, которые подумают, что их дочери в армии могут попасть под дурное влияние подобных женщин, выставляющих напоказ свои прелести.

Я считала, что это нечестно. Я и не собиралась демонстрировать свою грудь и не имела понятия, что фотограф подсматривал за мной сверху. Конечно, никто мне не поверил. Журналист Эрл Вильсон, который специализировался на описании женских прелестей в газете «Нью-Йорк пост», интервьюировал меня по телефону.

«Ну перестань, Мэрилин, — кричал он. — Разве ты не наклонилась вперед для этого снимка?»

Я сказала, что нет. Это фотограф наклонил свой аппарат вперед и вниз.

Во всей этой истории я чувствовала себя чрезвычайно глупо. Поразительно, что чуть-чуть обнаженная женская грудь может стать причиной общенационального переполоха. Можно подумать, что все остальные женщины прячут свои груди в сейфе. Я не придавала слишком большого значения этой рекламе, хотя чувствовала, что переросла «голую фазу» моей кинокарьеры. Я надеялась, что пришло время, когда найдут признание другие мои способности. Печально, что такая реклама вызывает поток писем разных чудаков и придурков. Эти письма часто просто пугают. Например, автор письма отрывает кусок «фотографии с грудью», пишет поперек грязные слова и шлет без подписи. Или даже с подписью. И были еще более отвратительные оскорбления, угрозы и извращения, отправленные мне по почте мистером и миссис Аноним».

* * *

В начале пятидесятых годов случилась еще одна важная встреча, оставившая глубокий след в жизни Монро. Ее учителем стал Михаил Чехов.

Знакомство Мэрилин с Чеховым произошло следующим образом. В 1951 году приятель Мэрилин, известный актер Джек Паланс, настоятельно рекомендовал Мэрилин записаться в класс Чехова. Преподаватель был сильно загружен на студии, так что не сразу согласился взять еще одну ученицу, да еще частную, но Джек Паланс уговорил Чехова, и первая встреча состоялась. Уже после первого занятия Мэрилин подарила учителю бюст Авраама Линкольна с выгравированной надписью. «Это человек, которым я восхищалась еще со школьных лет, — сказала Монро. — Теперь таким человеком стали вы». Михаилу трудно было устоять перед женской красотой, так же как Мэрилин перед истинным талантом. Занятия, как правило, проходили индивидуально, и первая же роль, которую учитель начал с ней репетировать, была Корделия. Мэрилин с восторгом рассказывала об этом журналисту: «Я только на минутку вышла из комнаты, а когда вернулась, то увидела подлинного Лира. Михаил, казалось, не сделал для этого ничего — не надел костюм, не наложил грим, даже не встал со стула. Но произошло подлинное чудо перевоплощения. Я никогда не видела ничего подобного в своей жизни. Это случилось в одно мгновение. Он был Лиром, и я стала Корделией». А Михаил Чехов в свою очередь рассказывал своей жене Ксении, как удивительно чувствительна Мэрилин, как тонко она реагирует на указания и советы. Михаил Чехов, или, как она называла его, Миша, стал ее настоящим другом, учителем и добрым советчиком. Позднее Ксения вспоминала, что ее муж высоко ценил работу Мэрилин над ролью Корделии. Как и Наташа, Чехов был убежден, что Монро попусту расходует свой талант на бессмысленные экранные роли. В отличие от Ли Страсберга Чехов никогда не считал, что Мэрилин может играть на сцене. Ее место было в кино, но в ролях более глубоких и драматичных. Так что когда Мэрилин показывала ему предлагаемые ей сценарии, он стучал кулаком по столу и чуть не плакал от бессильной злобы.

Друг и помощник Чехова по актерской школе Джордж Жданов как-то сказал Чехову в минуту ностальгии и душевного упадка, столь свойственного славянской душе: «Миша, что мы делаем здесь, в Голливуде? Разве наша задача готовить хороших актеров для Луиса Майера?» — «Нет, конечно, — ответил Чехов. — Наша задача — помочь людям духовно расти, становиться лучше».

Чехова и Мэрилин объединяла ненависть к коммерческому кино, которое предлагало ей вечное амплуа глупой блондинки, и к боссам киностудий, видевшим в ней лишь дойную корову. В дальнейшем это привело ее к браку с Артуром Миллером и к тесной связи с Ли Страсбергом.

Чехов стал еще одной фигурой, заменившей ей отца. Так можно объяснить особую духовную близость молодой актрисы к знаменитому русскому педагогу. С ним она окунулась в мир Достоевского, Гауптмана, Гоголя, Ибсена, в то время как на студии она снималась в ролях самого низкого пошиба. Только с Чеховым она начала понимать, что такое актерское искусство и как много может добиться талантливый актер.

Отношения учителя и ученицы не всегда были безоблачными. В большинстве случаев конфликты возникали из-за хронических опозданий Мэрилин. Она опаздывала везде — на съемки, на интервью, на приемы... Чехов, в конце концов, предложил ей на время прекратить уроки, надеясь, что опоздания — это лишь временное явление. В ответ он получил записку следующего содержания: «Господин Чехов! Пожалуйста, не бросайте меня пока. Я понимаю и сильно переживаю, что я испытываю Ваше терпение. Я отчаянно нуждаюсь в занятиях и Вашей дружбе. Я позвоню Вам в скором времени. С любовью. Мэрилин Монро».

Когда Мэрилин позвонила, конфликт был улажен. И Чехов старался приспособиться к расписанию Мэрилин. Он понимал, что по мере роста популярности Мэрилин все чаще оказывается в путах страхов и нервных срывов.

Племянник Антона Чехова, Михаил, с детства жил в театральной среде. Он был отлично образован, в том числе и в области философии. Шестнадцати лет Михаил стал студентом театральной школы Суворина в Санкт-Петербурге. После окончания школы он вошел в труппу Суворинского театра. Уже в тот период Михаил испытал первые приступы наследственного алкоголизма, болезни, которая мучила его долгие годы. В 1912 году послу удачного прослушивания Михаил был принят в труппу Московского художественного театра. О нем есть у Станиславского в дневнике: «Талантлив, с обаянием, одна из реальных надежд на будущее». Восприняв метод Станиславского, Чехов, тем не менее, чувствовал близость к творчеству Мейерхольда и Вахтангова. Он предпочитал их символизм приземленному реализму Станиславского.

В 1917—1918 годах Михаил Чехов переживал творческий и личный (алкоголизм) кризис. Спасло его обращение к антропософии Рудольфа Штайнера. В результате Чехов оказался в оппозиции к учению Станиславского. Он отвергал теорию своего учителя, делавшего упор на личность актера и его чувства, считая, наоборот, первостепенными характер и умение актера перевоплощаться в создаваемый образ. Он подчеркивал важность воображения в противовес личным, актерским переживаниям и чувствам, на что делал ставку Станиславский. В 1928 году Чехов выпустил книгу «Путь актера», в которой подвел итоги своей актерской судьбы в России. В 1927 году он снялся в главной роли в фильме «Человек из ресторана» (реж. Яков Протазанов) и в других картинах. Усиление диктатуры Сталина заставило его уехать за границу — он жил и работал в Латвии, Литве, Германии, Франции, Англии, пока ветер странствий не забросил Чехова в Америку, где поначалу он открыл свою школу-студию в небольшом городке штата Коннектикут. Среди его учеников был, в частности, и Юл Бриннер[36]. В 1942 году Чехов переехал в Голливуд, где снялся в нескольких фильмах, главным образом в хара́ктерных и этнических ролях, например в просоветской картине «Песнь о России», и продолжал преподавательскую деятельность. Он работал с такими звездами американского кино, как Энтони Квинн, Грегори Пек, Ингрид Бергман, Джек Паланс.

Одна из учениц русского артиста в Америке, Джоанна Мерлин, писала: «Занятия Чехова основаны на целостной философии и на синтетических, а не аналитических методах. За последние годы восточные философские учения стали популярными на Западе, и современные студенты применяют их к актерскому искусству. Благодаря знакомству с йогой и медитацией студенты учатся прислушиваться к своим интуитивным реакциям, и именно в них и заключается суть чеховской техники». За год до смерти Михаил Чехов напишет в письме: «Конечно, кое-что мне чуждо в Америке, но я так благодарен этой стране, что она приютила нас после долгих и мучительных скитаний, что не думаю и не хочу думать о том, что здесь мне чуждо».

В США вклад Чехова в развитие американской сценической культуры был признан бесценным.

Умер Михаил Александрович Чехов 30 сентября 1955 года от болезни сердца. Мэрилин Монро считала его выдающимся и блестящим человеком. Ее уважение к нему и благодарность за уроки и долготерпение были безграничны. Смерть Чехова была одним из самых сильных потрясений в жизни Мэрилин.

* * *

Давайте познакомимся теперь с тем, что написала Мэрилин Монро о своем любимом учителе.

«Самым блестящим человеком из всех, кого я знала, был Михаил Чехов, актер, педагог и писатель. Он был дальним родственником Антона Чехова, великого русского драматурга. Михаил Чехов — человек необыкновенной духовной наполненности. Он самоотверженный, он почти святой, но при этом очень остроумен. В России Михаил был лучшим из всех русских актеров. И в Голливуде те фильмы, в которых он сыграл, считаются выдающимися. Пожалуй, не было такого характерного актера, который бы мог с ним соперничать, кто мог бы сыграть и клоуна, и Гамлета, и любовные сцены даже наполовину так талантливо, как Чехов. Но Михаил ушел из кино. Последняя его картина называлась «Призрак розы»[37], и его игра была признана блестящей.

Теперь Михаил Чехов посвятил себя писательству, садоводству и обучению актерскому мастерству. Я попала в небольшую группу счастливчиков. Общаясь с Чеховым, я узнавала не только тайны актерского мастерства. Он учил меня психологии, истории и воспитывал вкус к искусству. Мы читали множество пьес. Михаил рассказывал об их героях и о разных приемах исполнения этих ролей. Я никогда в жизни не слышала ничего более увлекательного, чем беседы Чехова. Каждый раз, когда он говорил, слова приобретали более глубокий смысл и значение.

Как-то мы с Михаилом работали над сценой из «Вишневого сада». Работа над сценой дома у Михаила была гораздо более увлекательной, чем участие в съемках любого из фильмов, в которых мне приходилось сниматься. Актерское мастерство становилось центральным элементом. Это было искусство, целиком принадлежавшее актеру, а не режиссеру или продюсеру, или людям, на чьи деньги была куплена киностудия. Это было искусство, превращавшее тебя в кого-то другого, стократно укрупнявшее и твою жизнь, и твой ум. Я всегда любила актерскую работу и постоянно хотела учиться. Но когда я работала с Чеховым, искусство актера становилось больше, чем профессией. Оно становилось своего рода религией.

Посреди сцены из «Вишневого сада» Чехов внезапно остановился, на минуту прикрыл рукой глаза и взглянул на меня с мягкой улыбкой.

«Можно я задам вам личный вопрос?» — спросил он.

«Все что угодно».

«Скажите мне правду. Когда мы играли эту сцену, вы думали о сексе?»

«Нет. Ведь в этой сцене нет никакого секса. Я и не думала ни о чем таком».

«И не было ни одной, самой крошечной мысли об объятиях или о поцелуях?» — настаивал Михаил.

«Ни одной, — сказала я. — Я полностью концентрировалась на содержании отрывка».

«Я вам верю, — сказал Михаил. — Вы всегда говорите правду».

«Вам», — уточнила я.

Несколько минут он ходил взад и вперед по комнате, а потом продолжил: «Это очень странно. Когда мы репетировали сцену, я чувствовал исходящие от вас эротические флюиды. Будто вы находитесь в плену страсти. Я решил сделать перерыв, так как счел, что вы слишком сексуально озабочены, чтобы продолжать работу».

Я разрыдалась. Он не обратил внимание на мои слезы, а продолжал размышлять вслух... «Теперь я начинаю понимать ваши проблемы со студией, Мэрилин. И я даже понимаю вашу студию.

Вы молодая женщина, от которой исходят эротические вибрации, независимо от того, что вы делаете или думаете. Весь мир уже реагирует на ваши вибрации, когда они исходят с экрана... Теперь я понимаю, почему они не хотят видеть в вас актрису. Вы больше ценны для них в роли секс-символа. Вы можете заработать для них целое состояние, просто вибрируя перед камерой. Все, что они хотят, это делать деньги, фиксируя на пленку ваши эротические вибрации. Им наплевать на вас как на актрису. Я могу понять их логику и их планы».

И Михаил Чехов улыбнулся мне.

«Вы можете просто стоять перед камерой, почти ничего не играть, только производить сексуальные вибрации и — зарабатывать миллионы», — повторил Михаил свою мысль.

«Но я этого не хочу», — сказала я.

«Почему же — нет?» — мягко спросил он.

«Да потому, что я хочу стать профессиональной актрисой, — ответила я, — а не эротической идиоткой. Я не желаю, чтобы меня продавали публике как целлулоидную обольстительницу, чтобы мужчины смотрели на меня и начинали дрожать. Это было приемлемо первые несколько лет, но теперь все иначе».

С этого разговора началась моя борьба со студией.

Я поняла, что если когда-то я боролась за то, чтобы начать сниматься и стать актрисой, то теперь должна бороться за признание моих актерских способностей, за то, чтобы быть на экране самой собой. Если я не добьюсь этого, я стану просто товаром, который будут продавать голливудские торговцы.

Я позвонила на студию, настаивая на встрече с главным продюсером. Но мне сказали: «Никаких встреч, вы приедете на съемку, когда вас вызовут».

Я сидела дома одна и разговаривала сама с собой. Они были готовы дать мне много денег —

миллион, если я буду послушно исполнять все их желания, и не отвлекаться, и не стремиться к искусству. Я отказалась от миллиона, который предлагал мне Джонни Хайд, а Джонни был намного приятней и добрей, чем руководители студии «XX век — Фокс». Я решила, что мне не нужны их миллионы. Я хотела оставаться самой собой, а не превращаться в сексуальный символ, производящий эротические вибрации ради обогащения студии».

* * *

В конце 1953 года отношения Мэрилин Монро со студией и прежде всего с Даррилом Зануком резко ухудшились. Студия заняла Мэрилин в приключенческом вестерне «Река, с которой не возвращаются». Это была совершенно пустяковая картина, где актрисе предназначалась стандартная роль певички в салуне. Мэрилин согласилась, о чем впоследствии очень жалела. Но подобную же роль — певицы в бурлеске в картине «Розовое трико» — она решительно отвергла. В ответ студия приостановила действие ее контракта. В «Розовом трико» Мэрилин должна была играть со своим любимым актером и другом Фрэнком Синатрой. Одним из поводов для отказа был тот факт, что Синатре студия платила пять тысяч долларов в неделю, а Мэрилин всего 750.

Так что Мэрилин не появилась на работе 15 декабря, а потом на Рождество улетела к Джо ДиМаджио в Сан-Франциско. Студия выжидала до 4 января, а затем известила актрису о прекращении контракта без выплаты содержания. Мэрилин не очень переживала. Во-первых, теперь у нее был Джо ДиМаджио, который воспользовался случаем, чтобы предложить Мэрилин пожениться. Во-вторых, деньги вообще были для нее не так уж важны. Гораздо важнее было требование заранее предоставлять ей сценарий для чтения, чтобы иметь возможность решать, хочет ли она в нем сниматься. «Все очень просто. Эта роль не для меня, — сказала она журналистам. — Само собой, я хотела бы изменить финансовые условия контракта, но это не главное. Меня сейчас больше интересует качественный сценарий, чтобы мне было что играть». Конечно, это было нарушением системы контрактных актеров, даже если они уже завоевали широкую популярность и приносили студии существенный доход. Но Мэрилин решила больше не играть по студийным правилам.

Занук знал, что юридически он не обязан предоставлять актерам сценарий для предварительного чтения и одобрения. Но все же речь шла о самой популярной звезде студии, а «Розовое трико», по предварительным расчетам, должно было стоить более двух миллионов долларов. Так что он распорядился послать сценарий Мэрилин, приписав, что сценарий был заказан и написан специально для нее. Она прочитала текст и немедленно его отвергла.

14 января 1954 года в Сан-Франциско состоялась церемония бракосочетания Мэрилин Монро и Джо ДиМаджио. Свадебным подарком студии было возобновление контракта с актрисой. Медовую неделю молодожены провели во Флориде, и студия полагала, что актриса выйдет на работу 20 января. Когда этого не произошло, действие контракта было вновь приостановлено.

21 января молодожены приземлились в Токио, где Джо должен был присутствовать на выставке по бейсболу, а Мэрилин отправилась на несколько дней выступать перед американскими военными в Корею.

Вот как она описала в своих воспоминаниях эту поездку:

> **«Мои путешествия всегда были одинаковы.** Неважно, куда я еду и с какой целью, это всегда заканчивается тем же: я ничего не увижу. Став кинозвездой, ты живешь словно в беличьем колесе. И когда ты путешествуешь, ты берешь колесо с собой. Ты не видишь местных жителей или памятные места страны. Ты главным образом видишь агента по связям с прессой, однотипных журналистов-интервьюеров и свои примерно одинаковые фотографии.

Я думала, что в Японии все будет иначе, потому что студия умыла руки и отказалась от рекламной программы, отменила все интервью и фотосессии. Отношение студии ко мне сводилось к одной фразе: «Даже не упоминайте ее имени».

Джо был счастлив, узнав об этом, но его счастье продлилось недолго. В ту минуту, когда студия умыла руки, мое имя начало появляться в заголовках всех крупных изданий. И имя Джо тоже.

Видеть свое имя в заголовках на первой странице, словно ты — война или стихийное бедствие, — всегда потрясение. Неважно, как часто ты его видишь, к этому невозможно привыкнуть. Ты всегда думаешь: «Это обо мне. Вся страна читает обо мне. Может быть, даже весь мир».

И ты вспоминаешь прошлое. Помнишь весь пройденный путь — от голодных дней и слез по ночам до газетных заголовков и поклонов на сцене.

Япония стала еще одной страной, которую я так и не увидела.

Когда мы подлетали к Японии, к нам подошел мужчина в военной форме. Это был генерал Кристенберри. Представившись, он спросил: «Не могли бы вы слетать в Корею и выступить перед нашими солдатами?»

«Я бы с удовольствием, — ответил мой муж. — Но я не думаю, что найду свободное время».

«Я спрашиваю не вас, — уточнил генерал, — а вашу жену».

«Она может делать все, что пожелает, — сказал Джо. — Это ее свадебное путешествие». Затем он улыбнулся мне и добавил: «Давай, давай».

Джо остался в Токио, а я улетела в Корею. Сначала меня привезли в госпиталь, где было множество раненых солдат. Я пела разные песни из своего репертуара, включая «Сделай это еще раз».

Слушатели были замечательные. Они свистели, аплодировали и «ловили кайф». Все были довольны моими выступлениями, кроме офицера, ответственного за мои корейские гастроли. Он отозвал меня в сторону и посоветовал поменять материал.

«Какой материал?» — спросила я.

«Песню «Сделай это еще раз», — объяснил он. — Она слишком откровенна для наших солдат. Вам нужно найти песни более высокого вкуса».

«Но «Сделай это еще раз» как раз такая песня. Ее автор Джордж Гершвин», — возразила я.

«Неважно, — настаивал офицер. — Не надо ее исполнять».

Я исполняла эту песню без всяких непристойных намеков. Это была спокойная грустная песня о любви. Но я понимала, что в данной ситуации мне трудно спорить с армией. Я бывала в таких ситуациях и раньше. Люди часто смотрят на меня как в зеркало, а не как на человеческое существо. Они не видят меня, они видят свои собственные непристойные мысли.

«А что, если я изменю одну фразу и вместо «сделай это еще раз» буду петь «поцелуй меня еще раз». Это будет нормально?»

Офицер засомневался, но потом согласился.

«Попробуйте, — сказал он. — Но пойте без всякого непристойного нажима».

«Только поцелуй», — сказала я.

Мы полетели на вертолете на фронт. Я не видела Корею, поля сражений и разрушенные города. Меня перевозили с одной взлетной площадки на другую, а потом на грузовике отвезли в расположение 45-й дивизии, где меня ждали. Эта дивизия была моим первым после госпиталя выступлением перед действующей армией.

Было холодно, начал падать снег. Я была за сценой в джинсах. А на сцене шел концерт, оттуда неслись звуки музыки и рев голосов. Раздавался какой-то шум словно от ударов.

Офицер прибежал в мою уборную. Он был чем-то возбужден.

«Давайте начнем поскорее. Они бросают камни на сцену».

Рев, который я слышала, это было мое имя, которое скандировали солдаты.

Я мгновенно переоделась в шелковое платье с низким вырезом и без рукавов. Я вдруг забеспокоилась о моем «материале», не о той песне Гершвина, а о других, которые я должна была исполнять, типа «Бриллианты — лучшие друзья девушки».

Может быть, это неправильно — петь такие слова солдатам в Корее, получавшим небольшую зарплату. Но я вспомнила, что после песни я исполняю танец. Это был милый танец. И я знала, что солдатам он понравится».

К этому стоит добавить лишь несколько деталей. Подлетая к расположению войск на вертолете, Мэрилин потребовала снизиться до минимально допустимой высоты и открыть люк. Она легла на пол вертолета, высунулась в люк, размахивая руками, приветствуя солдат, посылая им поцелуи. Двое солдат держали ее за ноги, а пилот медленно описывал круги над расположением войск. Трудно описать, что творилось на земле, в какой неописуемый восторг пришли солдаты, которые как безумные кричали «Мэрилин! Мэрилин! Мэрилин!»

Высшие армейские чины закатили в честь актрисы шикарный банкет и организовали телефонный разговор с Джо ДиМаджио. 150 гостей слышали, как Мэрилин ворковала с мужем: «Ты меня любишь, Джо? Скучаешь?» Военные завалили ее подарками. У трапа самолета, летевшего в Токио, она сказала: «Это самое лучшее, что мне довелось пережить в жизни. Я бы хотела повстречаться со всеми солдатами, если бы это было возможно. Приезжайте к нам в Сан-Франциско».

* * *

Вернувшись в Сан-Франциско, Мэрилин вела спокойный образ жизни, ожидая решения студии. Она много читала, но ДиМаджио не часто жаловал ее своим присутствием. Он почти каждый вечер проводил с друзьями, продолжая привычную холостяцкую жизнь. Надо ли говорить, что Мэрилин это не очень нравилось. Так что когда студия прислала ей сценарий «Нет такого бизнеса, как шоу-бизнес» на музыку Ирвина Берлина (а сценарий был еще слабее, чем «Розовое трико»), актриса тут же согласилась в нем сниматься. Видимо, ей было скучно и неуютно в доме мужа.

Роль для Мэрилин была специально дополнительно вписана в уже готовый сценарий. Мэрилин согласилась играть в этом фильме при условии, что ей дадут главную роль в предстоящей экранизации популярного бродвейского боевика «Зуд седьмого года». Студия также обещала ей за этот фильм одноразовую выплату в размере ста тысяч долларов. Кроме того, Наташа Лайтесс, учитель пения Хэл Шаффер и хореограф Джек Кол были наняты студией, чтобы работать исключительно с Мэрилин. Немаловажно и то, что студия согласилась заключить с Монро новый семилетний контракт на гораздо более выгодных для актрисы условиях.

Когда в конце мая 1954 года начались съемки картины «Нет лучше бизнеса, чем шоу-бизнес», Мэрилин довольно быстро поняла, что ей снова подсунули некачественный товар. «Меня вынудили играть в таких картинах, как «Нет лучше бизнеса...» и «Река, с которой не возвращаются», — говорила Мэрилин в газетном интервью. — У меня не было выбора. Разве это справедливо? Я тяжело работаю и я хочу гордиться своей работой. Если я буду продолжать выступать в фильмах, которые студия мне предлагает, зрители быстро от меня устанут».

* * *

Летом 1953 года режиссер Отто Преминджер[38] приступил к постановке вестерна «Река, с которой не возвращаются».

Как всегда, Занук не придавал большого значения сюжету. Актеры, звезды экрана — вот кто, по его убеждению, привлекал публику. Необходимо, чтобы между Митчумом и Монро пробежала искра, которая зажжет зрителя. Увы, в фильме этого не получилось. Вторым элементом для привлечения публики были пороги на реке, по которым мчится лодка с героями. Как всегда, сценарий был отправлен в цензуру нравов. И глава цензорского ведомства Джозеф Брин дал «добро» при соблюдении ряда условий. Интимные части тела, в особенности женская грудь, должны быть полностью и постоянно закрыты. Нельзя было также показывать поцелуй с открытым ртом. И еще одно: нельзя было убивать главного героя. Студия ослушалась цензора только по последнему пункту, ибо это был главный сюжетный узел картины. Натурные съемки было решено провести в Канаде. Это вызвало интерес Джо ДиМаджио, так как он знал, что в тех местах водится отличная форель. Мэрилин также надеялась, что перемена места внесет некоторую ясность в ее отношения с Джо, который все чаще заканчивал их бесконечные перебранки кулаками. Их споры касались главным образом ее карьеры, рекламы ее фильмов и окружавших ее мужчин-поклонников. Джо хотел, чтобы Мэрилин перестала выступать в роли «обнаженного куска мяса», и если бы не его вспыльчивость, то, может быть, он и преуспел бы в этом стремлении.

Джо приехал на съемки, как всегда, с лучшим другом Джордом Солитером и с огромным количеством рыболовного снаряжения. Наташа была возмущена приездом ДиМаджио, ее также раздражал гример Уайти Снайдер, который каждое утро, гримируя Мэрилин, убеждал ее бросить актерскую карьеру, совершенно не подходящую для девушки такой тонкой организации. Наташа видела в этом угрозу всему, что она сделала для «создания образа» Мэрилин Монро. Она считала, что гример действует заодно с ДиМаджио. Естественно, Наташа и Уайти возненавидели друг друга. Наташа даже выдвинула ультиматум: «или я, или он». Монро обещала подумать, но все осталось по-прежнему. Впоследствии Наташа работала с Мэрилин еще на двух картинах.

Отто Преминджер так вспоминал работу с Мэрилин на этом фильме:

«Для меня актер — это актер. Я не вступаю с ним в личные отношения. Некоторые режиссеры, например Джошуа Логан, интересуются актером как личностью. Они разрешают актеру создавать собственный образ, а потом высказывают свои замечания и соображения. Другие же тщательно репетируют роль с исполнителем. Так поступаю и я... Джо ДиМаджио, как мне кажется, оказывал на Мэрилин положительное влияние. Его отношение к Мэрилин было окрашено юмором, тогда как большинство ее друзей относились к ней с излишней серьезностью. Я думаю, что Джо был горд за Мэрилин. Он был теплым и приятным человеком... Студия сначала баловала Мэрилин — так было и во время съемок «Реки», и она скоро утратила чувство перспективы, понимания, на что она способна, а на что — нет...»

В фильме Преминджера, которого по ходу съемок сменил Жан Негулеску, Мэрилин играла очередную девушку сомнительной репутации, певичку в салуне, на Диком Западе. Ее партнером был молодой Роберт Митчум. Мэрилин была по большей части неестественна, «рвала страсть в клочья» где надо и где не надо. Ее речь, как и ее прическа были вульгарны, а сюжет в высшей степени банален. Поскольку режиссер не хотел использовать дублеров на крупных планах, актерам приходилось самим играть некоторые опасные сцены. Поскользнувшись на камне, Мэрилин растянула лодыжку и некоторое время ходила на костылях.

Вскоре в очередной раз режиссер фильма вступил в конфликт с Наташей и потребовал ее удаления со съемок. И снова Мэрилин удалось Наташу отстоять. Занук убедил Преминджера позволить той находиться на площадке при условии полного ее безмолвия.

Преминджер был типом режиссера-диктатора. Он часто был груб и напорист, он ругал актеров прямо на площадке в присутствии всей группы. Но делал он это только с теми, от кого не мог получить отпор. Например, он никогда не позволял себе критиковать Роберта Митчума. Зато Мэрилин быстро почувствовала на себе его жесткую руку.

«Нет лучше бизнеса, чем шоу-бизнес» был очередной проходной музыкальной комедией; единственным светлым пятном была музыка Ирвина Берлина. Песня «Горячая волна» в исполнении Мэрилин получила огромную популярность, как и несколько других на слова и музыку Берлина. Этот фильм был задуман и создан как своего рода экранный памятник творчеству Ирвина Берлина, и в картине были исполнены 14 его песен. Пять из них пела Мэрилин Монро, снявшаяся в роли эстрадной певицы Вики Палмер. Критики писали, что Мэрилин выглядела восхитительно в костюмах, созданных дизайнером Вильямом Травиллом, но ее манера игры казалась слишком гротескной и неестественной...

Участники съемочной группы вспоминали, что Мэрилин создавала немало проблем на площадке. Причиной тому были и отношения с Джо ДиМаджио, и постоянные болезни (бронхит, анемия), и все растущая зависимость от снотворного. Мэрилин нередко с трудом соображала, где она и что нужно делать, временами ударялась в слезы, не в силах выносить давление жизненных обстоятельств. 27 августа Джо явился на студию, чтобы присутствовать при записи песни «Горячая волна». Как только началась сцена и Мэрилин в экзотическом наряде запела «Волна горячего воздуха идет на нас с Ямайки...», он выбежал с площадки, возмущаясь платьем Мэрилин и безвкусным эротизмом ее исполнения. Однако актриса взяла себя в руки и довела сцену до конца.

Постоянные скандалы на съемках были также связаны с конфликтами режиссера и продюсера с хореографом Колем и дизайнером Травиллом, которых Мэрилин лично пригласила для работы на фильме. Всякий раз, когда ее люди покидали площадку в знак протеста, Мэрилин следовала за ними и возвращалась лишь после разрешения конфликта и их возвращения. Обычным для Мэрилин были 40 или 50 дублей каждой сцены — потому что она забывала текст или же ей казалось, что дубль недостаточно удачен.

Критика была разноречива в оценке способностей Мэрилин. Так, «Голливуд репортер» считал, что «ребенок научился играть, умеет теперь произносить тексты и как будто даже понимает, о чем идет речь». «Нью-Йорк таймс», с другой стороны, назвала песни в исполнении Мэрилин «постыдными».

Пресса была единодушна в одном. Мэрилин должна выступать в музыкальных комедийных картинах, драматические роли ей не под силу. Но студия была довольна, фильм принес хорошую прибыль, которую обеспечили две звезды — Монро и Митчум, а также роскошные виды Дикого Запада, снятые в системе «Синемаскоп».

Немедленно после окончания съемок 9 сентября 1954 года Мэрилин улетела в Нью-Йорк, чтобы начать подготовку к работе над фильмом «Зуд седьмого года» с режиссером Билли Уайлдером. Джо в это время также был в Нью-Йорке, жил в той же гостинице «Сейнт Реджис». Общались они главным образом по телефону, тут же начинали ругаться и бросали трубку. Официальное соглашение о разводе было подписано в октябре 1954 года, то есть меньше чем через 10 месяцев после заключения брака.

* * *

Когда в конце 1954 года съемки фильма «Зуд седьмого года» были завершены, агент актрисы и один из продюсеров картины, Чарлз Фельдман, устроили в ресторане «Романофф» в Беверли-Хиллз грандиозный прием в честь Мэрилин Монро. Среди присутствовавших были Кларк Гейбл, Гэри Купер, Сюзан Хейворт, Хэмфри Богарт и Лорен Боколл, Уильям Холден, Лоретта Янг, Джимми Стюарт, Клодет Колберт, Дорис Дэй, режиссер Билли Уайлдер, продюсеры Джек Уорнер, Сэмюэль Голдвин и даже Даррил Занук, поздравивший Мэрилин с «потрясающим» успехом. «Я чувствую себя как Золушка, — сказала Мэрилин, появившаяся с часовым опозданием. — Не могу поверить, что все эти люди пришли сюда ради того, чтобы меня приветствовать». Тем не менее прием показал, что Голливуд принял молодую звезду в свои ряды.

Несмотря на все эти почести, отношения актрисы со студией вошли в очередной конфликт. Занук все чаще упрекал Мэрилин в постоянных опозданиях или отсутствии на съемках по болезни. Он возмущался, что Мэрилин часто забывает свои реплики и требует многочисленных дублей. Он также не мог понять, почему она хочет каких-то серьезных драматических ролей, если публика с восторгом принимает ее в легковесных комедиях. Их проверенная формула действовала безотказно и не нуждалась в улучшениях, а только в повторении.

Мэрилин же возмущалась тем, что Занук не хочет признавать ни ее актерский талант, ни ее успехи у зрителей, которые приносили студии миллионные прибыли. К концу 1954 года Мэрилин Монро надеялась радикально изменить свою жизнь в нескольких направлениях: развестись с Джо ДиМаджио, отношения с которым зашли в тупик, освободиться от контроля Наташи Лайтесс, зависимость от которой стала тяготить актрису, и порвать контракт со студией «XX век — Фокс», которая методично и последовательно мешала ее личному и профессиональному росту.

Пока юристы Мэрилин Монро искали слабые места в ее контракте со студией, она заключила соглашение с известным фотографом Милтоном Грином о создании собственной компании «Мэрилин Монро продакшн», чтобы иметь возможность выбирать сценарии будущих картин и добиваться их финансирования. Монро надеялась самостоятельно выбирать режиссера и актеров и иметь возможность контролировать съемочный период.

Накануне Рождества Мэрилин напялила черный парик и темные очки, купила билет на имя Зельды Зонк и улетела в Нью-Йорк, где прожила более года. И когда она вернулась в Голливуд, то сделала это на своих собственных условиях.

* * *

Режиссер Билли Уайлдер начал съемки картины «Зуд седьмого года» в доме 164 на 61-й Восточной улице. В первой сцене у Мэрилин было всего шесть слов: «Привет! У меня еще мокрые волосы». В отличие от других режиссеров Уайлдер совершенно не реагировал на присутствие Наташи Лайтесс или Полы Страсберг, которая вскоре заменила Наташу в роли педагога. Уайлдер считал их своими помощниками, страдающими вместе с ним, когда приходится делать сорок и более дублей одной сцены. Режиссер полагал, что актриса работает довольно уверенно, контролирует съемки, и не имел понятия, что в это время разваливается брак Мэрилин и Джо.

Мэрилин же переживала творческий подъем — впервые студия предложила ей настоящую роль, в которой не было привычной глупости, безвкусицы и претенциозности. «Девушка с верхнего этажа» — так обозначалась эта роль в титрах — впервые давала Мэрилин возможность продемонстрировать свой актерский потенциал.

...Когда жена и сын уехали на дачу, муж, Ричард Шерман, дал обет не пить, не курить и не волочиться за женщинами... Но судьба-злодейка в первый же вечер послала ему новую жиличку с верхнего этажа. И вот уже Шерман напивается и мечтает овладеть 22-летней соседкой. Он где-то прочитал, что 91,8 процента женатых мужчин среднего возраста на седьмом году брака испытывают своего рода зуд, жажду познать что-то новое, страсть к приключениям.

Ричард поначалу держит себя в руках и избегает соблазнительницы, но начинает воображать, что его жена закрутила роман с красавцем писателем. Чтобы отомстить, Ричард приглашает девушку на обед и в кино; они целуются, и он приводит ее к себе в квартиру. Все кончается тем, что девушка спит в его кровати, тогда как Шерман ворочается на неудобном диване. Он нервничает, представляет, как жена возвращается и стреляет в неверного мужа. Утром девушка говорит, что доброта и умеренность Ричарда важнее тщеславия красивых мужчин. Шерман горд таким знаком внимания. Он бьет по морде предполагаемого соперника-писателя и решает поехать на две недели к жене и ребенку, позволив девушке временно пожить в своей квартире...

Это была комедия положений, основанная на пьесе того же названия. Критики почти единодушно признали комедийный талант Монро. Отлично получились сцены фантазий Ричарда, когда наряженная в тигровое платье девушка восторженно внимает игре Ричарда на рояле. «Ах, я вся дрожу, у меня мурашки бегут по телу!» — восклицает девушка, слушая Второй фортепьянный концерт Рахманинова.

Другая сцена из фильма стала классикой кино и «фирменным знаком» Мэрилин Монро. Когда девушка и Ричард выходят из кинотеатра в душную нью-йоркскую ночь, Мэрилин останавливается на решетке сабвея. Волна прохладного воздуха от проходящего внизу поезда взвивает ее юбку так, что видны трусики. Уайлдер снимал эту сцену в час ночи, а наутро в нью-йоркской газете появилась следующая заметка: «Примерно тысяча поклонников Мэрилин Монро с восторгом наблюдали за актрисой, стоявшей на решетке сабвея на Лексингтон-авеню. Ее юбка взвивалась вверх не менее пятнадцати раз».

«Какое удовольствие!» — воскликнула девушка, когда это случилось первый раз. «А вот и еще один поезд! — продолжала Мэрилин. — Теперь даже холоднее, должно быть экспресс! Ты, наверное, хотел бы сейчас быть в юбке? Мне так жаль, что ты в брюках». Но часть этого монолога была вырезана по соображениям нравственности. Впоследствии вырезанные кадры были восстановлены так, как они сохранились в европейском варианте.

Примечательно, что в театральном варианте Ричард вступает в интимные отношения с девушкой. Иначе было в кино: действовавший в те годы «производственный кодекс» не позволял киностудиям показывать на экране аморальные сцены — внебрачные связи, измены или распад семьи.

Интересно, что сцену над решеткой пришлось доснимать в Голливуде, так как в Нью-Йорке актеров отвлекали вопли нескольких тысяч поклонников, а шум и свист толпы заглушали реплики актеров.

«Одним из зрителей, — писала та же газета, — был Джо ДиМаджио, муж мисс Монро. Внешне он никак не реагировал ни на выступление жены, ни на восторженный свист и вопли зрителей, каждый раз, когда портативный вентилятор, помещенный под решеткой, посылал белую юбку мисс Монро под небеса. Под юбкой у Мэрилин были белые трусики, на ней были также белые туфли и в руках — белая сумочка. Чулок на ней не было. Мисс Монро ушла со съемок около четырех часов утра после примерно двух часов, проведенных на съемочной площадке». Свидетели утверждают, что ДиМаджио стоял в стороне, лицо его было печально, а руки глубоко засунуты в карманы брюк. Когда он услышал крики толпы: «Выше, выше!», он весь сжался и быстро ушел. Ночью в гостинице разразился очередной громкий скандал, а наутро ДиМаджио покинул Нью-Йорк. После десяти месяцев их брак окончательно развалился.

Мэрилин никогда не жаловалась, но некоторые ее друзья утверждали, что Джо нередко поколачивал жену, что сильно травмировало и пугало ее, помнившую порку в семье Боландеров. На несколько лет их контакты прекратились, но после развода с Миллером в 1961 году Мэрилин написала, но не отправила Джо ДиМаджио коротенькую записку: «Очень жаль, что я не смогла сделать тебя счастливым. Если бы мне это удалось, я бы, наверное, преуспела и в чем-то более серьезном и трудном, как, например, дать кому-то счастье. Твое счастье — это и мое счастье». Не случайно, не кто иной, как Джо ДиМаджио, надеялся помочь Мэрилин в последнее лето ее жизни. Возможно, тогда ее жизнь не прервалась бы так рано и так трагично. Но Монро обратилась за помощью не к Джо, ее «спасителем» стал психиатр доктор Ральф Гринсон.

В конце сентября 1954 года съемочная группа вернулась в Калифорнию, где начинались павильонные съемки. Мэрилин приняла твердое решение официально расторгнуть брак и обратилась к адвокату Джерри Гейслеру, который работал почти исключительно с голливудскими звездами и брал за свой труд астрономические гонорары.

Как только репортеры узнали о предстоящем разводе, они начали осаду дома Мэрилин. Для охраны актрисы от атак желтой прессы была вызвана менеджер Мэрилин Инез Мелсон. Она руководила порядком в доме, заботилась о здоровье Мэрилин и общалась с прессой. Сотни журналистов собрались около дома в октябре, когда Джо ДиМаджио заехал, чтобы забрать свои вещи. Напоследок он выжал апельсиновый сок и попросил Мэрилин его выпить. Он был печален, растерян и, казалось, зол на самого себя. На прощание он послал Мэрилин воздушный поцелуй. После отъезда Джо из дома вышла заплаканная Монро вместе с Гейслером. Адвокат объяснил, что развод вызван «невозможностью совместить конфликтные требования их профессиональных обязательств». «Мне нечего добавить к тому, что рассказал вам мистер Гейслер», — сказала актриса. Документы на развод были поданы в суд в Санта-Монике. В заявлении говорилось, что «ДиМаджио был виновен в душевных страданиях Монро».

Мэрилин глубоко переживала расставание с Джо. Ее мечта стать домохозяйкой и образцовой женой не осуществилась. Некоторое время Уайльдер снимал сцены без Мэрилин, а когда она вновь появилась на площадке, то явно была не в своей тарелке. Один раз она даже пожаловалась режиссеру, что не могла найти дорогу в павильон. «Но ведь она приходит на эту студию годами», — удивлялся Уайлдер.

Рекламные достоинства кадров над решеткой метро не прошли мимо внимания руководства студии. Когда в день рождения Монро, 1 июня 1955 года, состоялась премьера фильма в кинотеатре на Таймс-сквер, картонная пятнадцатиметровая фигура Мэрилин со взвившейся юбкой высилась над кинотеатром.

1954 год был особенно важным для Мэрилин во многих отношениях. Во-первых, она снялась в картине «Зуд седьмого года» у Билли Уайльдера. Во-вторых, закончился ее болезненный брак с Джо ДиМаджио. В-третьих, она, наконец, освободилась от Наташи Лайтесс (хотя попала в новую зависимость от Полы Страсберг). Наконец, она получила лучшие условия сотрудничества со студией «XX век — Фокс» и, что особенно важно, создала собственную компанию для контроля над фильмами, в которых предполагала сниматься.

ГЛАВА 3
РОЖДЕНИЕ МИФА: 1955—1961

«Я принадлежала Зрителям и всему миру не потому, что я была талантлива или даже красива, а потому, что я никогда не принадлежала никому и ничему. Публика была моей единственной семьей, единственным моим Принцем и единственным домом, о котором я когда-либо мечтала».

Мэрилин Монро

Казалось, 1955 год начался для Мэрилин удачно. Вот уже несколько месяцев она жила и работала в Нью-Йорке, вне досягаемости студийного начальства. Съемки фильма «Зуд седьмого года» закончились к Новому году, лишь в начале января актрисе пришлось ненадолго слетать в Лос-Анджелес для пересъемок одной сцены. Но война нервов со студией не прекращалась. Занук требовал, чтобы Монро, в соответствии с контрактом, согласилась сниматься в очередной комедии «Как стать очень-очень популярной». Но Мэрилин, стоявшая теперь во главе собственной компании, заявила, что «устала от однообразных пошлых картин, основанных на демонстрации примитивного секса». Она отвергала угрозы студии и настаивала на том, что ее контракт недействителен.

Жизнь Нью-Йорка оказалась необыкновенно привлекательной для актрисы: встречи с новыми интересными людьми, общение с интеллектуальной элитой Америки, посещение бродвейских театров и, главное, знакомство с театральным педагогом, последователем «метода» Станиславского Ли Страсбергом...

Страсберг считал, что актер не должен механически зазубривать текст роли, ему нужно черпать вдохновение из собственного жизненного опыта, испытывать естественные эмоции и на их основе создавать реалистический характер. Мэрилин проводила немало времени в студии Страсберга. Ей было разрешено приходить и уходить в любое время, только наблюдать, не участвуя в репетициях и занятиях. Ли Страсберг и его жена Пола отнеслись к Мэрилин с огромным интересом. Они видели в ней нестандартный материал для применения своего метода.

Ли Страсберг родился в 1901 году в городке Буданов, тогдашней Австро-Венгерской империи. Его актерская судьба началась в Театре-лаборатории в Нью-Йорке, а дебютировал он в 1924 году на сцене знаменитого лондонского театра «Гаррик».

«Работа актера — для меня отдых, — писал впоследствии Страсберг. — Я люблю ее больше, чем режиссуру или преподавание, поскольку я не должен спорить сам с собой. Я понимаю, чего хочет от меня режиссер, лучше, чем он сам». Страсберг всегда мечтал сыграть Альберта Эйнштейна. Высшим достижением Страсберга-актера стала роль Хаймана Роса в «Крестном отце», за которую он был номинирован на «Оскара». Сыграл он и в нескольких других картинах — «Последний жилец», «Скоки», «Кассандра кроссинг».

В 1931 году Страсберг вместе с несколькими единомышленниками — Элиа Казаном, Джоном Гарфилдом и Стеллой Адлер — создал «Group theater», где начал преподавать актерское мастерство, используя элементы метода Станиславского. В последующие двадцать лет Страсберг также поставил десятки спектаклей как режиссер. В 1949 году Страсберг основал в Нью-Йорке «Актерскую студию», где прошли подготовку такие знаменитые кинозвезды, как Аль Пачино, Джеймс Дин, Эли Уоллах, Эва Мария Сейнт, Дастин Хоффман, Роберт Де Ниро, Джек Николсон, Джилл Клайбурн, Джейн Фонда, Джеральдин Пейдж, Стив МакКуин. В 1966 году открылась «Актерская студия» на Западном побережье, впоследствии превратившаяся в Театральный институт Ли Страсберга. Его считают патриархом метода Станиславского в Америке. Умер Страсберг от инфаркта восьмидесяти лет от роду.

Мэрилин познакомилась со Страсбергом, когда ей было 29 лет, и стала его любимой ученицей. Ли и его жена Пола помогали ей, поддерживали до самого конца ее жизни. Мэрилин была членом семьи Страсбергов, подругой их дочери Сюзан.

Продолжая дело Чехова, Страсберг и Пола старались внушить Мэрилин веру в собственные силы, веру в способность играть серьезный репертуар. Со своей стороны, Ли не оставался равнодушным к красоте и сексапильности Мэрилин. Будучи человеком практичным, он считал, что Мэрилин и ее слава помогут его школе получить еще более широкую известность.

После уроков Мэрилин, как правило, обедала с семейством Страсбергов. Ли обычно шутил, рассказывал еврейские анекдоты. Мэрилин особенно полюбился следующий.

Профессор готовит курс «Великие религии мира» с упором на иудаизм. Он не понимает только одного: что такое Талмуд? С этим вопросом профессор обращается к своему другу, владельцу еврейской закусочной, где он обедает почти каждый день.

— Я тебе сейчас все объясню, — говорит приятель, — только сначала ответь на три вопроса, и тогда тебе самому станет все ясно.

— Ну, давай, — соглашается профессор.

— Первый. Два трубочиста спускаются по трубе. Один вылезает грязный, а другой — чистый. Кто чистил трубу?

— Это что, шутка? — недоумевает профессор. — Речь идет об университетском курсе лекций, а не о шутовском шоу.

Приятель заверил его, что все очень серьезно.

— Ну, что ж, абсолютно ясно: тот, кто грязный, тот и чистил трубу.

— А вот и нет, друг мой, — засмеялся владелец закусочной. — Ну, подумай. Ведь грязный трубочист смотрит на чистого и думает, что он тоже чистый, и наоборот. Значит, на самом деле чистый вымыл трубу.

— А-а-а, — заинтересовался профессор, — любопытный подход.

— Теперь второй вопрос. Два трубочиста спускаются по трубе. Один вылезает грязным, а другой — чистым. Кто же чистил трубу?

— Нет, ты просто смеешься надо мной, — возмущается профессор.

— Да нет же, дорогой! Неужели я буду смеяться над тобой? Ответь, пожалуйста.

— Ну, хорошо, с помощью логического построения ты меня убедил, что трубу мыл чистый.

— Да нет же, профессор! Ведь когда они вылезли, то не только посмотрели друг на друга, но и на себя... И чистый трубочист увидел, что он чистый, и наоборот. Значит... грязный трубочист мыл трубу.

— Я вижу, что дело зашло глубоко в философские дебри. Ну, давай последний вопрос.

— Вот он: два трубочиста спускаются по трубе. Один вылезает грязный, а другой — чистый. Кто же чистил трубу?

Тут уж профессор совсем разволновался.

— Ты же доказал, что трубу мыл грязный!

Ресторатор печально качает головой:

— Профессор, ну что же вы, в самом деле? Два человека спускаются по трубе. Один вылезает грязный, а другой — чистый. Ну разве такое возможно?

Профессор в бешенстве.

— Я совершенно запутался. Ничего не понимаю.

— Да я к тому и веду. Теперь дошло? Это и есть Талмуд.

— Это и есть моя жизнь, — печально сказала Мэрилин. — Не могу понять, кто же должен чистить трубу — они или я?

В семье Страсбергов Мэрилин нашла не просто друзей, но людей, которые понимали и принимали ее без всяких оговорок.

В благодарность за доброту и поддержку Ли Страсберга актриса завещала ему большую часть своего наследства, главным образом лицензию на использование ее изображения в рекламе товаров или в печати. В завещании она выразила надежду, что «ее изображения будут распространяться между друзьями, коллегами и теми, кому я была преданна». Это наследство и сегодня приносит миллионы долларов. Интересно, что Страсберг лишил наследства своих детей, так что завещание Мэрилин после его смерти перешло к его третьей жене, Анне Мизрахи, которая даже не была знакома с Мэрилин.

* * *

Позднее в книге «Мэрилин и я» Сюзан Страсберг подробно рассказала об особом отношении отца к Мэрилин. Он занимался с ней одной, что случалось исключительно редко. Сюзан, чья дружба с Мэрилин была окрашена элементами любви, ревности и зависти, дала в книге неоднозначный портрет актрисы. «Она была красива, очаровательна, сексуальна, привлекательна, восхитительна, забавна, но все это не значит, что она была актрисой. ...Пресса обезумела, узнав, что Мэрилин покидает Голливуд, газетчики издевались над ней, называя ее «Сарой Бернар в бикини». Но ведь не зря такие знаменитости, как Карл Сэндберг или Трумэн Капоте[1], стремились познакомиться с ней, ценили ее дружбу. Ее магнетизм привлекал самых разных людей, от политиков до поэтов и физиков».

Интересная деталь: Мэрилин любила нецензурные выражения и сыпала ими, как моряк. Хотя в семье Страсбергов никто никогда не выражался, Ли не мешал Мэрилин быть самой собой, и Сюзан даже какое-то время подозревала, что между Ли и Мэрилин возникли серьезные отношения. Однако Пола считала, что Мэрилин не во вкусе Ли — он предпочитал брюнеток — и что любит он исключительно талант Мэрилин. «Она феноменально чувствительна. И очень чутко реагирует на внешние импульсы, — говорил Ли о своей любимице. — После Марлона Брандо у Мэрилин самый яркий необработанный талант, какой мне когда-либо встречался. Просто в ее случае этот талант требует шлифовки, развития. И что важно — она этого хочет. И если бы она умела организовать себя, дисциплинировать, проявить волю, она бы многого добилась».

Актриса признавалась Сюзан: «Я всегда хотела, чтобы люди воспринимали меня как личность, а не как актрису. И твой отец поступает именно так: он видит во мне человеческое существо. Люди ухмыляются, когда я говорю, что мечтаю сыграть Грушеньку, как будто я полная идиотка. Это они идиоты. Если бы они прочитали «Братьев Карамазовых», они бы поняли, какая это тонкая натура, Грушенька. Я бы действительно могла сыграть этот характер».

В конце концов противостояние со студией «XX век — Фокс» завершилось полной победой актрисы: студия согласилась заключить новый, гораздо более выгодный контракт. Кроме ста тысяч долларов за каждый фильм, Мэрилин получила теперь контроль над выбором сюжета, режиссера и оператора, а также право работать и для других студий. Это стало возможно еще и потому, что Даррил Занук ушел с должности исполнительного продюсера студии и на его место назначили Бадди Адлера. В результате гораздо большую роль в производственных вопросах стал играть союзник Мэрилин Спирос Скурас.

В конце 1955 года Мэрилин вернулась в Голливуд. Пола поехала с ней и стала ее постоянным репетитором, заменив в этой роли Наташу Лайтесс.

1956 год прошел под знаком работы над двумя картинами. В Америке была сделана «Автобусная остановка» режиссера Джошуа Логана[2], а в Англии для студии «Братьев Уорнер» Мэрилин снялась в фильме «Принц и хористка» в режиссуре и с участием Лоуренса Оливье[3].

Компания «Мэрилин Монро продакшн», как уже говорилось, была создана на паях с фотографом и другом актрисы Милтоном Грином. Но отношения с Грином вскоре ухудшились. Он стремился получить полный контроль над творческой деятельностью актрисы. И тут он немедленно столкнулся с супругами Страсберг, у которых были свои идеи насчет будущего Монро. Пола, а через нее и Ли Страсберг надеялись единолично направлять карьеру актрисы и не терпели конкуренции. Так что Мэрилин оказалась между двух огней и, по словам ее друзей, сильно страдала от этой совершенно ненужной ей борьбы.

Мало того, в июне 1956 года Монро стала женой Артура Миллера, что послужило темой знаменитого злого газетного заголовка: «Пустоголовая выходит замуж за Очкарика». У известного драматурга имелись свои взгляды на актерскую карьеру жены, и он стал еще одной, третьей силой, буквально разрывавшей ее на части.

Между тем студия предложила Мэрилин сняться в картине «Автобусная остановка», переложении для экрана популярной бродвейской пьесы того же названия. Сценарист Джордж Аксельрод с самого начала планировал, что главную роль сыграет Мэрилин Монро. Эта комедия положений — история провинциальной певички Шери из дешевого ночного клуба в Аризоне. Девушка, конечно же, мечтает о карьере в Голливуде, а пока суд да дело, она встречает молодого ковбоя, Бо Декера. Он прикатил в Аризону из Монтаны для участия в родео. Как и полагается, парень немедленно влюбляется в Шери и предлагает ей руку и сердце. После целого ряда перипетий, которые и составляют содержание картины, молодые уезжают на автобусе на ферму в Монтану.

Эта примитивная комедия мало отличалась от тех предыдущих картин, против которых так восставала Мэрилин Монро. Но актриса почувствовала в образе Шери что-то из своей жизни: романтическую мечту о счастье, славе и любви. Впервые в жизни героини кто-то преподносит ей цветы, объясняется в любви и хочет на ней жениться...

Сначала Монро хотела пригласить режиссером Джона Хьюстона, но тот был занят, и тогда возникла кандидатура Джошуа Логана. Логан сперва и слышать не хотел о работе с Монро. «Да ведь она не умеет играть», — говорил он. Но после встречи со Страсбергом, который назвал Монро одной из самых способных и многообещающих молодых актрис, Логан согласился взяться за постановку «Автобусной остановки». И хотя ему пришлось столкнуться с вечными проблемами Мэрилин: опоздания, постоянные пересъемки, болезни — он в конце концов согласился с мнением Страсберга. Джошуа Логан в тридцатых годах стажировался в Москве у Станиславского. Он умел и любил работать с актерами. И к Мэрилин он относился с обожанием. Так что встреча с Логаном стала для нее большой удачей. Но частенько, когда своенравная актриса требовала все новых и новых дублей, даже долготерпению Логана приходил конец.

Актриса Эйлин Хекарт, которая снималась вместе с Мэрилин, вспоминала: «Нервозность, неуверенность в своих силах и в достижении желаемого результата — вот что заставляло ее вечно опаздывать, забывать текст роли. Я думаю, что она хорошо знала себя, знала, что она могла сыграть с блеском, но не знала, как этого добиваться. По-моему, Монро была кинозвездой, но не была профессиональной актрисой. Она никогда по-настоящему не училась ремеслу. Однако потрясающим магнетизмом своей экранной личности Мэрилин покоряла и съемочную группу, и зрителей».

На партнера Мэрилин, молодого театрального актера Дона Мюррея, Логан возложил важную задачу — удерживать Мэрилин в кадре. Он также должен был натягивать на нее простыню во время постельных сцен: Мэрилин, по обыкновению, лежала в постели совершенно голая и то и дело сбрасывала с себя простыню.

Дон Мюррей считал, что серьезной проблемой Мэрилин было отсутствие концентрации. «Она, бывало, скажет несколько слов, а потом остановится... И надо начинать все сначала. Так что получить законченный эпизод было черезвычайно трудно», — вспоминал актер. По его словам, Мэрилин часто убегала со съемочной площадки в свой вагончик, плохо взаимодействовала с другими актерами, например, не смотрела в глаза партнеру даже на крупных планах, когда это было необходимо по роли. Актер также вспоминал, что Мэрилин страшно нервничала, и поэтому ее тело часто покрывалось красной сыпью, так что гримерам приходилось постоянно замазывать эту сыпь белилами.

Натурные съемки в Аризоне и Айдахо закончились в марте 1956 года. В этот момент Мэрилин заболела бронхитом и оказалась в больнице. Когда возобновились павильонные съемки в Голливуде, актриса то и дело брала больничный. Ее зависимость от снотворных и обезболивающих средств значительно увеличилась.

На этой картине Мэрилин впервые работала с Полой Страсберг. К зависти всей съемочной группы, Пола получала целых полторы тысячи долларов в неделю — больше, чем многие опытные кинематографисты. Джошуа Логан поначалу возражал против ее присутствия, но потом решил сделать Полу своим союзником.

Как вспоминали участники съемок, одной из важнейших функций Полы было постоянное восхваление красоты и таланта Монро. Когда в мае 1956 года работа близилась к концу, Страсберг попросила Эйлин Хекарт подойти к Мэрилин и похвалить ее актерский талант. «Я ответила, что готова сказать, что мне было интересно с ней сниматься, но хвалить ее талант я просто была не в силах: работать с ней на площадке было невероятно трудно».

Режиссеру, оператору и монтажеру приходилось создавать ее образ по кусочкам из каждого дубля. И в результате экранный образ, который, казалось, распадался на части при съемках, в конечном счете на экране превращался в необыкновенно красивый и привлекательный...

Это отметили и критики, которые были на сей раз почти единодушны в похвалах актрисе. «Усаживайтесь в кресла, господа, и готовьтесь к сюрпризу, — писала газета «Нью-Йорк таймс». — В «Автобусной остановке» Мэрилин Монро наконец-то доказала, что она актриса.

Она, как и весь фильм, превосходна!» Не менее восторженно реагировала газета «Лос-Анджелес экзаминер»: «Ура «Автобусной остановке»!.. Это победа Мэрилин, она демонстрирует много тела, красоты и таланта. Эта девочка — потрясающая комедийная актриса... Занятия в актерской студии не прошли даром для нашей девочки».

Фильм принес и довольно значительную прибыль — только за первый год вдвое перекрыл расходы на постановку.

В период работы над «Автобусной остановкой» проявились некоторые стороны натуры Мэрилин: унаследованные ею от матери приступы агрессивности, ярости, разрушительные инстинкты. Артур Миллер, которому позднее пришлось немало натерпеться от гнева знаменитой супруги, вспоминал: «Она рвала на части, разбивала и уничтожала все, что попадалось ей на глаза... Но позднее ничего не помнила и премило беседовала с тем самым человеком, на которого только недавно изливала свой гнев. Так было, например, с Билли Уайлдером[4], который никак не мог взять в толк, что собственно происходит». Чтобы справиться с этим недугом, Мэрилин начала сеансы психотерапии с известным нью-йоркским специалистом доктором Марианной Крис. Миллер этого не одобрял, считая, что психоанализ может принести только новые беды, еще более увеличить зависимость актрисы от окружения. «Единственным результатом психоанализа, — писал позднее драматург, — было то, что Мэрилин осознала, как глубоко она несчастна. Но она была несчастной всю свою жизнь, однако как-то справлялась с этим. Сеансы психоанализа подорвали ее способность сопротивляться жизненным трудностям».

Из «Автобусной остановки» была вырезана важная сцена, в которой героиня Мэрилин рыдала. Актриса не могла простить этого режиссеру Джошуа Логану. Когда он приехал навестить ее в Лондон, Мэрилин даже не пустила его на порог своей уборной. «Ну почему, Мэрилин?» — чуть не плакал Джошуа, который очень любил ее. «Вы вырезали мою сцену, обещали оставить и вырезали». — «Но ведь не я делал окончательный монтаж. Я сражался за этот эпизод, но меня не послушали...» Актриса, однако, была неумолима.

Как-то в конце съемочного дня «Автобусной остановки» Мэрилин упала на пол и закричала: «Я не могу больше так жить! Я ненавижу все это! Почему я должна этим заниматься? Я хочу, чтобы какой-нибудь мужчина увез меня куда-то от всего этого ужаса».

* * *

Артур Миллер видел спасение в любви, считал, что их успешный брак станет лучшим лекарством от всех ее проблем. Пола Страсберг, наоборот, была сторонницей психотерапии, которая вкупе с занятиями в студии Ли Страсберга должна была помочь актрисе преодолеть многие унаследованные ею комплексы, высвободить внутреннее «я».

Помимо психологических проблем Мэрилин сильно донимали и трудности с ее новой компанией. Несмотря на чрезвычайно выгодный договор со студией «XX век — Фокс», ее финансовое положение нисколько не улучшилось. Милтон Грин оказался плохим администратором, он совершал необдуманные покупки, например, приобрел за счет компании дорогую антикварную мебель для своего дома.

Первым фильмом компании «Мэрилин Монро продакшн» (ММП) стала совместная со студией «Уорнер Бразерс» постановка «Принц и хористка». Идея принадлежала Лоуренсу Оливье, который решил сам взяться за режиссуру. Это сразу же вызвало напряжение в стане Монро. Главным противником был Ли Страсберг, считавший, что традиционный актерский метод Оливье придет в столкновение с системой Станиславского—Страсберга. В этом он оказался прав. Но дело уже зашло далеко, пресса взахлеб расписывала будущую совместную работу Мэрилин и Лоуренса, так что Мэрилин не могла обидеть отказом самого «великого Оливье».

Сюжет картины, в основе которой лежала пьеса Теренса Раттигана, был в высшей степени надуманным.

Действие происходило в 1911 году во время коронации Георга V и королевы Мэри. Регент придуманного драматургом небольшого, но влиятельного балканского государства Карпатия, великий князь Чарлз, прибывает в Лондон вместе с женой и сыном, будущим королем Карпатии Николасом VIII. Шестнадцатилетний Николас занимает прогерманскую позицию, и это крайне беспокоит Британию. Вот почему регента в Лондоне особенно опекают. В первый же вечер его ведут на мюзикл «Кокосовая девушка», где регент сразу же выделяет одну из хористок, американку Эльзи. Он приглашает ее на поздний обед в посольство Карпатии и, конечно, рассчитывает на приятное продолжение обеда... Однако девушка, поев и выпив, заваливается спать. Утром Эльзи подслушала телефонный разговор и поняла, что будущий король Карпатии Николас готовит прогерманский переворот в Англии и намерен отстранить короля Георга от власти. Ей удается убедить Николаса отказаться от переворота. Регент, в свою очередь, безумно влюбляется в Эльзи и предлагает ей немедленно ехать с ним в Карпатию. Но она убеждает регента подождать 18 месяцев, пока он передаст власть Николасу, а мюзикл «Кокосовая девушка» закончит гастроли в Лондоне. Счастливый конец венчает песенка «Я нашла мечту» в исполнении Мэрилин Монро.

Этот сценарий, как и полагалось, был представлен на утверждение Администрации производственного кодекса, которую возглавлял тогда некто Брин. К удивлению Раттигана, сценарий вызвал серьезные возражения цензуры нравов. Во-первых, согласно Кодексу, сюжетом комедии не может быть соблазнение, а во-вторых, низкие формы сексуальных отношений не могут быть представлены на экране как нечто нормальное, повседневное или романтичное. Чтобы удовлетворить цензуру, Раттиган внес в сценарий несколько поправок. Прежде всего, Георг приезжает в Лондон не с женой, а с тещей. Таким образом, отпадала проблема супружеской неверности. Кроме того, Эльзи сообщает, что провела ночь, слоняясь вокруг посольства Карпатии, а не в постели регента. Поправки удовлетворили строгих блюстителей нравственности, и съемки начались.

Когда Оливье и его команда прилетели в Нью-Йорк на пресс-конференцию, ни он, ни Мэрилин не могли даже себе представить, что им предстоит пережить в ходе совместной работы. Идея пригласить Мэрилин возникла у Оливье после того, как его жена, знаменитая Вивьен Ли, пережила серьезный нервный срыв, так что об ее участии в фильме не могло быть и речи.

Оливье поначалу был серьезно увлечен Мэрилин, восхищался ее красотой, шармом, юмором. Но уже вскоре увлечение сменилось раздражением и серьезными конфликтами, так что по окончании съемок Оливье даже утверждал, что «Мэрилин, вероятно, шизофреничка: трудно представить себе, чтобы в одном человеке совмещались две столь разные личности».

Оливье также испытывал изначальную неприязнь к супругам Страсберг. Он не признавал «метода» Ли Страсберга и откровенно издевался над педагогическими приемами Полы. Возможно, это началось после того, как он подслушал, как Пола, готовя Мэрилин к любовной сцене с Оливье, внушала ей: «Думай в это время о Синатре или о том, как ты пьешь кока-колу». Такой метод был более понятен Монро, чем режиссерские приемы британца. Тот, например, учил актрису: «Здесь ты должна быть очень секси». Но Мэрилин не только не понимала, а просто пугалась его указаний. Ведь она и так совершенно естественно была в высшей степени эротична и просто не понимала, как можно «сыграть» сексуальность.

Как всегда, после многих мучений актриса удостоилась похвал за исполнение роли певички, и она, а не Оливье получила «Хрустальную звезду», эквивалент французского «Оскара».

* * *

К этому периоду — начало 1956 года — относится и болезненный разрыв с Наташей Лайтесс. Мэрилин на прощание даже не повидалась с подругой и наставницей, а объявила о ее увольнении через адвокатов. Наташа потеряла работу и вынуждена была вернуться в Европу.

Ее место немедленно заняла Пола Страсберг. Отношение Мэрилин с Полой оказались не менее сложными и противоречивыми, чем с Наташей. И та, и другая играли для Мэрилин роль матери. Пола, а через нее и Ли Страсберг установили почти полный контроль не только над актерской карьерой, но и личной жизнью актрисы. В еще большей степени, чем Наташа, Пола стала «Свенгали» Мэрилин Монро. Она ни на минуту не покидала ее на съемочной площадке, не сводила с нее глаз, словно гипнотизируя свою подопечную. Мэрилин начинала съемку и заканчивала ее только после сигнала Полы. Если та отрицательно качала головой, актриса требовала сцену переснять. Однажды Пола просто прервала съемку, закричав: «Нет, нет, так нельзя снимать», после чего Логан удалил ее с площадки. Пола и Мэрилин часами репетировали дома и обычно являлись на площадку на два-три часа позже, а то и не появлялись вообще.

Мэрилин решительно использовала свои новые права. Она, например, сама выбирала костюмы для Шери в «Автобусной остановке». Вместе с режиссером пошла в костюмерный цех и выбрала самые что ни на есть вульгарные наряды, да еще проделала в платьях и чулках несколько дырок, чтобы подчеркнуть бедность певички. Точно так же она настаивала на особом гриме для Шери — почти безжизненно белом, чтобы подчеркнуть тот факт, что Шери практически не выходила из ночного клуба на воздух.

По ходу съемок то и дело возникали конфликты с Джошуа Логаном, хотя режиссер всячески старался их избегать. Так, когда группа смотрела снятый за день материал — съемки любовной сцены с Доном Мюрреем, то на крупном плане была видна слюна на губах Мэрилин после поцелуя. Режиссер при монтаже выбросил эту деталь, и это вызвало гнев Мэрилин, упрекавшей Джошуа Логана, что он не знает, что происходит между мужчиной и женщиной в любви. Может быть, причиной такой острой реакции было стремление сохранить контроль за съемками. Как бы то ни было, с этого момента взаимопонимание между режиссером и актрисой нарушилось.

Когда съемки перенеслись в Аризону, Милтон Грин взял на себя роль посредника между актрисой и Логаном. Мэрилин выходила из своего вагончика на площадку, а после завершения съемок возвращалась к себе и запиралась. Но конфликт не помешал Логану работать продуктивно и добиваться нужных ему результатов. Более того, после завершения съемок Логан стал активным сторонником Монро и постоянно защищал ее от нападок недоброжелателей и критиков.

Миллер, как и большинство друзей Мэрилин, называл Полу «ведьмой». Не случайно она и одевалась подобающим образом — во все черное с черной же остроконечной шляпкой. Спустя несколько лет Монро начала сопротивляться тотальному влиянию Полы, но так никогда и не порвала с ней. Интересно отметить, что в завещании Мэрилин Пола даже не упоминалась, а все наследство кинозвезды было отписано только Ли Страсбергу.

* * *

В июне 1956 года, незадолго до отъезда на съемки «Принца и хористки», Мэрилин вышла замуж за Артура Миллера. Видимо, решение далось ей нелегко, так как еще за несколько дней до свадьбы она неизменно отвечала на вопросы прессы: «Никаких комментариев. Мы просто друзья». Миллер же в это время уже шесть недель жил в Неваде, чтобы получить быстрый развод. Мэрилин только что исполнилось 30 — важная дата для любой женщины. Она часто цитировала знаменитого сексолога доктора Кинси: «Женщина по-настоящему начинается в 30 лет».

Артур Миллер родился в 1915 году в состоятельной еврейской семье в Бруклине. Но в 1929 году отец разорился, и Артуру еще подростком пришлось вкусить и бедность, и необходимость работать, чтобы собрать деньги на образование. Учась в университете, он написал свою первую пьесу, которая провалилась. Но неудача не отбила у него охоты к драматургии. Успешный дебют последовал в 1947 году. Пьеса называлась «Все мои сыновья», а поставил ее Элиа Казан. Но только его следующая работа — пьеса «Смерть коммивояжера» (1949) — принесла Миллеру подлинную всемирную славу.

В центре каждой из пьес Миллера — фигура отца. Отец Артура, Изидор, на самом деле сыграл важную роль в жизни сына. И в его женитьбе на Мэрилин. Он не только принял актрису как собственную дочь, но полюбил ее и старался заменить ей отца, даже когда она развелась с Артуром. Может быть, именно поэтому Мэрилин приняла неожиданное решение — перейти в иудаизм, научиться еврейской кухне и некоторым выражениям на идиш. Можно себе представить удивление воинствующего безбожника Артура Миллера, когда он узнал об этом решении своей будущей жены.

В том же месяце происходило и другое важное событие в жизни Артура Миллера. Он должен был давать показания Комитету Конгресса по антиамериканской деятельности. Наряду со многими другими деятелями культуры его обвиняли в принадлежности к коммунистической партии США и подрывной деятельности против американского государства. 21 июня Миллер предстал перед Комитетом, согласился подписать заявление, что он не является членом компартии, но отказался назвать имена друзей, принимавших вместе с ним участие в собраниях прокоммунистических организаций. Такой отказ обычно влек за собой решение о неуважении к Конгрессу, и суд приговаривал подследственного к штрафу и году тюремного заключения, после чего тот попадал в черный список и не мог работать в кино.

Давление на Миллера оказывалось со всех сторон, в том числе и через Мэрилин Монро. Спирос Скурас требовал, чтобы Мэрилин уговорила Миллера назвать имена коммунистов. В противном случае и она могла потерять контракт со студией «XX век — Фокс». Однако Мэрилин решительно оказалась: «Я горжусь позицией моего мужа и полностью его поддерживаю», — заявила она. Хотя Комитет в конце концов осудил Миллера за неуважение к Конгрессу, это решение было отменено два года спустя апелляционным судом. Не исключено, что в таком решении сыграла свою роль огромная популярность Монро.

Уже в июле Миллер получил заграничный паспорт и отправился вместе с Мэрилин в Англию на съемки «Принца и хористки».

Гражданская церемония бракосочетания Артура Миллера и Мэрилин Монро состоялась в июне в поместье Миллера в городке Роксберри, штат Коннектикут. Присутствовали только родители Миллера и несколько близких друзей. Драматург подарил молодой жене кольцо с выгравированной надписью: «А и М. Июнь 1956. Сегодня и навсегда». Когда репортер спросил Мэрилин, как она себя чувствует в роли миссис Миллер, она ответила просто: «Я этим горжусь».

На следующий день состоялась еще одна церемония, на этот раз по еврейскому обряду. Здесь присутствовали и друзья Мэрилин, большинство которых были евреи — Пола и Ли Страсберги, Эми и Милтон Грин, Эли Уоллах, супруги Ростен. А еще через день Мэрилин получила официальный документ: свидетельство о ее переходе в иудаизм. Тем не менее она всегда называла себя «еврейкой-атеисткой» и объясняла свой шаг желанием порадовать родителей Миллера, особенно его отца, с которым актриса поддерживала теплые отношения до самой своей смерти. «Я верю во все понемногу. Но уверена, что если бы у меня появились дети, то я воспитывала бы их в иудейской вере. Я идентифицирую себя с евреями еще и потому, что их все обижают. Как и меня».

К сожалению, брачная церемония была омрачена гибелью журналистки, которая мчалась на машине за свадебным кортежем, попала в аварию и умерла... «Плохой знак», — заметила суеверная Пола Страсберг.

13 июля супруги Миллер вылетели в Лондон. Вместе с ними для оказания моральной и профессиональной поддержки полетели Пола и Ли Страсберги и Милтон Грин. Лоуренс Оливье и Вивьен Ли встречали гостей в аэропорту вместе с толпой репортеров. Весь этот шум раздражал Миллера и пугал Мэрилин. Она, к тому же, была в ужасе от предстоящей работы с великим Оливье. Ситуация усложнялась еще и тем, что окружавшие ее люди находились в конфликтных, неприязненных отношениях. Миллер терпеть не мог Грина и Страсбергов. Пола и Милтон были между собой на ножах. Ли Страсберг относился с подозрением к Оливье, не владевшему «методом».

Еще когда начались переговоры о съемках фильма с Лоуренсом Оливье, Ли Страсберг, поддержав в целом проект, высказал и свои сомнения: «Лоуренс работает в совершенно иной манере. Я не уверен, что он проявит внимание к особенностям личности Мэрилин, к ее проблемам. У нее есть талант, но она на самом деле все еще не знает, как играть. Если он начнет давить на нее...» Но Пола отмела его сомнения. «Лоуренс будет обожать ее. Если он справляется с Вивьен и ее проблемами, то, несомненно, справится и с Мэрилин».

На следующий день была назначена пресс-конференция, и Оливье специально просил Монро прийти вовремя. Она обещала, но по обыкновению явилась с часовым опозданием. Оливье был возмущен таким началом сотрудничества. Ранее он обратился с письмами к Билли Уайлдеру и Джошуа Логану, спрашивая их совета. Оба ответили, что, хотя в процессе работы с Мэрилин бывает нелегко, конечный результат полностью оправдывает все трудности. «Готовьте камеру, помещайте перед ней Мэрилин и держите Полу подальше от съемочной площадки, хотя полностью отказываться от ее услуг не следует: она заряжает Мэрилин необходимой энергией», — советовал Логан.

Лоуренс Оливье был в ужасе, когда по дороге из аэропорта в Лондон он услышал, как Пола убеждала

Мэрилин, что та является первой кинозвездой мира, величайшим секс-символом всех времен и народов...

Сложности начались почти сразу, когда Оливье — человек театра — объявил о своем намерении в течение двух недель репетировать с актерами, чтобы сблизить участников и познакомить их с содержанием фильма. Мэрилин была в панике, она никогда не репетировала весь фильм, а только свою роль — последовательно сцену за сценой. Она обратилась за помощью к Ли Страсбергу, но тот ничего не мог посоветовать своей ученице, кроме общих прописей «системы». Оливье же рассматривал Мэрилин как профессиональную актрису, он давал режиссерские указания, после которых Мэрилин нередко в ужасе убегала с площадки. Совещания с Полой продолжались бесконечно. Мэрилин на самом деле не была готова выполнять прямолинейные указания режиссера, например, чтобы она была секси в той или иной сцене. Ее сексуальность была природной, проявлялась спонтанно. Оливье поначалу разрешил Поле присутствовать на съемках, хотя и жаловался Миллеру и Грину, что она только и делает, что «умасливает» и восхваляет Мэрилин. Грин согласился с тем, что Пола — это «ходячая катастрофа».

Артур Миллер сначала симпатизировал жене, но потом стал поддерживать Оливье, который, казалось, терял контроль над съемками, да и сам играл из рук вон плохо, реагируя на истерическое состояние Мэрилин. Актриса не могла спать, находилась в депрессии и спасалась снотворными ночью и успокоительными таблетками днем. Все чаще и чаще Мэрилин не могла заставить себя поехать на съемки. Она винила во всем Оливье, предъявлявшего к ней необоснованные и, как ей казалось, неадекватные требования. Миллер же винил во всем Полу, которая, по его словам, понимала в актерском мастерстве столько же, сколько студийная уборщица. Но она сумела сделаться необходимой для Мэрилин, стать соломинкой, за которую актриса хваталась каждый раз, когда не справлялась с указаниями режиссера. Вскоре всем в съемочной группе стало ясно, что у

Мэрилин серьезные проблемы — и эмоциональные, и физические.

Подсознательно она сопротивлялась необходимости быть актрисой. Она любила показать себя, любила статус кинозвезды, любила все знаки успеха. Но работа актрисы была для нее чем-то другим, чем-то враждебным. Все достоинства ее личности — очарование, красота, сексуальность — не были дополнены профессиональным мастерством или талантом.

* * *

Прошло всего несколько недель после бракосочетания Миллера и Монро, когда во время съемок «Принца и хористки» в их браке случился первый серьезный кризис. Как-то утром Мэрилин вошла в гостиную, чтобы взять свой сценарий, и увидела на столе раскрытый дневник Миллера. Прочитав несколько страниц, она узнала, что ее муж в действительности думает о ней. И это открытие буквально уничтожило ее, лишний раз подкрепило ее чувства недоверия и измены.

Как рассказала Мэрилин Страсбергам, Миллер писал о своем разочаровании в Мэрилин. Он думал, что его жена ангел, но оказалось, что он ошибся. Его первая жена глубоко разочаровала его, а Мэрилин оказалась еще хуже. Он писал в дневнике, что Оливье назвал Мэрилин «беспокойной сучкой», и он (Артур) ничего не смог ему возразить.

Конечно, Миллер впоследствии изложил этот эпизод несколько иначе. Он был глубоко разочарован тем, что Монро прибегла к помощи Страсбергов и Милтона, тогда как Миллер считал, что он, и только он, может помочь жене в решении всех ее сложных проблем. Характерно, что свои отношения с Мэрилин Миллер впоследствии довольно откровенно воссоздал в сценарии «Неприкаянных» и — в особенности — в пьесе «После грехопадения» (1964), хотя драматург и утверждал, что пьеса не основана на их отношениях. Скорее всего в основе разочарования Миллера было его убеждение, что брак с Монро нанес урон его собственному творчеству.

В результате прочтения дневника Миллера психологическая травма Мэрилин была столь сильна, что пришлось срочно вызвать из Америки ее психоаналитика доктора Крис. С огромным трудом той удалось привести актрису в более или менее рабочее состояние, и съемки продолжались.

Разочарование в муже усиливалось еще разочарованием в Лоуренсе Оливье, которого Мэрилин прежде считала не только великим актером, но и необыкновенным человеком. Однако, как она убедилась, человеком он оказался совершенно заурядным. Работа с Оливье привела ее на грань нервного срыва, а запись в дневнике Миллера только довершила дело.

Надо отдать должное Миллеру: во время съемок он старался как-то загладить конфликт, уделял жене много времени и внимания, присутствовал на съемках, даже пытался переписывать ее диалоги, правда, без особого успеха — у него не было чувства комедии.

В результате съемочная группа рассталась без сожаления, и во многих случаях навсегда. Фильм «Принц и хористка» стал также последним деловым предприятием компании «ММ продакшн» — отношения Мэрилин с Милтоном Грином зашли в тупик, и большую роль здесь сыграл Артур Миллер.

Ко всеобщему, и прежде всего самого Лоуренса Оливье, удивлению, картина получила хорошую прессу, причем особо отмечалась превосходная работа Мэрилин Монро, ее умение играть комедийные сцены. Правда, зрители с критиками не согласились, и коммерческий успех ленты оказался гораздо ниже среднего.

Последующие месяцы Миллер с женой делили между фермой в Коннектикуте и нью-йоркской квартирой. На ферме драматург начал работу над сценарием «Неприкаянных», основанным на характере Мэрилин и предназначенным стать главной картиной ее жизни. Мэрилин же в Нью-Йорке продолжала занятия в актерской студии Страсберга и сеансы психоанализа с Марианной Крис. Новым ударом для Мэрилин стал уже не первый выкидыш, казалось, положивший конец всяким надеждам стать в будущем матерью. Несмотря на усилия психиатра, Мэрилин все чаще употребляла болеутоляющие средства и однажды вновь попыталась покончить с собой. К счастью, Миллер был в этот момент дома, и «скорая помощь» спасла актрису.

В этот период отношения супругов существенно улучшились: казалось, злополучный дневник был забыт, и Мэрилин решила отодвинуть свою карьеру на задний план, стать примерной женой. Несмотря на потерю ребенка, она не отказалась от идеи материнства и предпринимала все усилия, чтобы снова забеременеть. И, к удивлению Миллера, ей это удалось. Так что, когда Мэрилин получила предложение Билли Уайлдера сняться в новой комедии «Некоторые любят погорячее», она ответила, что «сюжет ей нравится, но в настоящее время она не готова вернуться в Голливуд».

Тем временем в середине 1958 года Артур Миллер завершил сценарий «Неприкаянных», и режиссер Джон Хьюстон немедленно согласился его ставить. Мэрилин, само собой, должна была играть главную женскую роль Рослин Тэйбор. Главную мужскую роль предложили сыграть Кларку Гейблу. Однако тот долго колебался, так как не понимал характер Гея Лэнгленда, хотя и чувствовал, что роль эта для него и что этим фильмом он удачно завершит свою карьеру в кино. Но в конце концов решающим фактором оказался финансовый интерес: согласно договору Гейбл должен был получить 750 тысяч долларов да еще процент с прибыли.

Итак, имелись все компоненты для съемок «Неприкаянных» — сценарий, актеры, режиссер, но не было самого важного — продюсера и денег. Тем временем приближались сроки съемок фильма Билли Уайлдера, и режиссер, и ее агент нажимали на актрису. В конце концов она согласилась и тут же страшно испугалась предстоящей работы. Мэрилин бросилась к Ли Страсбергу за советом. «Я согласилась сниматься, но я не понимаю этот образ, — жаловалась актриса. — Я просто не верю этой девушке и ситуации, в которой она оказалась. Как я могу поверить в этот гомосексуальный треугольник? Ведь я должна дружить, лежать в постели, секретничать с двумя девушками, которые на самом деле — мужчины? Как я должна относиться к переодетым мужчинам? Это совершенно нежизненная ситуация».

Страсберг ответил так: «На самом деле тебе будет не трудно поверить в комедийную ситуацию фильма. Ты ведь плохо сходишься с женщинами. Они тебе завидуют и тому подобное. Когда ты входишь в комнату, все мужчины стремятся к тебе, тогда как женщины отворачиваются, стараются держаться от тебя подальше. И вот неожиданно две девушки хотят стать твоими подругами. Ты им нравишься. Впервые в жизни у тебя целых две подружки».

«И я помню, — продолжал Страсберг, — как ее глаза загорелись настоящей благодарностью. Страхи покинули ее, Мэрилин была готова к работе, была готова полюбить своих новых «подружек» — Тони Кертиса и Джека Леммона».

Сюжет картины достаточно известен. Два музыканта Джо и Джерри (Тони Кертис и Джек Леммон) из Чикаго случайно попадают в переделку с гангстерами и вынуждены немедленно скрыться из города. Они переодеваются женщинами и в качестве Джозефины и Дафни нанимаются музыкантами в гастролирующий по стране оркестр. Там они встречаются с певицей Кэйн по кличке Сладенькая, которую играет Мэрилин Монро. Оба музыканта влюбляются в певицу, а она делится с ними мечтой выйти замуж за миллионера. Во Флориде Джо выдает себя за миллионера. Джо и Сладенькая попадают на яхту настоящего миллионера Озгуда Филдинга, который немедленно влюбляется в «Дафни». Обе пары готовы сочетаться узами брака, но тут Джо и Джерри встречают в гостинице тех самых чикагских гангстеров, прибывших на всеамериканский съезд руководителей мафии. Чтобы остаться в живых, они убегают из гостиницы и находят убежище на яхте миллионера. Маски сброшены. К счастью Джо, «Сладенькая» по-прежнему хочет выйти за него замуж. Но и миллионер Озгуд, к удивлению Джерри, не прочь продолжить с ним отношения...

Миллер отправился с женой в Голливуд и проводил почти все время на площадке, в гримерной и в костюмерном цехе. Уайлдер был идеальным режиссером: его не смущало присутствие Миллера и Полы Страсберг.

Уайлдер отмечал, что Монро обладала отличным чувством юмора и, что еще важнее, чувством «качества» фильма. Когда все участники собрались после первого дня съемок, Уайлдер был в восторге от материала. Но Мэрилин позвонила ему и сказала, что ее первый проход был неудачен. Уайлдер бросил трубку и отправился к сценаристу. Они посмотрели эпизод еще раз и вынуждены были согласиться с актрисой: сцену необходимо переснять. Так возник ее первый проход по перрону вокзала сквозь клубы пара.

И зрители, и критики позднее особо отмечали этот эпизод, когда Сладенькая Мэрилин на высоченных каблуках семенит к уже отходящему поезду. В этот момент ее сзади словно ударяет огромный клуб дыма, который буквально выталкивает ее в центр группы девушек из оркестра.

Поначалу Уайлдер решил, что на этот раз работать с Монро будет легче, чем над «Зудом седьмого года». Но уже вскоре оказалось, что это не так. Вот, например, снималась сцена, в которой в вагоне среди девушек Сладенькая случайно роняет спрятанную под юбкой фляжку с виски. Как раз когда рядом стоит руководительница оркестра. Героиня Мэрилин по сценарию должна была выразить страх и удивление, скрыв эти эмоции хихиканьем.

«Мэрилин, дорогая, ты недостаточно выражаешь удивление», — остановил съемку режиссер. Актриса вообще не была уверена, что в этой сцене нужно выражать удивление. Страх — возможно, тревогу, что она может быть наказана, — да. Но не удивление. Сцена повторялась опять и опять.

«Стоп! — командовал режиссер. — Нет, Мэрилин, опять не получилось». В этот момент Уайлдер увидел, что Мэрилин начинает дрожать. «Это же так просто, — старался он смягчить критику, — даже не думай об этом. Это совсем простая реакция».

Но Мэрилин бросилась в глубину площадки, где стояла Пола. Совещание продолжалось бесконечно долго. Поначалу Уайлдер пытался сделать вид, что он чем-то занят: проверял камеру, переставлял свет. Но постепенно ему становилось все труднее сдерживать гнев, возмущение и унижение. Ведь режиссер — царь и бог на площадке, он принимает окончательное решение, его приказы выполняются беспрекословно. Однако Уайлдер, много переживший и перестрадавший в Германии и Европе, понимал, что надо сдерживаться, не доводить дело до открытого конфликта.

И его терпение было вознаграждено. Целый ряд сцен на натуре прошли без сучка и задоринки. Мэрилин помнила свой текст, точно выполняла все указания режиссера. Но при этом по требованию актрисы снимались бесконечные дубли. Тони Кертис, видя, как на двадцатом или тридцатом дубле его исполнение все ухудшается и ухудшается, просто возненавидел Мэрилин. Когда его спросили, что он чувствует, когда в сцене на борту яхты ему приходится целовать Монро, он ответил: «Я чувствую, словно я целую Гитлера».

«Мэрилин, дорогая, — обычно успокаивал актрису Уайлдер, — не волнуйся, мы сложим сцену в лучшем виде!» На что Мэрилин спокойно отвечала: «А кто волнуется?»

На самом деле Мэрилин находилась в состоянии постоянной неудовлетворенности своим исполнением. Миллер, как всегда, во всем винил Полу Страсберг, которая, как он считал, направляла актрису по ложному пути. Из-за постоянных опозданий и пересъемок отношения с режиссером и коллегами-актерами были напряженными. В прессе появились заметки, что Мэрилин просто не умеет играть. Да и Уайлдер, подчас, не мог сдержать свои чувства.

К примеру, Мэрилин приехала на студию в 9 часов, в руках у нее — толстая книга Тома Пейна «Права человека», которую ей порекомендовал прочитать Артур Миллер. После чего Уайлдер и вся группа в полной готовности ждали более двух часов. «Она хочет узнать немного обо всем человечестве, — заметил режиссер, — но не замечает людей вокруг себя». В 11.30 она все еще читала в вагончике. Наконец, Уайлдер послал помощника выяснить у актрисы, готова ли она к съемкам. Мэрилин открыла дверь и на вопрос сотрудника ответила просто: «А не пошел бы ты на х...!» — и захлопнула дверь перед его носом.

Но вот съемки начались, и Мэрилин не могла произнести простую фразу типа: «Это я, Сладенькая». Каждый раз она произносила фразу иначе, и каждый раз неправильно. «Я это, Сладенькая» или еще как-то. Снимался дубль за дублем. Леммон и Кертис вот уже несколько часов стояли в гриме на высоких каблуках. После тридцатого дубля режиссер попросил написать фразу на доске. Но и это не помогло...

В ноябре 1958 года съемки были наконец завершены. Билли Уайлдер так описал этот момент своей жизни: «Теперь, впервые за девять месяцев, я могу спать спокойно. Я могу смотреть на свою жену без желания ударить ее только потому, что она женщина». Такие комментарии в колонках светской хроники возмутили Артура и Мэрилин. Но после огромного успеха картины все раздоры были забыты, и мир с режиссером был восстановлен.

Почему же крупные режиссеры продолжали снимать Мэрилин, шли на любые жертвы, терпели все ее штучки, часами ждали ее на площадке? Самый простой ответ — ее огромная популярность, и не только в Америке, но и во всем мире.

Картина «Некоторые любят погорячее» стала лучшей в послужном списке Монро. Критики восторгались ее комедийным талантом. Один из рецензентов отметил, что Монро должна гордиться собой, ибо «она настолько убедительна, что начинаешь думать, что это она сама на экране, а не ее героиня». Фильм имел колоссальный коммерческий успех, и прежде всего благодаря Мэрилин. Но актриса, увидев фильм на предварительном просмотре, пришла в ужас... «Они не хотят признать меня настоящей актрисой. Я это знаю, — причитала она, — а я способна на большее».

Критика объявила «Некоторые любят погорячей» событием сезона, несомненной удачей творческого коллектива и актрисы. Тогда как Артур Миллер считал образ, созданный Мэрилин, бесцветным, а режиссуру — безвкусной. Кроме того, он был убежден, что поведение Билли Уайлдера на съемочной площадке привело ко второму выкидышу Мэрилин.

Мэрилин и Миллер присутствовали на премьере фильма в марте 1959 года. Под влиянием Миллера Монро сомневалась в успехе картины, хотя критики и первые зрители уверяли в обратном. Наконец, Миллер, посмотрев ленту, пришел в восторг. В мае Мэрилин получила престижную французскую награду «Хрустальная звезда» и итальянскую статуэтку Давида и Донателло. Сама великая Анна Маньяни[5] обняла и поздравила американскую коллегу.

Казалось бы, теперь Монро могла наконец поверить, что она настоящая актриса, но сомнения продолжали терзать ее.

* * *

В сентябре 1959 года в жизни Монро произошло еще одно «историческое» событие: приезд Никиты Хрущева в Америку. Планируя посетить Калифорнию, Хрущев пожелал встретиться с Мэрилин Монро и поехать в Диснейленд. С Мэрилин все оказалось в порядке. Кажется, впервые за всю ее актерскую карьеру она прибыла на прием вовремя. Руководители студии шутили: следовало бы сделать Хрущева постоянным режиссером ее фильмов! Но вот с Диснейлендом получилась накладка: американская сторона заявила, что не может гарантировать безопасность премьера, и визит туда просто отменили. Хрущев был в бешенстве и выразил свои чувства с присущей ему агрессивностью.

После долгих обсуждений супруги решили, что Артур Миллер не поедет в Голливуд, чтобы лишний раз не привлекать к себе внимание: его и так часто обвиняли в леворадикальных взглядах, и встреча с ведущим коммунистом могла только усилить такие подозрения... Мэрилин полетела одна.

Когда Мэрилин прилетела в Лос-Анджелес, состоялся следующий диалог с репортером: «Вы прилетели только для встречи с Хрущевым?» — «Да, думаю, это замечательно, и я счастлива быть здесь». — «Вы думаете, что Хрущев хочет с вами встретиться?» — «Надеюсь, что да».

На следующий день началась подготовка — массажист, косметолог, парикмахер... Возможно, что Хрущев действительно попросил о встречс с Монро: летом того года в Москве открылась американская выставка, и там на шестнадцати экранах проецировалось крупным планом лицо Мэрилин Монро — кадр из фильма «Некоторые любят погорячее»[6]. Тогда впервые русские познакомились с образом Мэрилин. Тогда же и там же, на выставке, состоялась знаменитая «кухонная» дискуссия Хрущева и Никсона. Так что вполне возможно, что Хрущев видел фото Мэрилин.

Актриса рассказала своей камеристке Лене Пепитоне, что студия просила ее надеть для встречи с Хрущевым самое обтягивающее и эротическое платье. Программа визита советского премьера предусматривала также посещение съемочной площадки фильма «Канкан» с Ширли Маклейн, довольно рискованного по тем временам. «Я полагаю, что в России немного знают о сексе», — смеялась Мэрилин.

Когда Мэрилин приехала на студию, где должна была состояться встреча, стоянка для машин была пуста. «Мы опоздали, — закричала она, — все уже кончилось». Но на этот раз Мэрилин приехала раньше обычного, никого еще не было, даже репортеры не ждали ее так рано.

Мэрилин представили Хрущеву, и он сказал: «Вы очень славная молодая женщина». — «Мой муж Артур Миллер, — сказала в ответ Мэрилин, — просил передать вам самые добрые пожелания. Должно быть больше таких встреч. Это поможет обеим странам лучше понять друг друга».

Вот что писала об этом эпизоде Лена Пепитоне: «...Самым волнующим событием... была встреча с русским премьером Хрущевым... Это был потрясающий рекламный трюк, словно специально придуманный студией «XX век — Фокс». Сначала Мэрилин, которая никогда не читала газет и не слушала новости, недоумевала: «Хрущев? Кто это такой?» «О-о-о», — сказала она, услышав объяснения, но не слишком впечатленная. Но студия продолжала настаивать. Ей объяснили, что для русских Америка — это кока-кола и Мэрилин Монро. Это ей понравилось, и она согласилась».

Мэрилин так описывала Хрущева: «Он был толстый и неприятный, на лице у него росли бородавки, и говорил он резким рычащим голосом». Актриса не могла понять, как такой человек смог стать лидером такой огромной страны. «Кто захочет быть коммунистом с таким президентом?! — пошутила она и добавила: — Могу сказать, что я Хрущеву понравилась. Когда мне его представили, он улыбался больше, чем всем другим на банкете, а ведь там был буквально весь цвет кино. Он пожимал мне руку и держал ее так долго, что я боялась, он ее сломает. Но все же это предпочтительнее, чем его целовать».

По свидетельству автора книги «Богиня» Энтони Саммерса, Мэрилин была польщена тем, что Хрущев смотрел на нее так, как мужчина на женщину...

Интересно, что в отчетах о голливудском ланче Хрущева советская пресса ни словом не обмолвилась о встрече премьера с Монро, а приветственные слова, которые американские биографы приписывают Мэрилин, были в «Правде» отданы Ширли Маклейн, героине фильма «Канкан». Кстати, посещение съемочной площадки вызвало резко негативные комментарии Никиты Сергеевича по поводу сексуальности и разврата американского кино...

После встречи репортеры набросились на актрису, чтобы узнать, о чем шел разговор, но она отказалась раскрыть тайну беседы с советским лидером. Однако кто-то подслушал, что именно она сказала, и наутро все было в газетах.

Встреча Хрущева и Монро, по справедливому замечанию Энтони Саммерса, должна была бы привлечь внимание ФБР, но, увы, мы не имеем документов, чтобы подтвердить или опровергнуть это мнение...

* * *

Теперь, казалось, наступила очередь «Неприкаянных». Но денег на эту слишком серьезную для Голливуда ленту по-прежнему собрать не удавалось. А студия нажимала, требовала выполнения договорных обязательств. Так возникла идея постановки фильма «Займемся любовью»...

Франко-американский миллиардер Жан-Марк Клеман (актер Ив Монтан) финансирует бродвейское шоу. Когда он приходит в театр на репетицию, его случайно принимают за актера, пришедшего пробоваться на главную роль. Клемана тут же утверждают на роль. Он хочет объяснить недоразумение, но, увидев актрису Аманду Делл (Мэрилин Монро), немедленно в нее влюбляется. Следуют неизбежные в такого рода фарсе квипрокво, после чего наступает столь же неизбежный счастливый конец.

Как видим, Мэрилин после успехов в более серьезных фильмах «Автобусная остановка», «Принц и хористка» вернулась к примитивным комедиям, где на ее долю выпадала роль дурочки. Это было следствием развала ее собственной компании и необходимости выполнять обязательства перед студией «XX век — Фокс».

Работа над фильмом началась в феврале 1960 года. Бюджет в три миллиона долларов предусматривал съемки в Европе, Вест-Индии и Нью-Йоркс, а также участие в эпизодах таких знаменитостей, как Джимми Дюранте, братья Маркс, Жюльетт Греко, и других. Первый вариант сценария был закончен в начале 1959 года, и вскоре Грегори Пек[7] был утвержден на главную роль французского миллиардера, а Мэрилин Монро предложили сняться в роли Аманды. Монро согласилась с кандидатурой Билли Уайлдера, но тот уже работал на другой картине и отказался. Утвержден был Джордж Кьюкор. Мэрилин возмутилась, что сценарий отводил ее героине намного меньше места, чем Грегори Пеку. После подписания контракта сценаристы при участии Артура Миллера усилили роль Аманды: теперь она стала главной в картине. Тут возмутился Грегори Пек и отказался сниматься. Пригласили Рока Хадсона[8], но студия «Юниверсал» его не отпустила. Один за другим по разным причинам Кэри Грант, Чарлз Лоутон, Уильям Холден, Джеймс Стюарт и Юл Бриннер, знаменитые голливудские звезды, отвергали предложение сниматься в картине. Тогда, видимо с подачи Артура Миллера, возникла кандидатура Ива Монтана[9]: с ним и его женой Симоной Синьоре[10] Миллера связывало творческое сотрудничество в спектакле и фильме «Тяжкое испытание» («The Crucible»).

Монтан приехал в США с Симоной, которая стала сенсацией после роли в фильме «Место наверху» (в СССР «Путь в высшее общество»), за которую она получила «Оскара». Певец привез в Америку спектакль «Вечер с Ивом Монтаном». Мэрилин прежде не была знакома с Монтаном, хотя слушала его песни на пластинке. При личной встрече ее сразу покорили обаяние и талант певца. «Он так талантлив, он играет всем телом», — восхищалась Мэрилин. Она пошла на концерт француза с Монтгомери Клифтом, а на следующий день с Миллером. После концерта Ив и Симона были гостями супругов Миллер. Артур и Ив сразу подружились... Оба были жертвами политических преследований. Пару раз Монтану не давали визу в Америку, считая его коммунистом. Певец, правда, категорически отрицал членство в компартии. Оба раза пришлось отменять концерты. На этот раз сделали исключение.

Для Монтана, который был широко известен во Франции и Европе, но совершенно незнаком американскому зрителю, это была возможность значительно расширить свою популярность. Рекламный проспект фильма провозглашал Монтана «величайшим подарком, который Франция преподнесла Америке со времен статуи Свободы». Хотя Монтан слабо владел английским, в роли французского богатея это было вполне объяснимо. С помощью Симоны Ив по ходу съемок так улучшил свой английский, что ряд начальных сцен пришлось переснимать.

У Мэрилин и Монтана было много общего. Бедное детство, простое происхождение, оба они взяли псевдонимы (настоящая фамилия Монтана — Леви).

Намечавшаяся любовная связь с Ивом Монтаном помогла актрисе выйти из глубокой депрессии. Как всегда в начале романа, Мэрилин идеализировала нового любовника. Монтан подкупал ее теплотой и шармом. «После моего мужа и Марлона Брандо, — говорила в те дни Монро, — я думаю, что Ив — самый привлекательный мужчина из тех, что я встречала».

Надо сказать, что Монтан поначалу чувствовал себя весьма неуютно в примитивной роли Марка Клемана, но цель — вхождение на американский рынок — оправдывала средства, и он смирился с непривычной для него системой голливудского кинопроизводства. К тому же общество Мэрилин отчасти скрашивало убожество сюжета.

Съемки начались 18 января. С самого начала всем было ясно, что сюжет фильма исключительно глуп, к тому же, когда начал завязываться роман с Монтаном, Миллер демонстративно улетел в Ирландию к Джону Хьюстону для завершения работы над сценарием «Неприкаянных». Мэрилин была потрясена, она считала, что муж специально оставил ее одну, как бы подталкивая к связи с французом. Когда нью-йоркская камеристка актрисы Лена Пепитоне позвонила Мэрилин в Голливуд и спросила, не скучает ли та в одиночестве, актриса рассмеялась: «Одиночество? Ты что, шутишь? Здесь же Ив и Симона по соседству! Они не оставляют меня одну».

Мэрилин не соглашалась с мнением Страсбергов о Монтане. Те отговаривали свою подопечную и от работы с ним, и от любовной связи. Но в те дни Мэрилин, казалось, воспринимала заголовок картины — «Займемся любовью» — буквально.

Монро снималась по расписанию восемь дней, но вскоре после отъезда мужа, а именно 10 февраля, сообщила, что нездорова. 11 февраля Мэрилин появилась на студии рано утром, но ее быстро отправили домой, так как было ясно, что она не в состоянии работать.

Вот что пишет об этих днях биограф актрисы Барбара Лиминг: «В последующие дни Мэрилин то работала несколько часов, то брала отпуск по болезни. А в четверг, 18 февраля, она просто не явилась на работу, никого не предупредив. Со студии позвонили в гостиницу, но ответа из номера не было. Правда, телефонистка сообщила, что Мэрилин сделала по крайней мере один телефонный звонок, так что было ясно, что она жива». Более того, в тот же вечер возмущенный перерывом в работе Ив Монтан послал к Мэрилин Симону Синьоре. Та постучала в дверь, позвала, но актриса не ответила. Тогда Монтан с помощью жены (сам он слабо владел английским) написал сердитую записку и подсунул под дверь номера. «Не заставляй меня часами работать над сценой завтрашнего дня, если ты заранее знаешь, что не появишься на площадке! Я не твой враг, я друг. Но капризные девчонки никогда меня не привлекали», — говорилось в записке. В ту же ночь Миллер позвонил Монтану из Ирландии. Оказывается, Мэрилин звонила мужу и умоляла его попросить Ива и Симону зайти к ней. Когда те появились, актриса просила прощения, признала, что была «плохой девочкой», и обещала впредь вести себя лучше. Роман Мэрилин с Монтаном был в тот момент в самом зародыше и очень сильно волновал актрису. Монтан напоминал ей ее второго мужа ДиМаджио. Она считала Ива настоящим мужчиной — нежным и добрым. «Мы словно созданы друг для друга, — доверительно исповедовалась она Лене Пепитоне, — и я знаю, что нужна Иву». Конечно, это была очередная ошибка. Для Монтана она была временным увлечением, приятной возможностью провести время и более убедительно сыграть свою первую роль в американском фильме. Но актер ни на минуту не помышлял расставаться с Симоной Синьоре. На следующий день после отлета Монтана Лена Пепитоне застала Мэрилин в слезах... «Это конец, — всхлипывала она. — Я идиотка, какая же я дура!»

После получения «Оскара» Симона уехала в Европу. Мэрилин поздравила ее, но в глубине души была уязвлена, ведь сама Мэрилин даже не была выдвинута на главную голливудскую премию. Слишком сильна была неприязнь и зависть к ней в голливудских кругах. Миллер также улетел в Нью-Йорк, поручив Мэрилин заботам Монтана. Он, конечно, подозревал, что может случиться, но тем не менее оставил жену на волю случая. Миллер объяснил это тем, что «их брак все равно разваливался». Мэрилин увидела в Монтане очередную опору, очередной идеал. Новое знакомство таило колоссальные надежды, которые, как правило, не оправдывались, как только выяснялось, что очередной герой вовсе не романтический любовник, а простой смертный. Быть может, Мэрилин даже сама подталкивала мужа к отъезду, но впоследствии она, конечно, во всем обвинила Миллера. Однако еще до отъезда писателя стало ясно, что роман между Ивом и Мэрилин запылал ярким пламенем. Но это случалось на съемках так часто, что никто не придал этому особого значения.

Монтан и хотел закрутить романчик, и боялся возможных последствий. Певец делился своими сомнениями с одной голливудской знакомой: «Он уезжает и оставляет Мэрилин со мной. Наши квартиры рядом. Ты думаешь, что Артур не знает, что она бросается на меня? В конце концов, я мужчина, и мы будем работать вместе... С одной стороны, я не хочу ответственности. С другой, не могу оттолкнуть ее, так как завишу от ее доброй воли в работе над фильмом».

Монтан был заурядным человеком, далеким от психологической глубины своей жены. Ему было приятно стать объектом увлечения знаменитой голливудской дивы и внимания прессы. Он надеялся, что так будет легче работать и его роль приобретет необходимую глубину.

Слухи о связи постепенно просачивались в прессу. Хедда Хоппер при встрече с Монтаном расспрашивала его о Мэрилин. Трудно сказать, что поведал ей Монтан с его ограниченным английским, но только наутро в колонке Хедды было написано: «Мэрилин втрескалась в Ива как школьница». Конечно, Мэрилин была возмущена и обижена. А Монтан, естественно, решительно отрицал, что говорил что-либо подобное.

В самом конце съемочного периода Миллер вернулся в Голливуд и был удивлен, что Монтан не пришел его навестить. Теперь влюбленные должны были ограничить свои встречи студийными вагончиками: вечера Мэрилин должна была проводить с мужем. Это ее страшно раздражало, вызывало новые срывы и бессонные ночи.

Брак был окончательно разрушен, но супруги приняли деловое решение: пока не будет закончен фильм «Неприкаянные», они формально останутся вместе.

Пола Страсберг так говорила о своей подопечной: «Мэрилин хрупка как женщина, но и сильна как бык. Она красивая птичка, сделанная из стали. Ее проблема в том, что она чистый человек в грязном мире».

Как вспоминал художник фильма Джин Аллен, роман с Монтаном поначалу привнес в фильм необходимую энергию. Но Мэрилин стремительно прибавляла в весе, так что приходилось постоянно перешивать ее костюмы. Другой проблемой были требования актрисы делать все новые и новые дубли. Наконец, в середине июня 1960 года — почти на месяц позже срока и с превышением бюджета на полмиллиона — производство фильма было завершено.

Фильм «Займемся любовью» стал коммерческим провалом, разочаровал и зрителей, и критиков. Единственным светлым пятном была песня «Мое сердце принадлежит папочке» в исполнении Монро. Впрочем, картина с самого начала была обречена по причине скверного сценария. Мэрилин пришлось сниматься, чтобы выполнить свои обязательства перед студией, но она понимала, что ничего хорошего получиться не может. Миллер пытался дописать некоторые сцены, но невозможно было вдохнуть жизнь в мертворожденное дитя.

Провал «Займемся любовью» сказался и на прокате «Неприкаянных», вышедших на экраны спустя пять месяцев. Но главная причина заключалась в том, что зрители просто не поняли основную идею «Неприкаянных». В результате этих двух провалов в конце 1961 года актерская карьера Монро пошла на спад. Попытка заставить публику принять ее как серьезную актрису не удалась.

В результате — очередной приступ депрессии. Поскольку Монро проводила теперь значительную часть времени в Лос-Анджелесе, ее нью-йоркский психиатр Марианна Крис позвонила доктору Ральфу Гринсону и попросила его принять новую пациентку и помочь ей преодолеть «трудную ситуацию, связанную с сильнейшим нервным расстройством». По мнению врачей, психологические проблемы актрисы объяснялись как внешними факторами (провал фильмов, кризис в ее браке с Миллером, отношения с Джоном Кеннеди), так и внутренними. К последним относились проблемы, связанные с сексуальной сферой актрисы — фригидность сочеталась в ней с постоянным желанием найти идеального партнера, а также и с тем, что Норма Джин, по ее собственной версии, была изнасилована в девятилетнем возрасте. Позднее она сделала четырнадцать абортов, последствиями которых были сильнейшие менструальные и кишечные кровотечения; случались у нее и внематочные, истерические беременности.

Об отношениях актрисы с Джоном Кеннеди знала прежде только доктор Крис, а теперь узнал и доктор Гринсон. Психоаналитик Артура Миллера также был посвящен во внутренние проблемы Артура, Мэрилин и Кеннеди. Еще одним участником этого тесного круга был муж сестры доктора Гринсона Мики Рудин — адвокат супругов Миллер и многих других звезд.

Мэрилин сильно привязалась к новому психиатру, а тот, в свою очередь, рекомендовал ей терапевта Хаймана Энгельберга. Интересно, что все эти врачи — и адвокат в придачу — являлись тайными или явными членами американской компартии. Коммунисты и попутчики в Голливуде могли прибегать к услугам лишь определенного круга врачей, в особенности психиатров, готовых хранить в тайне и их деятельность, и их политические взгляды.

Роль доктора Гринсона не сводилась только к сеансам психотерапии. К примеру, когда Мэрилин Монро была приглашена на обед в дом Патриции и Питера Лоуфордов, где должен был присутствовать Роберт Кеннеди, Гринсон и его сын рекомендовали вопросы, которые надо задать министру юстиции США, чтобы не выглядеть дурой. Это были вопросы о работе Комитета по расследованию антиамериканской деятельности, о гражданских правах, о поддержке Америкой режима Дьема во Вьетнаме и т.д., то есть весь набор леворадикальных тем.

Примечательно, что после нескольких встреч с доктором Гринсоном Мэрилин почувствовала себя лучше, продолжала подготовку, а затем и начала сниматься в картине «Займемся любовью». Экзальтированная актриса называла своего нового психиатра «Мой Иисус, мой Спаситель!» «Он слушает меня, — восхищалась она. — Он поддерживает меня. Он делает меня умнее, заставляет думать. Я больше ничего не боюсь». Так возникла сильнейшая зависимость Мэрилин Монро от психиатра, который, вопреки врачебной этике, даже ввел ее в свою семью.

Биограф Мэрилин Монро Дональд Вольф полагает, что доктор Гринсон, при его тесных связях с американскими коммунистами, а через них и с советской разведкой, появился в доме Мэрилин Монро не случайно — ведь актриса была близка с человеком, который вскоре станет президентом Соединенных Штатов и с его братом, министром юстиции США.

Ральф Гринсон был не просто коммунистом, но также и агентом Коминтерна. Он играл важную роль в организации под названием Комитет искусств и наук. Формально главой Комитета был твердолобый коммунистический функционер Джон Говард Лоусон, но практически им руководил Гринсон. В свою очередь доктор был связан с Фредериком Вандербилтом Филдом (из рода миллионеров Вандербилт) — богатым либералом, коммунистом и многолетним активным агентом советской разведки. После разоблачения в 50-х годах он бежал в Мексику, где находился под негласным наблюдением ФБР.

* * *

По первоначальному плану съемки «Неприкаянных» должны были начаться еще в апреле. Но задержки с предыдущей картиной внесли существенные изменения в расписание съемок, так что в действительности работа началась лишь в июле и проходила в постоянных конфликтах Мэрилин с Миллером, постоянных опозданиях и болезнях Мэрилин, которая принимала по несколько снотворных таблеток за ночь и была совершенно выбита из колеи. К тому же в августе на глазах всей съемочной группы начался роман Миллера с фотографом Ингой Морат, которая уже в начале 1962 года стала его следующей женой. Мэрилин переехала из их гостиничного «люкса» в номер Полы Страсберг.

Съемочная группа разделилась на два лагеря. Режиссер Хьюстон и актер Эли Уоллах были в лагере драматурга. Монтгомери Клифт поддерживал Мэрилин. Психологически он был похож на Мэрилин — мучим кошмарами, неуверен в себе, с трудом заставлял себя являться на съемку. «Он, кажется, был единственным из всех, кого я знаю, кто находится в худшей форме, чем я», — говорила Мэрилин. А Кларк Гейбл был где-то посредине.

Миллер и Монро уже не скрывали своей ненависти друг к другу. Как-то Миллер не успел уехать со съемочной площадки на машине Хьюстона и попытался сесть в машину Монро, но та демонстративно захлопнула дверь перед его носом.

Врачи отказывались прописывать ей лекарства. В конце концов съемки пришлось прервать и отправить Мэрилин в больницу в Лос-Анджелес на попечение ее психиатра доктора Гринсона.

Миллер тоже был на грани нервного срыва.

Через десять дней Мэрилин выписалась из больницы, пройдя курс очищения организма. Доктор Гринсон заверил режиссера, что в ближайшем будущем она сможет продолжить работу.

По пути в Рино Мэрилин заехала в Сан-Франциско к Джо ДиМаджио и сообщила ему, что начнет бракоразводный процесс немедленно после окончания съемок.

Когда Мэрилин вернулась на студию, начались новые столкновения. Хьюстон и Миллер решили переделать сценарий. Теперь герой Кларка Гейбла стал бродягой-алкоголиком, герой Эли Уоллаха — самым положительным типом, а Розалин была уже не просто разведенной женщиной, а проституткой. Когда Гейбл получил новый вариант, он решительно отказался продолжать работу и хлопнул дверью. Поскольку в контракте актера оговаривалось его право утверждения сценария, то в споре с режиссером и драматургом он победил.

Фильм по настоянию Миллера снимался кусками, как пьеса. Сам он сидел рядом с режиссером за камерой и делал поправки, словно это был спектакль. Такой метод был непривычен для Мэрилин, но и не вызвал ее возражений, как, впрочем, и режиссера Хьюстона. Первая сцена — в пансионате — была снята довольно быстро, и группа перешла к сцене в суде. Мы знакомимся с героиней Мэрилин Розалин, когда она живет в пансионе в ожидании развода (по закону для получения развода в штате Невада надо прожить там шесть недель). Именно так поступил в свое время Артур Миллер, чтобы развестись и жениться на Монро.

Режиссер и Миллер долго не могли решить, как же закончить картину. С кем должна остаться Розалин? Мэрилин считала, что каждый из героев должен идти своим путем. «Как же ты найдешь дорогу домой в темноте?» — спрашивает Розалин Гая в заключительной сцене. На что Гай (Кларк Гейбл) отвечает: «Надо просто идти за этой большой звездой. Дорога прямо под ней, и она приведет нас домой».

Особенно тяжело проходили натурные съемки в Рино в штате Невада. Гример и близкий друг актрисы Уайти Снайдер вспоминал: «Обычно Мэрилин принимала снотворное часов в семь-восемь, но, как правило, не могла заснуть и принимала еще одну-две таблетки в девять часов, а потом еще в полночь или ближе к утру. Так что к шести утра все эти таблетки начинали действовать, и Мэрилин пребывала в затуманенном состоянии. Нередко я начинал накладывать грим, пока она еще не проснулась. Открыв глаза, она часто говорила. «Нет, нет, сегодня я не могу работать». Тогда я начинал объяснять, что вся группа уже выехала на натуру, отмена съемок будет стоить массу денег. И Мэрилин говорила: «Ну, давай, начинай гримировать, а потом посмотрим...» И, как правило, она, хоть и с опозданием, на съемку приезжала».

На площадке все время была напряженная атмосфера. Все дружно ненавидели Полу Страсберг. Мэрилин была не в состоянии правильно произнести даже короткую реплику, а Хьюстон требовал полного соответствия со сценарием. Миллер смотрел на Мэрилин пустым взором: не мог простить ей измены на глазах у всего мира. «Очистите ее от этих чертовых таблеток, они же ее убивают», — кричал Хьюстон, но никто не мог это сделать. Миллер требовал того же самого у Полы («Ты должна остановить Мэрилин»), но и та не могла помочь.

В феврале психиатр Мэрилин Монро, доктор Крис, стала серьезно опасаться за ее жизнь, она настояла на госпитализации в психиатрическую клинику «для исследования и решения о лечении заболевания неизвестного происхождения». Мэрилин была помещена в клинику под псевдонимом Фэй Миллер. Но и в больнице Мэрилин не обрела покоя. Она требовала немедленной выписки, считая, что врачи — идиоты, а окружающие больные — сумасшедшие. «Что с вами?» — спросил ее один из врачей. «Да откуда же, черт побери, мне знать? Ведь это вам за это платят!»

Мэрилин сначала обратилась к Страсбергам, но те ничем не могли ей помочь, тогда ей удалось дозвониться до Джо ДиМаджио, и тот немедленно прилетел и выписал ее под свою ответственность. Джо оказался лучшим другом, чем мужем. Мэрилин любила говорить, что в жизни гораздо легче найти секс, чем дружбу.

После клиники Мэрилин вернулась обновленной: закончила картину и брак с Миллером. Но тяготы жизни навалились на нее с новой силой. Монро тяжело переживала развод, и в особенности тот факт, что Миллер быстро утешился с женщиной-фотографом, с которой познакомился на съемках.

К тому же Монтан бросил ее, причем сделал это довольно грубо и бесцеремонно. Мэрилин была в тупике, и ее героиня была в тупике. Джон Хьюстон с первого дня понимал, что работа предстоит нелегкая.

Последняя часть съемок проходила в студийном павильоне, и 4 ноября была снята финальная сцена Мэрилин и Кларка Гейбла. А 5 ноября у Гейбла случился обширный инфаркт, и через десять дней он скончался. Ему было 59 лет.

Конечно, по Голливуду поползли слухи, что в его смерти повинна Монро, заставлявшая его часами ждать начала съемок. И ему якобы было смертельно скучно. Но это было не так. Гейбл был чрезвычайно спокойным, выдержанным человеком, необыкновенно пунктуальным. В его контракте было записано: что бы ни случилось, он заканчивает работу в пять часов. И Гейбл никогда не отступал от этого правила. А за сверхурочные Гейблу платили 50 тысяч долларов в неделю, так что он даже получал удовольствие, когда Мэрилин не являлась на площадку. Настоящей причиной его преждевременной смерти были курение и алкоголь.

Мэрилин страшно переживала уход Гейбла, который с детства был ее идолом, заменял ей образ отца.

А еще через пять дней было официально объявлено о предстоящем разводе Мэрилин и Артура Миллера.

Режиссер «Неприкаянных» в газетном интервью уже после окончания съемок так вспоминал о работе с Монро: «Ее главная проблема — излишняя преданность работе. Вот почему она постоянно опаздывала на репетиции и на съемки. Она читала и перечитывала свою роль много раз, чтобы все прошло без сучка и задоринки. Если она чувствовала, что порядок слов или интонация неверны, она требовала сцену переснять. И всем приходилось ждать, пока у нее все получится идеально».

* * *

Не вывела ее из транса и премьера «Неприкаянных»: она ненавидела фильм и себя в нем. Она понимала, что фильм выражает истинные чувства Миллера к ней, к их браку.

Пресса устроила форменное беснование по поводу болезни Мэрилин. «Невозможно даже получить нервный срыв без участия прессы. Все хотят всё знать. Я должна брать с них деньги как за представление», — горько комментировала актриса.

Критики довольно прохладно оценили картину, хотя рецензенты хвалили чисто американский сюжет, отличную режиссуру и работу актеров, прежде всего Кларка Гейбла и Мэрилин Монро. Тем не менее фильм собрал около 4 миллионов долларов, окупив вложенные деньги, даже несмотря на перерасход средств на многочисленные дубли.

* * *

С весны 1961 года Мэрилин стала проводить больше времени с Пэт и Питером Лоуфордами. Пэт была сестрой будущего президента Кеннеди и его брата Роберта

Кеннеди, занявшего в администрации Кеннеди пост министра юстиции. Питер же был довольно известным актером и еще более известным плейбоем, другом Фрэнка Синатры. Братья Кеннеди часто гостили в доме супругов Лоуфорд. Дом этот иногда даже называли западным Белым домом.

Но первая встреча Мэрилин с Джоном Кеннеди состоялась в Нью-Йорке в его любимой гостинице «Карлайл». По слухам, Мэрилин стала еще одной любовницей в «конюшне» сенатора Джона Кеннеди, патологического бабника.

Студия прислала ей сценарий «Надо что-то давать», и актриса согласилась сниматься, так как по контракту должна была студии еще две картины. Работу предполагалось начать в апреле 1962 года.

Между тем Мэрилин находилась под постоянной опекой своего голливудского психиатра доктора Гринсона. И, вопреки всем правилам, она стала как бы членом его семьи, что было нарушением врачебной этики и имело как свои положительные, так и отрицательные стороны. Чтобы постоянно контролировать Мэрилин, доктор Гринсон подсунул ей Юнис Мюррей в качестве домоправительницы и соглядатая.

Рождество актриса провела с ДиМаджио. В январе 1962 года актриса купила дом поблизости от резиденции доктора Гринсона. По утверждениям некоторых биографов, роман с Джоном Кеннеди продолжался, все это время они периодически встречались.

Работа над сценарием фильма «Надо что-то давать» продолжалась всю весну. В апреле должны были начаться съемки. Режиссером стал Джордж Кьюкор, сделавший неудачный фильм «Займемся любовью».

Мэрилин сначала недоверчиво относилась к сценарию Нанелли Джонсона, но потом приняла его. Однако Нанелли вскоре был отстранен от работы, и новый вариант совершенно не устроил Мэрилин. Начался очередной конфликт с режиссером Кьюкором: она то заболевала гриппом, то просто не являлась на площадку. До какого-то момента режиссер снимал сцены без ее участия или с дублершей. Но долго так продолжаться не могло. Вот почему, когда пришло время лететь в Нью-Йорк на день рождения президента (а это было оговорено в контракте), студия категорически воспротивилась очередной остановке съемок. Но Монро все же полетела.

Когда она пела «С днем рождения, мистер президент», почти ничего не было слышно из-за массовой истерии публики. Президент сказал: «После того как такая изумительная девушка, как Мэрилин Монро, поздравила меня с днем рождения, я могу уйти из политики».

Мэрилин вернулась, и съемки продолжились. Но она вновь заболела, и было принято решение снять ее с картины. 1 июня 1962 года работа прекратилась. Глава студии сообщил журналистам, что они не могут рисковать миллионами и что студия предъявляет Мэрилин иск на пятьсот тысяч долларов в счет компенсации убытков.

Студия еще пыталась спасти картину, пригласив Ли Ремик вместо Монро. Но Дин Мартин отказался сниматься с Ремик, и на этом все было кончено. Материал положили на полку.

ГЛАВА 4
СМЕРТЬ В АВГУСТЕ:
ЗАГАДКА ДЛИНОЙ В ПОЛСТОЛЕТИЯ

> «Да, было во мне что-то особенное, и я знала, что это такое. Я была из тех девушек, которых находят мертвыми в постели с пустой бутылочкой из-под снотворных в руке».
>
> *Мэрилин Монро*

5 августа 2005 года — в очередную годовщину смерти Мэрилин Монро — газета «Лос-Анджелес таймс»[1] вышла с сенсационной подборкой материалов, посвященных американской актрисе. В центре подборки был текст магнитофонной записи, сделанной Мэрилин за несколько дней до смерти и предназначенной ее психиатру, доктору Гринсону, чтобы помочь ему понять ее психологическое состояние и успешнее проводить сеансы психоанализа.

Вот отрывки из этих записей.

«Дорогой доктор!

Вы дали мне все. Из-за вас я чувствую себя сейчас так хорошо, как никогда не чувствовала... Теперь я контролирую себя, свою жизнь.

Что могу я дать вам взамен? Не деньги. Я знаю: мои деньги для вас ничего не значат. Не свое тело. Я знаю, что ваша профессиональная этика и верность жене делают это невозможным. Единственно, что я могу вам дать, это свою идею, которая революционизирует психоанализ.

Разве не правда, что ключ к психоанализу — это свободные ассоциации. Ассоциации Мэрилин Монро. Вы, мой доктор, понимая и интерпретируя то, что происходит в моей голове, проникаете в мое подсознание и успешно лечите мои неврозы, помогаете мне преодолевать их. Но когда во время сеанса вы рекомендуете мне отдохнуть, расслабиться и рассказать, о чем я думаю, то подсознательно я сопротивляюсь вашим советам, и мне просто нечего вам сказать. Это как раз то, что вы и доктор Фрейд называете сопротивлением. Так что мы беседуем на другие темы, и я, по мере сил, отвечаю на ваши вопросы. Вы единственный человек в мире, которому я никогда не лгала и никогда не солгу.

...Да, конечно, «сны». Я знаю, как они важны. Но вы хотите от меня свободных ассоциаций на темы моих снов. А я не приемлю ваши требования. Больше сопротивления и больше материала для жалоб — ваших и доктора Фрейда.

Я читала его «Лекции по введению в психоанализ». Боже, какой гений! Он пишет так доступно. И он совершенно прав. Разве не он сказал, что Шекспир и Достоевский лучше понимают психологию, чем все ученые, вместе взятые. Черт возьми, так оно и есть.

Вы посоветовали мне читать психологические монологи Молли Блум[2], чтобы понять, что такое свободные ассоциации. И именно тогда у меня возник вопрос. Джойс описывает мысли женщины. Но знает ли он на самом деле ее самые сокровенные мысли? Прочитав эту книгу, я смогла лучше понять, что Джойс — художник, способный проникать в души людей — и мужчин, и женщин. И неважно, что Джойс никогда в жизни не испытал менструального невроза. Постойте. Вы, конечно, понимаете, что я сейчас в потоке свободных ассоциаций и вам придется услышать немало не принятых в обществе слов. Во время наших сеансов, из уважения к вам, я не могла употреблять слова, которые я на самом деле использую в жизни — это не очень приличные выражения... Но теперь я хочу сказать именно то, что я думаю, невзирая ни на что.

Я могу это сделать, потому что у меня есть идея, которую, если вы будете терпеливы, я постараюсь изложить... Это забавно, я прошу вас быть терпеливым, хотя я ваша пациентка[3]. Интересно: быть терпеливым и быть пациентом имеет какой-то шекспировский смысл, не правда ли?

Но вернемся к Джойсу. Для меня Леопольд Блум — главное действующее лицо «Улисса». Он презренный ирландский еврей, женатый на ирландской католичке. Через него автор высказывает большую часть своих мыслей. Вы согласны, что сцена, в которой Леопольд Блум смотрит на маленькую девочку на качелях, — самая эротичная в книге.

Что такое еврей? За свою жизнь я встречала... больше евреев, чем я могу сосчитать. И, Господи прости, некоторые из них меня трахали. Некоторые из них выглядят как настоящие евреи, но ведь и арабы выглядят так же; есть и такие, у которых светлые волосы и голубые глаза, каким мог бы позавидовать Гитлер. А некоторые — где-то посредине, про кого никогда не поймешь, еврей он или нет. Как, на ваш взгляд, Гитлер распознавал, кто еврей и кого следует уничтожить? Только по внешности? Я встречала немало немецких евреев, чья внешность была стопроцентно арийской. Я, например, не могу сказать, еврей вы или нет. То же самое с женщинами.

Кажется, я отклонилась от темы. Но ведь это и называется свободные ассоциации.

Так вот: моя идея! Начнем с того, что существуют врач и пациент. Я не люблю слово «анализируемый», «объект анализа», то есть пациент, подвергающийся психоанализу. Это наводит на мысль, что лечение больного сознания отличается от лечения больного тела. Однако и вы, и доктор Фрейд считаете, что мозг — это тоже орган тела. Поэтому человека, которого лечат, и называют пациентом...

Так вот, пациент находится в кабинете врача, и врач просит: расскажите мне все, что вы думаете, все-все, что бы это ни было. А вы не можете произнести ни слова. Сколько раз после такого сеанса я возвращалась домой, плача, потому что считала, что сама виновата.

Читая рассуждения Молли, я вдруг подумала: надо взять магнитофон, вставить пленку, включить и говорить все, что придет в голову, как я делаю это сейчас. Это на самом деле легко. Я лежу в постели, на мне только нижнее белье. Если я хочу пойти к холодильнику или в туалет, я останавливаю запись и потом снова включаю, когда мне это удобно.

И вся я — сплошная свободная ассоциация. Без проблем. Вы поняли идею, не правда ли? Пациент не может делать это в кабинето врача. Пациент дома с магнитофоном. Пациент отсылает запись доктору. Доктор прослушивает запись. И когда пациент приходит на прием, доктор проводит сеанс психотерапии, основываясь на этих записях. Лечение намного эффективнее. Да, да, пациент может включить и свои сны. Вы знаете, как быстро забываются сны, если они вообще были.

Доктор Фрейд сказал, что сны — это путь к подсознанию, и вот я записываю свои сны на пленку.

Итак, доктор Гринсон! Вы величайший психиатр в мире. Теперь скажите: разве Мэрилин Монро не изобрела нечто, способное облегчить работу психоаналитика? После того как вы прослушаете мою запись и проведете со мной сеанс, вы можете опубликовать статью в научном журнале. Какая была бы сенсация! И я не хочу никаких авторских прав. Это мой подарок вам. И я никогда не расскажу об этом никому-никому. Вы будете первым в своей профессии. Можете даже запатентовать идею и разрешать пользоваться ею вашим коллегам...

Вы единственный, кто будет знать самые сокровенные, самые тайные мысли Мэрилин Монро. Я вам полностью доверяю, вы никогда не расскажете ни одной живой душе то, что я вам поведаю.

То, что я говорила вам, когда впервые стала вашей пациенткой, — правда. У меня никогда не было оргазма. Помню, я сказала вам, что оргазм происходит у меня в голове, а не в половой сфере... Меня это не беспокоит, но мои свободные ассоциации кого-нибудь могут довести до бешенства. Например, одна мысль о моей матери приводит меня в ужас. Но я не собираюсь сейчас говорить о ней. Давайте сначала закончим мои рассуждения об оргазме.

Вы сказали, что у меня в голове есть какой-то барьер, который мешает мне достичь оргазма. Что-то, что уходит корнями глубоко в мое детство и по поводу чего я испытываю такое чувство вины, что отвергаю право получать удовольствие. Это что-то связано с половым актом, который был ошибкой, но из-за чего одна мысль о получении сексуального удовольствия вызывает у меня чувство вины. И это упрятано глубоко в моем подсознании. С помощью психоанализа можно вывести это в сознание, освободить его от чувства вины и дать мне возможность получать удовольствие от оргазма. Да, мы работали в этом направлении, но ничего не добились. Я приходила домой и рыдала, и меня тошнило от отчаяния. Тогда вы сказали, что нужно попробовать другой подход. Вы объяснили мне, как стимулировать себя, и что если я точно последую вашему совету, то испытаю оргазм, а потом смогу получать оргазм и с моими любовниками. Так и случилось.

Благослови вас Бог, доктор! То, что вы говорите, как молитва для меня. Теперь я испытываю множество оргазмов. Не один, а два или три... с мужчиной, который не торопится. Я никогда так сильно не рыдала, как после моего первого оргазма. Потому что годами я этого не знала. Сколько потерянных лет! Как я могу описать вам, мужчине, что значит оргазм для женщины? Я попытаюсь. Представьте лампочку, подключенную к реостату. Если вы медленно включаете реостат, лампочка начинает загораться — светлее, светлее — и, наконец, достигает максимальной яркости. И наоборот, когда вы постепенно выключаете реостат, свет слабеет, пока комната не погружается во тьму. Это так прекрасно... Доктор, я боготворю вас.

А вот вам мой сон. Мне снилось, что я сижу на коленях у Кларка Гейбла и он обнимает меня и говорит: «Они предлагают мне сняться в продолжении «Унесенных ветром». Может быть, я соглашусь, если ты будешь моей Скарлетт». Я проснулась вся в слезах.

Они называли его Королем, и, Бог свидетель, он им был. Как уважали его актеры и вся съемочная группа, даже этот... Джон Хьюстон. Когда-нибудь настанет день, когда они и ко мне будут относиться так же... Для всех на съемочной площадке он был «мистер Гейбл», а мне он позволял называть себя Кларк...

Он так заботился о животных на съемках. Хотя повсюду были инспекторы Общества любителей животных. Он просил всех заботиться о лошадях. Ирония судьбы: именно лошадь погубила его. Рассказывали, что после того как лошадь понесла его и сбросила, Кларк успокаивал ее, гладил и дал кусочек сахара.

Он относился ко мне с такой теплотой, а я этого не заслуживала. У меня были сложности с Артуром (Миллером. — *В.Г.)*, я болела и сильно задерживала съемки. Но Кларк защищал меня перед Хьюстоном, который нажимал на меня, больную, заставлял продолжать съемки.

В сценах с поцелуями я целовала его с настоящей страстью. Я не хотела ложиться с ним в постель, но я хотела, чтобы он знал, как он мне нравится и как я ему благодарна.

Кларк рассказал мне, что многие годы занимался охотой, но потом решил, что не будет убивать животных. «Если бы у меня были дети, — говорил он, — я научил бы их охотиться с фотоаппаратом, а не с ружьем».

Как-то я вернулась на съемки после болезни, он шлепнул меня по попке и сказал, что если я не буду вести себя как подобает хорошей девочке, то он отшлепает меня всерьез. Я посмотрела на него и сказала: «Не соблазняйте меня». Он зашелся от смеха, на его глазах появились слезы.

Чтобы видеть его, я смотрела «Унесенные ветром» снова и снова. Он прекрасен. Я буквально кричу от бешенства... Эти... из Академии не дали ему «Оскара». Он должен был получить без сомнения. Ну, ладно, это было давно. Мне тогда было лет тринадцать. Я никогда в жизни не встречала мужчину столь романтичного, как он в этом фильме.

...Он был другим, когда я его впервые увидела. Тогда я хотела, чтобы он был моим отцом. Пусть бы даже он шлепал меня, это не страшно, если бы он мог обнять меня и сказать, что он мой Папочка и любит меня. Конечно, все это не более чем мечты.

С тех пор как вы пригласили меня в свой дом, познакомили со своей семьей, я думала, как было бы прекрасно, если бы я была вашей дочерью, а не пациенткой. Я знаю, это невозможно, пока я ваша пациентка. Но, может быть, когда вы меня вылечите, вы сможете удочерить меня. Тогда у меня был бы отец, которого я всегда мечтала иметь, а ваша жена, которой я восхищаюсь, стала бы моей матерью и ваши дети — моими братом и сестрой.

Нет, доктор, я не нажимаю на вас. Но так чудесно мечтать об этом, что я заливаюсь слезами. Я остановлюсь ненадолго...

...Когда Кларк Гейбл умер, я проплакала два дня подряд. Я не могла ни есть, ни спать. Единственно, что меня успокаивало, что из-за меня он смеялся до слез. Есть ли Бог? Он несправедлив, он не дал Кларку пожить подольше, чтобы научить своего сына охотиться с фотоаппаратом...

Говоря об «Оскарах»: я была бы вне конкуренции, если бы премию давали за имитацию оргазма. Это было мое лучшее актерское достижение, когда мои партнеры были убеждены, что я на верху блаженства. Я попросила бы Джонни Хайда вручить мне эту награду, если бы он был жив. Он не был кем-то особенным. Маленькая креветка... Маленькая креветка — это преувеличение или тавтология? Вечно я их путаю. Но важно другое: он не доставал мне и до подбородка. Джонни был скрытен, но не было лучшего агента в нашем деле. Руководители студий и актерских отделов его уважали. Его слово значило много. И при заключении сделки не нужны были никакие адвокаты.

...Как этот человек заботился обо мне! Он развелся с женой, купил дом для нас, покупал мне одежду, платил за моего парикмахера, за косметолога, оплачивал счета врачей. Он был моим агентом и помог мне получить много ролей. И он делал все, чтобы убедить меня выйти за него замуж. Я не исключаю, что я согласилась бы стать его женой, если бы он захотел. Но на самом деле он считал, что брак может повредить моей актерской карьере. Он говорил мне: если я буду его слушаться, то стану большой кинозвездой...

Я была всем для него: женой, матерью, сестрой, дочерью, любовницей. Никто не мог любить меня так сильно, как Джонни. И я *любила* этого маленького человека. Но я никогда не была *влюблена* в него. Я готова была сделать все, что он пожелает. Но не могла отплатить ему той же любовью, какую он дарил мне. Мы оба знали, что у него больное сердце. Его доктор сказал мне, что, если он хочет жить, он должен расстаться со мной и прекратить работать. Он этого не сделал и умер скоропостижно, не успев включить меня в свое завещание, как он обещал. C'est la vie!

Сплетники утверждают, будто это наши отношения погубили его. Они тратят время впустую, пытаясь внушить мне чувство вины. Я дала Джонни величайшее счастье. И он не променял бы один день со мной на год жизни без меня...

Слушаю радиопередачу. Они пытаются разжечь огонь так называемой вражды Кроуфорд — Монро. Ну да, она говорила что-то весьма нелестное обо мне. Было это давно. И мне все безразлично. Я не знаю, почему она это делала. Ведь все началось вполне дружески. Лучше всего об этом сказал Шекспир:

Но имя доброе мое укравши,
Себя нисколько не обогатил,
Меня же сделал безнадежно нищим[4].

Нет, доктор, я не пытаюсь выпендриваться. Я знаю наизусть многое из Шекспира. Это напоминает мне о «Принце и хористке». Лоуренс Оливье пришел в мою уборную, чтобы отругать меня за то, что я напортачила. Я смягчила его, сказав, что его Гамлет — величайший из когда-либо созданных в кино. Вы знаете, он получил «Оскара» за эту роль.

И его Принц был настоящим... Лоуренс был поверхностным — нет, это неправильное слово — надменным, высокомерным, тщеславным. Может быть, немного антисемитом: просто некоторые из моих друзей евреи, и я чувствовала его к ним антипатию. Но, черт возьми, великий, великий актер!

На вечеринке он рассказал пару еврейских анекдотов. Артур сказал, что его акцент на идиш великолепен. Я объяснила Ларри, что Ли Страсберг считает: Шекспир сидит глубоко во мне. Что он об этом думает? Оливье ответил: Мэрилин, если ты будешь работать с Ли так серьезно, как ты никогда еще не работала, и освоишь основы, приходи ко мне, и я помогу тебе стать шекспировской актрисой. И Оливье два часа читал Шекспира. Все — от Гамлета до Шейлока. Это было чудо. Я никогда не слышала ничего более волшебного. Вот чем он закончил:

Ей надлежало бы скончаться позже:
Уместнее была бы эта весть.
Бесчисленные «завтра», «завтра», «завтра»
Крадутся мелким шагом, день за днем,
К последней букве вписанного срока;
И все «вчера» безумцам освещали
Путь к пыльной смерти. Истлевай, огарок!
Жизнь — ускользающая тень, фигляр,
Который час кривляется на сцене
И навсегда смолкает; это — повесть,
Рассказанная дураком, где много
И шума и страстей, но смысла нет[5].

«Этим все сказано», — бросил Оливье, улыбнулся и ушел. Я сидела и плакала от восторга, что удостоилась чести его слушать.

О да, Кроуфорд...

Мы прошли в ее спальню... У нее был гигантский оргазм, она визжала, как маньячка. Надо отдать должное Наташе Лайтесс. Она научила меня не только актерскому ремеслу...

Следующий раз, когда мы встретились, Джоан потребовала продолжения. Я прямо сказала ей, что не получаю удовольствия от секса с женщинами. Я отвергла ее, и она начала враждебные действия.

Лучше всего сказал об этом английский поэт: «Никакая ярость не может сравниться с любовью женщины, перешедшей в ненависть». Многие приписывают эти слова Шекспиру. Но подлинный автор — Уильям Конгрив[6]. Это я, Мэрилин Монро, ученый-классицист.

О клизмах. Вы и доктор Фрейд считаете, что плод проходит через анальный период развития, когда ребенок начинает контролировать функции анальных сфинктеров. Доктор Фрейд считает, что сексуальные функции и функция выделения экскрементов всегда смешаны. Вы сказали, что детский опыт в период анального развития может привести к фиксации, которая будет играть роль в более позднем сексуальном развитии. Возможно, это случилось и со мной, и мы придем к этому в процессе психоанализа. Вы знаете, я очень плохо помню свое раннее детство... Я что-то вспоминаю о клизмах, которые мне делали, когда я была маленькой... Это то, что вы и доктор Фрейд называете «подавленной памятью». Я буду думать об этом и наговорю еще одну пленку.

Но, доктор, я не понимаю, почему о клизме не принято говорить в обществе. Большинство моих знакомых актрис делают их, даже если они в этом не признаются. Мэй Уэст рассказала мне, что ей делают клизму каждый день и что она испытывает оргазм раз в день... Мэй считала, что клизмы и оргазмы сохранят ей молодость до ста лет[7]. Хочется верить, что так и будет. Приятная особа, несмотря на то, что отказалась сниматься со мной. Лишнее свидетельство, как она умна.

Питер Лоуфорд говорит, что в прошлом специалисты, которых называли фармацевты, постоянно делали клизмы королеве и всем благородным дамам при дворе короля Луи XIV... Да, я люблю клизмы. Ну и что?!

Но давайте перейдем к более серьезным вещам, доктор. Я прошу вас помочь мне избавиться от Мюррей. Она делала мне клизму прошлой ночью, я же думала про себя: хоть ты и хороша в этом деле, ты должна исчезнуть. Но как? Я не могу просто так ее уволить. Ведь немедленно последует книга «Тайны Мэрилин Монро, рассказанные ее прислугой». Она заработает массу денег, выбалтывая все, что знает, а знает она, черт возьми, немало.

Как насчет такого хода: вы скажете ей, что у вас есть очень серьезно больной пациент, который нуждается в квалифицированном уходе. Я с огромным сожалением, буквально со слезами на глазах, соглашусь с ней расстаться. Я выдам ей приличную сумму, но она подпишет обязательство не давать интервью и не писать обо мне. Спросите Микки (адвокат Майк Рудин. — *В.Г.*), будет ли такое обязательство достаточной гарантией. Доктор, дело в том, что мы просто не любим друг друга. Я не могу примириться с ее дерзостью и нежеланием выполнять мои поручения. Если у вас есть лучшее предложение, скажите мне.

Меня беспокоит и другая проблема. Некто Слатцер вертится вокруг, распространяя ложь, будто он был моим мужем и какая я в постели. Я спросила Фрэнка Синатру, что можно сделать. Он сказал, Мэрилин, детка, просто не обращай внимания. Если ты реагируешь на таких людей, ты привлекаешь к ним всеобщее внимание, а себя только принижаешь. Полагаю, что Фрэнк знает такие вещи лучше других... Он помог многим людям совершенно бескорыстно и анонимно. Паршивая пресса смешивает его с грязью, обвиняя в связях с мафией и гангстерами. А Фрэнк просто не реагирует.

Какой он прекрасный друг! Я люблю Фрэнка, и он любит меня. Это не та любовь, что ведет к браку. Она лучше, потому что брак не может ее разрушить. Я это хорошо знаю. Ведь брак расстроил мои отношения с двумя прекрасными людьми.

Джо Д. (ДиМаджио. — *В.Г.*) любит Мэрилин и всегда будет ее любить. И я люблю его и всегда буду любить. Но Джо не мог оставаться в супружестве с Мэрилин Монро — знаменитой кинозвездой. У Джо, в его упрямой итальянской башке, сохраняется традиционное итальянское представление о жене как о домашней хозяйке, выполняющей любые его желания и целиком ему себя посвятившей. Доктор, вы знаете, что я не такая. И нет таких сил, которые заставили бы меня перестать быть Мэрилин Монро, стать кем-то другим, чтобы только спасти наш брак. Прошло совсем немного времени, и мы оба это поняли, и наш брак распался. Но мы не перестали друг друга любить. В любое время, когда Джо мне нужен, он прилетает. Можно ли представить лучшего друга?

Совсем иначе сложилось с Миллером. Брак наш был ошибкой, но не его, а моей. Он не мог и не хотел дарить мне то внимание, тепло и страсть, которые мне были необходимы. Это просто не в его характере. Артур никогда не считал меня особенно умной. И он не хотел делиться со мной своей интеллектуальной жизнью. В постели мы тоже не творили особых чудес. И он это не слишком переживал. Знаете, я думаю, его коротышка еврейский папа относился ко мне с большим вниманием, чем Артур. Мне нравился этот маленький еврей с его яркими национальными чертами. Но еврейская религия меня никогда особенно не привлекала... Может быть, Артур — прекрасный писатель, с этим я могу согласиться. Но Артур не знает кино и не понимает, как надо писать сценарии. Фильм «Неприкаянные» не стал большим событием именно из-за сценария. Гейбл, Монро, Клифт, Уоллах, Хьюстон. Что еще нужно? Нужен был сюжет, достойный его исполнителей. Даже если Иисусу Христу дать плохой сценарий — будет провал. Знаете, почему картины на религиозные темы — «Бен Гур» или «Десять заповедей» — так успешны? Да потому, что «Библия» — отличный сценарий.

Вчера я долго стояла обнаженной перед большим зеркалом. Я была причесана и в косметике. Что я увидела? Груди начинают немного обвисать. Талия еще ничего себе. Мой зад — в полном порядке, это лучшая часть моей фигуры. Ноги, колени, лодыжки — также хороши. И ступни не очень большие... Прекрасно, Мэрилин, это все твое. И время принимать решение.

Если я буду продолжать сниматься для них... для студии «XX Век — Фокс», моя ставка должна быть выше всех в Голливуде, вдвое больше, чем они платят Элизабет Тейлор, плюс процент с прибыли. Я выбираю сценарий, режиссера и актеров.

Фильмы будут боевиками. Я вложу часть заработанных миллионов в безопасные инвестиции. Остальное пойдет на финансирование моего плана.

Я буду изучать Шекспира с Ли Страсбергом. Я буду платить ему, чтобы он занимался только со мной. Он верит, что я могу осилить Шекспира. Пусть он это докажет. Это даст мне основу, о которой говорил Оливье. Потом я поеду к Ларри (Лоуренс Оливье. — *В.Г.)*, чтобы он мне помог. Я заплачу столько, сколько он потребует. И я стану продюсером, и буду играть в шекспировских фильмах, чтобы все шекспировские пьесы с Оливье были экранизированы.

Я прошу вас, доктор, зарядить меня энергией на год или больше. Я заплачу вам, чтобы быть вашей единственной пациенткой. И я сделаю вам еще один подарок. Я выброшу все мои таблетки в сортир. Видите, как я серьезно к этому отношусь.

Я прочла всего Шекспира и практиковалась в декламации многих отрывков. Я не беспокоюсь о сценарии. Со мной работает сам Шекспир — величайший из когда-либо живших сценаристов мира, и я не должна ему ничего платить. О, Мэрилин Монро постарается сделать это на отлично. Сначала я сыграю Джульетту. Не смейтесь. Грим, костюм и кинокамера творят чудеса, и мое актерское мастерство создаст образ четырнадцатилетней Джульетты, невинной, не познавшей любви, но фантастически сексуальной. У меня есть отличные идеи насчет Леди Макбет и королевы Гертруды. Я абсолютно уверена, что я получу «Оскара» за одну из шекспировских ролей. Да, доктор, это то, что я намерена сделать. И всем этим я обязана вам.

...Мэрилин Монро — солдат. Ее главнокомандующий — самый великий и самый могущественный человек на Земле. А главная обязанность солдата — подчиняться своему командиру. Он говорит «сделай это», ты делаешь это. Он приказывает: «сделай то», и ты делаешь то. Этот человек изменит нашу страну. Ни один ребенок не останется голодным. Ни один человек не будет спать на улице и копаться в мусорных ящиках в поисках пищи. Все получат качественную медицинскую помощь. Наша промышленная продукция будет лучшей в мире. Нет, это не утопия, он преобразит нашу страну так же, как президент Франклин Делано Рузвельт сделал это в 30-е годы... И для мира он сделает то же, что и для Америки: изменит все к лучшему. Я скажу вам, доктор: когда он завершит свои преобразования, он займет место рядом с Вашингтоном, Джефферсоном, Линкольном и Ф.Д.Рузвельтом как один из величайших президентов Америки.

Я рада, что у него есть брат Роберт... Бобби готов сделать для брата абсолютно все. Как и я. Я никогда не поставлю его в неудобное положение. С тех пор, как я себя помню, я помню Джона Фицджералда Кеннеди.

Но Бобби, доктор, что мне делать с Бобби? Вы видите, в моей жизни нет для него места. И у меня не хватает мужества сказать ему правду и ранить его. Я хочу, чтобы кто-то другой это сделал: сказал ему, что все кончено. Я пыталась просить об этом президента, но не смогла с ним связаться. Теперь я рада, что не смогла. Он слишком важен для меня, чтобы просить его о чем-то. Вы знаете, когда я пела на дне его рождения... Может быть, я должна собраться и сказать ему все сама. Но я знаю, как сильно это его ранит, и у меня не хватает сил нанести этот удар.

Я думаю, вот что случилось с Бобби: в какой-то момент ему просто стало недоставать хорошего секса с женой. Но когда он спит с женщиной, которую хотят все мужчины, его католическая совесть ищет способ оправдать измену. Так что любовь становится его оправданием. И если ты любишь достаточно сильно, ты не можешь обвинять кого-то.

Ну хорошо, доктор, это моя попытка проанализировать, почему Бобби меня любит. И теперь я понимаю, что это такое на самом деле, и мне уже не трудно самой решить эту проблему. Поразительно, что я добилась этого просто с помощью моих свободных ассоциаций...

Ну, это пока все, что у меня есть для вас, чтобы разобраться...

Спокойной ночи».

* * *

Какова же история этой публикации?

Начальником судебно-медицинского отдела прокуратуры Лос-Анджелеса, принимавшим активное участие в расследовании причин смерти актрисы, был Джон Майнер. В августе 1962 года Майнер встретился с доктором Ральфом Гринсоном, и тот дал ему прослушать магнитофонную запись, сделанную Монро незадолго до смерти. Доктор Гринсон взял с Майнера обязательство никогда никому не рассказывать о пленке, так как это нарушило бы его клятву Гиппократа.

Первоначальный вывод следствия — лекарственное отравление и (или) возможное самоубийство. Но все последующие годы возникали новые и новые версии причин смерти Монро. Публиковались книги, снимались документальные фильмы, возникали новые теории заговора братьев Кеннеди, врачей актрисы, мафии, ФБР, ЦРУ...

В 1979 году, после смерти доктора Гринсона, оригинальная пленка исчезла. Но в сорок третью годовщину смерти актрисы 86-летний Майнер решился опубликовать текст. Причина, побудившая его пойти на этот шаг, — многочисленные обвинения в адрес доктора Гринсона в неправильном лечении или даже в соучастии в убийстве актрисы. С согласия вдовы Гринсона Майнер решил передать запись текста газете «Лос-Анджелес таймс».

Хотя, по словам Майнера, он делал подробные записи во время прослушивания, нелегко поверить, что можно запомнить столь длинный текст, включая цитаты из Шекспира!

В 1982 году было принято решение провести новое расследование. Майнер был в лагере тех, кто решительно отвергал как версию убийства, так и самоубийства. При встрече со следователями он упомянул магнитофонную запись, но было неясно, имелась ли у него подробная запись. Хотя в ходе этого предварительного пересмотра дела обнаружились многие противоречия и несоответствия и хотя пропали некоторые вещественные доказательства, прокуратура пришла к выводу, что достаточных оснований для нового расследования нет.

Джон Майнер — единственный оставшийся в живых участник следствия по делу Мэрилин Монро. Интервьюировавшие его следователи нашли, что он честный человек и ему можно верить. Они решительно отвергли возможность фальсификации магнитофонной ленты. Тем не менее Майнер в свое время в ходе интервью скрыл, что у него имелась полная запись, иначе его вынудили бы передать пленку следствию.

Невозможно точно установить дату записи, но можно утверждать, что она была сделана уже после дня рождения Джона Кеннеди, то есть после 20 мая 1962 года. Голливудский журналист Джеймс Бэкон, которому ныне 90 лет, познакомился с Мэрилин в 1949 году и стал ее другом. Он вспоминает, что был у актрисы дома за пять дней до ее смерти. «Она пила шампанское вперемежку с водкой и время от времени глотала таблетки». «Эта смесь убьет тебя», — сказал ей Бэкон. «Но ведь до сих пор не убила», — засмеялась Мэрилин. И она сделала еще глоток шампанского и проглотила еще одну таблетку. «Но у нее не было ни малейшей депрессии, — добавляет Бэкон. — Она собиралась снова поехать в Мексику, у нее в это время был мексиканец-любовник. Я забыл его имя. Она покупала мебель для дома, и это был ее первый собственный дом. Словом, в тот день у нее было отличное настроение, конечно, шампанское и водка тому способствовали».

Воспоминания Джона Майнера о том, как велось следствие, помещены в том же номере газеты «Лос-Анджелес таймс». Вот некоторые отрывки:

«Для меня все началось в тот момент, когда я увидел обнаженное тело 36-летней женщины — Мэрилин Монро. Она была мертва. Тело ее было прекрасно. Вскрытие актрисы, как и многих других знаменитостей, производил хирург-патологоанатом Томас Ногучи, ее последний доктор. Внешне ничто не указывало на причину ее смерти. Мы внимательно осмотрели ее тело с помощью увеличительного стекла и убедились, что на нем нет никаких следов инъекций. Ногучи взял мазки из ее влагалища, заднего прохода и рта, чтобы убедиться в наличии или отсутствии половой активности в последние часы ее жизни...

Поскольку никаких физических признаков смерти мы не обнаружили, подозрение сосредоточилось на лекарственном отравлении. И после соответствующих исследований внутренних органов и крови стало совершенно ясно, что причиной смерти была чрезмерная доза нембутала, который обычно принимают при расстройствах нервной системы и бессоннице. Еще в крови был обнаружен несмертельный уровень хлоралгидрата, который тоже иногда прописывают при бессоннице.

Естественно, возник вопрос: как могла смертельная доза барбитуратов проникнуть в организм покойной? Есть только три пути: через рот, путем инъекции или же через кишечник. Ответить на этот вопрос оказалось довольно трудно, так как целый ряд вещественных доказательств (содержание желудка, мазки и образцы внутренних органов) таинственным образом исчезли. К счастью, остались образцы крови и печени. Анализ крови дал ответ на вопрос о причинах смерти — нембутал. В печени уровень нембутала был очень высок — 13 процентов. Это важный показатель, свидетельствующий о том, что организм абсорбировал лекарство в течение длительного периода до смерти...»

На основании всех полученных данных доктор Ногучи и Джон Майнер исключили возможность смертельного исхода с помощью инъекции или через рот. Они пришли к выводу, что Мэрилин Монро могла быть убита следующим образом. Сначала она приняла (или же ей дали) хлоралгидрат, и она потеряла сознание. Затем кто-то растворил примерно 30 капсул нембутала в воде и ввел раствор в организм с помощью клизмы. Использование клизмы могло испачкать постельное белье, вот почему кажется важным, что Юнис Мюррей затеяла стирку в 12 часов ночи, когда ее хозяйка, по всей видимости, была уже мертва. Мюррей никогда не объясняла свое странное поведение, и следователи также не обратили на это внимание.

Когда в 1962 году Майнер интервьюировал доктора Гринсона, тот уверенно заявил, что Мэрилин Монро не кончала жизни самоубийством и не была убита. Доктор был убежден, что смерть — это случайность, в которой нет ничего преднамеренного. В доказательство он предъявил ту самую магнитофонную пленку.

Как видим, сразу же после смерти Монро появляются разные версии причин ее смерти. В дальнейшем многочисленные исследователи ее жизни и творчества разделились на несколько враждующих группировок, с пеной у рта доказывающих правоту своей версии трагических событий. Так возникла одна из самых живучих легенд о последних днях кинозвезды.

Но прежде чем перейти к более подробному анализу всех этих версий, попробуем проследить события последнего года ее жизни.

1962 год начался для Мэрилин удачно. Она, наконец, купила свой первый дом в Голливуде. Это был небольшой и довольно неказистый домик, но актриса всегда мечтала о доме и с энтузиазмом начала обставлять, украшать, создавать уютное жилье. В феврале именно с этой целью, а также чтобы отдохнуть перед съемками нового фильма, Монро отправилась в Мексику. 4 февраля она вылетела в Нью-Йорк, где встречалась с Ли Страсбергом и посетила несколько спектаклей, затем поехала во Флориду и оттуда в Мексику. Там она активно общалась с членами «Голливудской десятки». В Мехико-Сити тогда жили Далтон Трамбо, Герберт Биберман, Альберт Мальц, Джон Говард Лоусон — всего более 25 семей. Но особенно часто актриса виделась с Фредериком Филдом, наследником богачей Вандербильт. В своих мемуарах Филд, коммунист и активный агент советской разведки, писал, что актриса рассказывала ему о встречах с братьями Кеннеди, о борьбе за гражданские права, о своей ненависти к сенатору Маккарти. По ее словам, однажды она прямо спросила братьев Кеннеди, почему они не выгонят директора ФБР Гувера. На что министр юстиции Роберт Кеннеди ответил, что «хотел бы, но в настоящее время с политической точки зрения это нереально». Братья Кеннеди прекрасно понимали, что Гувер собрал на них обоих горы компромата.

Все разговоры актрисы в Мексике записывались агентами ФБР, и уже 6 марта на столе у Гувера лежало донесение под грифом «Мэрилин Монро — Вопросы безопасности — Коммунисты»[8]. В меморандуме подробно излагались беседы Мэрилин и Филда, связанные с конфиденциальной информацией, которую она получила от президента и министра юстиции. Информация эта представляла угрозу национальной безопасности и вызвала настоящую панику в штаб-квартире ФБР в Вашингтоне.

В Мексике Мэрилин Монро также познакомилась с модным писателем Хозе Боланосом, который стал ее последним любовником. Боланос тесно общался с левыми радикалами и в то же время поставлял информацию ФБР и ЦРУ. В марте 1962 года Боланос последовал за Мэрилин в США, где его связь с актрисой продолжалась вплоть до июля. Именно Боланос сообщил агентам ФБР, что слышал рассказ Мэрилин Монро о ланче в доме Лоуфордов в июле 1962 года, где с участием Роберта Кеннеди обсуждался вопрос о нравственных аспектах ядерных испытаний.

В этот период постоянное наблюдение за Мэрилин Монро вели, наряду с агентами ФБР, также сотрудники ЦРУ, так как в дело были замешаны советские агенты, в частности Фредерик Филд. Документ ЦРУ, подписанный шефом контрразведки Джеймсом Энглтоном, санкционировал установку подслушивающих устройств в доме Монро. ФБР также вело наблюдение за Филдом, который 10 июля 1962 года приехал из Мексики на машине в Нью-Йорк и поселился в квартире Мэрилин Монро.

В распоряжении исследователей имеется еще один документ ЦРУ, подписанный Энглтоном 3 августа 1962 года, то есть накануне смерти Мэрилин Монро. В нем приводится расшифровка записей разговоров Мэрилин с журналисткой Дороти Килгаллен, в которых затрагивались государственные интересы США. Актриса рассказывала: о своих сложных отношениях с братьями Кеннеди, о том, что Роберт перестал отвечать на ее телефонные звонки, и вообще о пренебрежительном отношении к ней со стороны президента и его брата; о своих планах созвать пресс-конференцию, чтобы рассказать правду об отношениях с Джоном и Робертом. Она грозила созвать пресс-конференцию в понедельник 6 августа и рассказать все. Мэрилин ссылалась на свой «секретный дневник» и строила догадки, что пресса будет делать с такой сенсацией; она говорила о советских базах на Кубе и о плане президента убить Кастро.

По некоторым данным, ЦРУ довело эту запись до сведения министра юстиции, и обеспокоенный Роберт Кеннеди срочно вылетел из Сан-Франциско в Лос-Анджелес и вечером 3 августа обедал с Мэрилин Монро и Питером Лоуфордом в ресторане «Ла Скала». Официант ресторана якобы слышал, как Мэрилин и Роберт вели разговор на повышенных тонах.

Наконец, через Фрэнка Синатру Мэрилин контактировала с мафией, не раз посещала казино в Лас-Вегасе, где собирался цвет американских гангстеров. По утверждению Смита, Джимми Хоффа нанял специалиста по подслушивающим устройствам, и тот начал записывать телефонные разговоры Монро. Хоффа надеялся с помощью компрометирующих записей шантажировать братьев Кеннеди, и в особенности Роберта, объявившего мафиозным структурам жестокую войну.

Вообще отношения Мэрилин Монро с президентом Джоном Кеннеди и его братом — министром юстиции Робертом, — являются предметом многочисленных спекуляций и домыслов.

Биограф актрисы Дональд Спото утверждает, что Мэрилин встречалась с Джоном Кеннеди только четыре раза. В октябре 1961 года она с ним познакомилась. Затем виделась с ним в феврале 1962 года в частном доме в Нью-Йорке. Третья встреча состоялась в марте в доме певца Бинга Кросби. По мнению некоторых исследователей, именно тогда Мэрилин в первый и последний раз была близка с президентом. Кеннеди пригласил ее приехать в мае в Нью-Йорк на его день рождения. Выступление Монро на этом торжестве и было ее последней встречей с Кеннеди. Мнения исследователей сильно расходятся — от нескольких случайных встреч с Джоном Кеннеди до многолетней связи с ним, чуть ли не начиная с 1954 года.

Столь же разноречивы и данные о ее связи с Робертом Кеннеди. Тот же Спото считает, что Мэрилин Монро никогда не вступала с ним в интимную связь. Роберт якобы был отличным семьянином и не изменял жене. По его мнению, достоверно известны три или четыре встречи с Робертом, но все они носили скорее светский характер.

Однако Норман Мэйлер[9] в 1973 году прямо написал, что Бобби и Мэрилин были любовниками. Весьма возможно, что истина заключена в архивах ФБР. Директор Эдгар Гувер собирал всю возможную информацию о президенте и министре юстиции. Но в офицально опубликованных документах есть только политическая сторона этих контактов. Существуют достаточно убедительные доказательства, что Джон Кеннеди прекратил встречи и телефонные контакты с Монро после избрания его президентом. Но ее встречи с Робертом и многочисленные телефонные разговоры с ним засвидетельствованы многими документами.

После возвращения из Мексики Мэрилин вместе с «латинским любовником» участвовала в церемонии вручения ей премии «Золотой глобус». Актриса появилась в платье, столь плотно обтягивавшем тело, что она едва могла ступать. На обеде Мэрилин много выпила и не контролировала себя: она снова погрузилась в депрессию, вызванную многочисленными лекарствами (нембутал, секопал, валиум, либриум).

Другой причиной ее депрессии были сложности со сценарием нового фильма «Надо что-то давать». Работа не ладилась, начало съемок перенесли на апрель. Когда 23 апреля был назначен первый день съемок, Мэрилин заболела синуситом. Хотя болезнь продолжала мучить актрису и температура держалась, с 30 апреля съемки пошли довольно быстрым темпом, и настроение у Мэрилин улучшилось.

Так продолжалось до 17 мая, когда Мэрилин должна была вылететь в Нью-Йорк на празднование дня рождения президента. Этот пункт был включен в ее контракт, но режиссер и руководство студии выступили против поездки, считая, что съемки и так идут с отставанием, а в этом случае график будет окончательно сорван. Студия пригрозила актрисе увольнением за нарушение контракта, но Мэрилин все-таки улетела и появилась в Медисон-сквер-гарден, где собралось более 15 тысяч человек, заплативших по тысяче долларов за билет. Само собой, Мэрилин опоздала на торжества. Когда она появилась, руководитель церемонии, Питер Лоуфорд, объявил: «Mister President! Late Marilyn Monroe», что имело двойной смысл — «опоздавшая Мэрилин Монро» или «покойная Мэрилин Монро». Актриса явно находилась в состоянии опьянения или под воздействием лекарств, она шла по сцене заплетающимся шагом. На ней было полупрозрачное обтягивающее платье. Она подошла к микрофону и пропела «Happy Birthday, mister President» с таким сексуальным придыханием, закрыв глаза, облизывая губы и водя руками по бедрам и груди, что зал замер, ожидая скандала. По свидетельству одной журналистки, «это был половой акт с президентом на глазах у сорока миллионов американцев». Словно предчувствуя скандал, жена президента отказалась принять участие в церемонии. Кеннеди сидел в ложе, держа в руках сигару. В ответном слове он сказал, что после такого поздравления он может спокойно удалиться на покой.

После возвращения в Лос-Анджелес съемки картины продолжались, хотя Монро то и дело оставалась дома по болезни. 4 июня Мэрилин исполнилось 36 лет. Короткая и формальная церемония на студии лишь подчеркнула напряженные отношения актрисы со студийным руководством и коллегами. Это было в пятницу. Выходные Мэрилин провела в одиночестве, накачиваясь снотворными и успокоительными. Она находилась в состоянии отчаяния и гнева. Главным образом гнева на доктора Гринсона, который уехал в длительное путешествие по Европе, бросив Мэрилин на попечение других врачей. Мэрилин считала, что он предал ее в трудный момент ее жизни. Так еще раз проявилась сильнейшая психологическая зависимость актрисы от психиатра. В ответ на ее душераздирающие телеграммы Гринсон 6 июня вернулся в Лос-Анджелес, и очень скоро Мэрилин пришла в себя. Но для студии это было слишком поздно, там уже приняли решение уволить Мэрилин, найти другую актрису или законсервировать картину.

8 июня после совещания с доктором Гринсоном и другими врачами и юристами студия передала дело в суд, требуя от Монро возмещения убытков в размере пятисот тысяч долларов. Немудрено, что депрессия Мэрилин еще более усилилась. Ее роль предлагали Ли Ре-

мик, Ким Новак... Но партнер Монро по фильму Дик Мартин, также имевший право выбора актеров, решительно заявил, что не будет сниматься ни с кем, кроме Мэрилин. Тогда фильм законсервировали.

Вторая половина июня прошла в бесконечных интервью и фотосессиях для ведущих журналов. 4—9 июля Мэрилин дала большое интервью еженедельнику «Лайф». По некоторым сведениям, в этот период актриса часто звонила Бобби Кеннеди — жалуясь на болезни, закрытие картины (надеялась, что он поможет). Звонки были короткие: Кеннеди был на работе и не мог вести частные разговоры.

В июле в жизни Монро снова появился ее второй муж, Джо ДиМаджио. Он часто звонил ей, навещал, и даже ходили слухи, что они собирались вновь пожениться.

В результате возможного давления или по каким-то другим причинам, но студия пошла на попятный, и 25 июля состоялась встреча, на которой обсуждались условия возобновления съемок. Условия были весьма благоприятными для Мэрилин Монро. В эти дни Мэрилин призналась Питеру Лоуфорду: «Знаешь, Питер, в некотором роде я очень невезучая женщина. Все это чепуха насчет легенды, вся эта роскошь и реклама ничего не стоят. Каким-то образом я всегда разочаровывала людей...»

В самом конце июля Мэрилин поехала в казино на озеро Тахо в Неваде, где выступал Фрэнк Синатра. С ней был Джо ДиМаджио. Весьма возможно, что там состоялись ее встречи с мафиозными фигурами. Во всяком случае агенты ФБР следили за ее пребыванием в Неваде. Биографы актрисы, Энтони Саммерс и Дональд Вольф, утверждают, что Мэрилин была там накачана наркотиками и даже якобы изнасилована на глазах у Фрэнка Синатры. Другие же — Барбара Лиминг и Дональд Спото — убеждены, что Монро вовсе даже не была на том курорте в те дни. Она якобы легла в больницу то ли для гинекологической операции, то ли для очередного аборта.

Жизнь Мэрилин Монро с 1 по 4 августа описана весьма подробно, но тем не менее полна противоречий. У нее было хорошее рабочее настроение. Она читала новый вариант сценария «Надо что-то давать», думала о следующем фильме — истории жизни актрисы Джин Харлоу, чья судьба отчасти напоминала ее собственную.

1 августа пришел новый договор, дававший ей миллион долларов за две картины, не говоря уже о многих других привилегиях. По свидетельствам общавшихся с ней в эти дни друзей, Мэрилин чувствовала себя неплохо и была рада вернуться на работу. Она также решила предпринять несколько важных шагов, чтобы изменить свою жизнь: попросила адвоката подготовить новое завещание, уволила Юнис Мюррей, обдумывала возможность отказаться от услуг Полы Страсберг и врачей. Все же 1 августа Монро посетила Гринсона, а терапевт Энгельберг заехал к ней домой. 3 августа Монро чувствовала себя хорошо. Когда утром 4 августа к Монро приехал фотограф для съемок материала, она была в отличной форме.

4 августа Роберт Кеннеди с женой и детьми прибыл по делам в Сан-Франциско. По утверждению Спото, он просто физически не мог прилететь в Лос-Анджелес. И это как бы опровергает данные других исследователей об участии Роберта Кеннеди в убийстве актрисы. Утверждения последних основаны на свидетельствах полицейских и мэра Лос-Анджелеса, которые рассказали, что Бобби был-таки в Лос-Анджелесе 4 августа.

Примерно в полдень того дня появилась Юнис Мюррей — это был ее последний день на службе у Монро. В час дня приехал доктор Гринсон и пробыл до 3 часов, когда Юнис отвезла Мэрилин к Питеру Лоуфорду. Они вернулись домой в 4 дня, и снова появился Гринсон, чтобы провести сеанс психотерапии. В 5 часов Мэрилин говорила по телефону с Питером Лоуфордом. Но большинство звонивших не могли прорваться к Мэрилин: Юнис под разными предлогами отказывалась подозвать ее к телефону.

Гринсон уехал в 7 вечера, попросив доктора Энгельберга навестить пациентку. Но Энгельберг не смог этого сделать, сославшись на семейные обстоятельства. Примерно в то же время позвонил сын Джо ДиМаджио, с которым у Мэрилин сложились очень теплые отношения. По его словам, настроение у Мэрилин по-прежнему было хорошее.

Примерно в 7.30 вечера 4 августа Питер Лоуфорд позвонил Мэрилин и пригласил на вечеринку. Она отказалась. Ее речь поразила Питера невнятностью. Вероятно, уже начали действовать проглоченные таблетки нембутала. Еще более странным показались ему слова Мэрилин: «Передай мое «прощай» Пэт (сестра братьев Кеннеди и жена Питера Лоуфорда. — *В.Г.)*. Передай мое «прощай» Джону (Кеннеди. — *В.Г.)*. И я хочу попрощаться с тобой, ты хороший парень». Питер был удивлен и обеспокоен. Он стал снова звонить Мэрилин, но слышал только сигнал «занято». Возможно, Мэрилин в это время уже впала в бессознательное состояние. Лоуфорд стал звонить врачам актрисы, но не смог связаться ни с одним из них. В конце концов ему удалось найти ее адвоката Микки Рудина. Рудин позвонил в дом Монро в 9.30 и разговаривал с Юнис Мюррей. Та сказала, что все в порядке: Мэрилин отдыхает у себя в спальне. Так она думала, но, вероятно, Мэрилин в это время была уже мертва...

Если Спото считает, что утром 4 августа Мэрилин была в отличном настроении, то Вольф, Лиминг и Саммерс утверждают, что она впала в глубокую депрессию. Обе стороны приводят многочисленные факты, подтверждающие правоту их версии.

По версии Спото, Мэрилин приняла нембутал, а доктор Гринсон, не зная этого, попросил Юнис Мюррей сделать актрисе клизму с хлоралгидратом. Поняв, что Монро находится в коме, Гринсон и Мюррей принялись уничтожать компрометирующие улики — клизму, многочисленные бутылочки с лекарствами, документы и так называемый «красный блокнот» с дневником актрисы. Чтобы ликвидировать улики, доктор Гринсон разбил окно спальни, а Мюррей принялась стирать постельное белье, возможно, запачканное, когда она делала клизму. Вывод Дональда Спото: смерть Мэрилин Монро была случайностью (непреднамеренная передозировка лекарств), результат небрежности врача и домоправительницы.

Барбара Лиминг, серьезный исследователь жизни и творчества Монро, приходит к несколько иному выводу — самоубийство. Она пишет, что доктор Энгельберг выписал пациентке 30 таблеток нембутала (якобы по просьбе доктора Гринсона, а на самом деле без его ведома). Мэрилин была в депрессии, но скрывала это от доктора Гринсона. Она гневалась на Ли Страсберга, который перестал уделять ей достаточно внимания. На Миллера, который удачно женился и ждал ребенка. На самого доктора Гринсона, якобы оставившего ее на произвол судьбы.

По показаниям Юнис Мюррей, она проснулась примерно в 3 часа ночи. Постучала в дверь спальни и позвала Мэрилин. Ответа не было. Это ее обеспокоило, и она позвонила доктору Гринсону. Тот приехал почти немедленно и вызвал доктора Энгельберга. В 3.40 они проникли в спальню Монро через окно и зафиксировали ее смерть. В 4.25 утра доктор Гринсон позвонил в полицию и сразу же сообщил диагноз: лекарственное отравление. Началось следствие. Таковы были официально зафиксированные показания Мюррей и обоих врачей.

Но, конечно, были и другие теории, которые вызывают серьезный интерес.

Так, некоторые биографы утверждают, что Роберт Кеннеди, один или вместе с Лоуфордом, все-таки приезжал в тот вечер к Мэрилин, чтобы предотвратить надвигающийся скандал. Якобы актриса намеревалась на следующий день созвать пресс-конференцию и рассказать о своих интимных отношениях с обоими братьями Кеннеди и о многих политических секретах, которые ей удалось узнать, общаясь с президентом и министром юстиции. Этот вопрос и по сей день остается открытым.

Такого рода утверждения основаны на уже цитированном документе ЦРУ о разговоре (интервью?) Монро с журналисткой Дороти Килгаллен. В книге о жизни Килгаллен действительно приводятся ее записи, в которых содержатся намеки на знакомство актрисы с очень известным мужчиной. Намеки, но не более того. «Мэрилин подтвердила свою сексуальную привлекательность, покорив интересного мужчину, чье имя намного более знаменито, чем имя Джо ДиМаджио», — писала журналистка. В посмертной колонке и радиопрограмме Килгаллен также фантазировала насчет последнего звонка того самого «главного мужчины в жизни Мэрилин», но это были всего лишь романтические предположения. Они были основаны на всем известном факте, что в руках у мертвой Мэрилин была телефонная трубка.

Точно так же существуют разные версии о *времени* смерти актрисы. Путаницу внесла Юнис Мюррей, сначала признавшись, что это случилось в полночь, а в дальнейших показаниях стала говорить о трех часах утра. Эти изменения были нужны, чтобы как-то ответить на вопрос, почему врачи позвонили в полицию только в половине пятого. Вообще поведение Юнис Мюррей, ее роль в событиях той ночи, как и ее показания в последующие годы (она, конечно же, написала книгу «Последние месяцы», 1975), кажутся особенно подозрительными. Включая и тот факт, что, когда появилась полиция, она была занята стиркой постельного белья. Как я уже писал, этот странный факт так никогда и не получил разъяснения.

То же самое можно сказать о свидетельствах Питера Лоуфорда, которые он менял несколько раз на протяжении последующих лет. Приезжал ли он вместе с Робертом Кеннеди к Мэрилин Монро? В какое именно время он звонил актрисе в последний раз?

Есть и другие теории: якобы ФБР изъяло записи телефонных разговоров Монро. Предполагается, что речь шла о ее разговорах с президентом и его братом. Действительно, ФБР подслушивало телефонные разговоры актрисы, но значит ли это, что записи были уничтожены? Ведь Эдгар Гувер не слишком жаловал братьев Кеннеди, и если бы ему удалось доказать, что они делились с актрисой секретными сведениями, не говоря уже об их сексуальных связях, он был бы, вероятно, не прочь впутать их в грандиозный скандал.

В своем многостраничном исследовании сторонник «теории заговора» Энтони Саммерс утверждает, что в последние месяцы жизни Мэрилин находилась в состоянии постоянного наркотического транса, ее психика была поражена, личность распалась. По его мнению, у нее была связь с обоими братьями Кеннеди, причем в ее помутненном сознании она планировала выйти замуж за одного из братьев, не важно, за кого именно. Роберт Кеннеди был в нее влюблен, пока не понял, что Мэрилин больна и ее необходимо срочно госпитализировать. Когда Роберт заявил, что их связь не может продолжаться, Мэрилин стала угрожать разоблачением. В дело вступает доверенное лицо семьи Кеннеди и друг Мэрилин Питер Лоуфорд. В последние дни июля Лоуфорд везет Мэрилин в казино в Неваду, где она пьет и накачивается наркотиками. 4 августа Роберт Кеннеди, отвечая на настойчивые приглашения Монро, тайно прилетает в Лос-Анджелес из Сан-Франциско и вместе с Лоуфордом посещает ее дом, пытается ее как-то успокоить. В бешенстве Монро звонит Гринсону, который также пытается привести пациентку в спокойное состояние. После его отъезда Мэрилин делает несколько телефонных звонков, но никто не приходит ей на помощь.

Хотя ее состояние было тяжелым, нет никаких данных, что Мэрилин намеревалась покончить с собой. В 10 вечера она второй раз звонит Лоуфорду, и тот вместе с Робертом Кеннеди снова приезжает к ней на Хелена-драйв. Они застают ее в коматозном состоянии, но еще живой. Вызванная «скорая помощь» везет ее в госпиталь, но она умирает по дороге. Поскольку причину ее смерти могли бы каким-то образом связать с министром юстиции, ее тело возвращают домой, а Питер Лоуфорд уничтожает компрометирующие документы. Эдгар Гувер получает приказ уничтожить записи телефонных разговоров.

Такова вкратце теория Саммерса. В итоге автор приходит к выводу, что смерть Мэрилин Монро была результатом случайной передозировки лекарств. Но при этом имел место заговор братьев Кеннеди, связанный с уничтожением документов, свидетельствующих о связях с Мэрилин.

Одним из самых активных сторонников теории заговора стал Дональд Вольф. Его изданная в Англии книга так и называлась «Убийство Мэрилин Монро» (американское издание вышло под более скромным заголовком — «Последние дни Мэрилин Монро»). Дональд Вольф исходит из предпосылки, что Гринсон и Энгельберг, а также Мюррей, были агентами Коминтерна. Как уже говорилось, оба врача действительно состояли в компартии США и были в контакте с агентом советской разведки Филдом. Но Вольф не приводит никаких доказательств связи между этим фактом и заинтересованностью врачей в убийстве актрисы. По теории Вольфа, события субботы 4 августа развивались таким образом: сразу после заката солнца один из соседей Мэрилин Монро, игравший в бридж, якобы видел, как в дом актрисы вошел Роберт Кеннеди в сопровождении двух человек. Они приказали Юнис Мюррей уйти из дома. Примерно в половине одиннадцатого все трое уехали, а Мюррей, вернувшись, обнаружила Мэрилин лежащей в постели обнаженной и в коме. Мюррей вызвала «скорую помощь» и позвонила Гринсону, который примчался немедленно и пытался привести актрису в чувство с помощью искусственного дыхания... Но его усилия не помогли. Мэрилин умерла еще до того, как приехала полиция.

...Незадолго до полуночи и неподалеку от дома Монро полицейский, по фамилии Франклин, остановил за превышение скорости черный «мерседес». За рулем сидел Питер Лоуфорд, а пассажирами были Роберт Кеннеди и Ральф Гринсон. Они заявили, что едут по делу государственной важности, и полицейский разрешил им следовать дальше, не выписав штраф. Увы, Вольф не приводит никаких фактов, подтверждающих его версию, что к смерти Мэрилин Монро приложили руку Роберт Кеннеди и Гринсон.

Еще более фантастична и лишена какой-либо фактической основы версия романистки Джойс Кэрол Оутс. В опубликованной в 2000 году книге «Блондинка» она утверждает, что Мэрилин была убита неким «снайпером», сотрудником секретных служб (ФБР? ЦРУ? Служба охраны президента? — *В.Г.)*, «патриотом», который расправился с ней за ее левые взгляды. Причем убийство было совершено с помощью «смертельного укола». Однако, как мы знаем, медицинское вскрытие не обнаружило никаких следов уколов на теле Монро.

Казалось, после сорока с лишним лет сторонники разных версий смерти Монро могли бы и успокоиться. А на самом деле публикации следуют одна за другой и споры не утихают.

Одним из самых активных пропагандистов версии заговора стал британский автор Мэтью Смит, автор нескольких публикаций о семье Кеннеди. Отсюда возник его интерес к судьбе Мэрилин Монро. В 1996 году Смит опубликовал книгу под многозначительным названием «Люди, которые убили Мэрилин Монро», а в 2004-м продолжил свое расследование книгой «Последние слова Мэрилин: ее секретные пленки и таинственная смерть». В обоих исследованиях рассматриваются разные версии насильственной смерти актрисы.

Смит утверждает, что у Мэрилин был сначала бурный роман с Джоном Кеннеди, который прекратил с ней отношения, став президентом. Чтобы успокоить разгневанную актрису, Джон послал к ней своего брата Роберта, и у того начался столь же бурный роман. Монро была уверена, что Роберт готов развестись с женой и жениться на ней. Поэтому она впала в настоящую депрессию, когда Роберт неожиданно перестал отвечать на ее телефонные звонки. Смит считает, что эта версия получила подтверждение, когда Джон Майнер предоставил магнитофонные записи, сделанные актрисой незадолго до ее смерти. Но эти записи скорее свидетельствуют об обратном: о восторженном и почтительном отношении Мэрилин к президенту и о ее желании мягко прекратить свой роман с Бобби... В какой степени эти записи достоверны — вопрос, на который мы вряд ли когда-либо получим ответ.

Смит подробнейшим образом анализирует многочисленные полицейские отчеты, результаты судебно-медицинской экспертизы. Но свою версию он основывает главным образом на свидетельствах Роберта Слатцера, журналиста, который, по его уверениям, был любовником Мэрилин в конце сороковых—начале пятидесятых годов и даже якобы зарегистрировал с ней брак, который был через несколько дней расторгнут по требованию руководства киностудии. Хотя есть фотографии Слатцера с актрисой, сама Монро решительно отвергала его утверждения о браке и о каких-либо близких с ним отношениях.

Вопреки достаточно известным фактам Смит утверждает, что между временем (10.30 вечера), когда Мюррей обнаружила смерть своей хозяйки, и четырьмя часами ночи (точнее 4.25), когда доктор Гринсон позвонил в полицию, в доме Мэрилин побывало множество людей, которые очистили дом от компрометирующих документов, среди которых важное место занимал дневник Монро, фигурировавший в книге под названием «красный блокнот». Смит справедливо отмечает противоречия в полицейских документах о событиях той ночи, а также противоречия в показаниях нескольких свидетелей, прежде всего Юнис Мюррей и обоих врачей. По мнению автора книги, эти трое были активными участниками заговора и убийства актрисы, инициаторами которого выступил клан Кеннеди.

Смит относится к числу биографов, которые утверждают, что любовная связь Мэрилин и Джона Кеннеди началась чуть ли не в 1951 году. Они встречались то в придорожных гостиницах, то в доме Питера Лоуфорда. В дальнейшем, уже в период его президентской кампании, любовники встречались в роскошных гостиницах Лос-Анджелеса и Нью-Йорка, куда актрису проводили сотрудники службы охраны. Только после избрания Кеннеди президентом и под давлением своего ближайшего окружения Джон решительно прекратил эту компрометирующую связь.

Согласно этой версии события развивались следующим образом. В начале 1962 года Джон Кеннеди отправил Роберта объяснить Мэрилин мотивы своего поведения, и Роберт с ходу влюбился в Монро. В отличие от своего брата, известного бабника, Роберт считался семьянином. Поэтому роман с Мэрилин вызвал серьезные семейные осложнения. Однако Роберт продолжал интимные отношения с актрисой еще целых шесть месяцев, после чего неожиданно и резко их прекратил. По слухам (а вся эта история сплошные слухи!), Мэрилин забеременела от Роберта и потребовала, чтобы он развелся с женой. Клан Кеннеди пришел в ужас: ведь, если Мэрилин объявит о своей беременности, подозрение неизбежно падет на президента, особенно после ее вызывающего выступления на его дне рождения. А это могло вызвать взрыв общественного негодования и крах карьеры президента. Мэрилин якобы в конце концов согласилась сделать аборт, что и произошло в конце мая или в начале июня. Однако аборты в то время были запрещены в Соединенных Штатах, поэтому аборт, по слухам, был сделан в Мексике.

Сразу же после смерти Монро в ее деле в ФБР появился меморандум, подробно описывающий все имевшие место слухи о связях актрисы с президентом и его братом. 20 августа сотрудник ФБР Эванс сообщил министру юстиции о слухах, что тот якобы имел любовную связь с девушкой из Эль-Пасо, штат Техас. Но Роберт Кеннеди заявил, что никогда не был в этом городе и что все обвинения совершенно беспочвенны. В том разговоре Роберт Кеннеди сказал, что осведомлен о слухах о его связи с Мэрилин Монро. Он сообщил, что несколько раз встречался с актрисой в доме своей сестры Пэт Лоуфорд, но все прочие обвинения не имеют под собой никаких оснований. По мнению ФБР, Мэрилин Монро, скорее бессознательно, чем сознательно, представляла серьезную опасность для безопасности страны из-за ее постоянных контактов с либералами и коммунистами, которые, в свою очередь, передавали информацию агентам советской разведки.

* * *

Мэрилин Монро прожила недолгую жизнь — всего 36 лет. Из них только последние десять ее окружал ореол славы. Художественная ценность фильмов с ее участием не бесспорна, как и ее реальные актерские способности. Тем не менее невозможно отрицать ее всемирную популярность. С ней родился еще один голливудский миф. Созданию мифа Монро в немалой степени способствовала и ее трагическая гибель, до сих пор вызывающая острую полемику среди ее биографов. Доктор Гринсон верно понял натуру Мэрилин Монро, когда заметил, что «актриса имеет тенденцию общаться с людьми деструктивного типа, которые вступают с ней в своего рода садомазохистские отношения». Но на каком-то этапе светская болтовня актрисы превратилась в угрозу национальной безопасности страны или, по крайней мере, в угрозу ее высшим руководителям. Не потому ли трагический финал Монро оказался окружен завесой тайны?

* * *

Каждый из биографов Мэрилин Монро ставит десятки вопросов и обещает на них ответить. Но, увы, почти пять десятилетий спустя мы все так же далеки от разгадки смерти знаменитой кинозвезды, как и 5 августа 1962 года.

Остается задать вопрос: какова вероятность, что загадка смерти Монро будет когда-нибудь раскрыта? Вероятность такая очень и очень невелика. Свидетели умерли, вещественные доказательства и архивные документы исчезли или были уничтожены за давностью лет. Эксгумация тела актрисы, на которой настаивают некоторые наиболее агрессивные сторонники версии убийства, маловероятна. Вот почему можно с большой долей уверенности утверждать, что новые расследования тайны смерти Мэрилин Монро будут публиковаться и впредь. Тайна, унесенная в могилу легендарной кинозвездой, продолжает волновать ее поклонников.

Список использованных и цитированных источников

Lauren Bacall. By Myself and then some. Autobiography. 1979.

Peter Bogdanovich. Fritz Lang in America. NY, 1969

Peter Brown and Patte B. Barham. Marilyn: The last take. 1992.

Richard Buskin. Blond Heat. Billboard Press. 2001

Truman Capote. A beautiful child in: Music for Chameleons. 1980.

Gary Carey with Joseph Mankievich. More about All About Eve. 1972.

Sara Churchville. The many lives of Marilym Monroe. Hery Holt. 2004

Fred Guiles. Legend: The Life and Death of Marilyn Monroe. 1984.

Barbara Leaming. Marilyn Monroe. Crown Publishers Inc. 1998.

Natasha Lytess. Marilyn Monroe: Her Secret Life. The People. London, July-August 1962.

Los Angeles Times. Aug. 5, 2005

Norman Mailer. Marilyn: A Biography. 1973.

Marylin Monroe. My story. Stein and day Publishers. New York. 1976.

Eunice Murray. Marilyn: The Last Months. 1975.

Mattew Smith. Marilyn's Last Words. Carrol& Graf Publishers. 2004. Смотри также его книги о семье Кеннеди: «JFK: The second Plot». 1992; «Vendetta: The Kennedys», 1993.

Donald Spoto. Marilyn Monroe. The Biography. 1993.

Susan Strasberg. Marilyn and me. Sisters. Rivals. Friends. Warner Books, 1992.

Anthony Summers. Goddess: The secret Lives of Marilyn Monroe. 1986.

Shelley Winters. Shelley also known as Shirley. 1980.

Donald Wolfe. The Assasination of Marilyn Monroe. Little Brown. 1998.

ПРИМЕЧАНИЯ

К главе 1

1. «Стелла Даллас» (1937) — фильм режиссера Кинга Видора. В заглавной роли снялась Барбара Стенвик.

2. Кларк Гейбл (1901—1961) — знаменитый голливудский актер. Снялся в 60 фильмах. Его последняя роль — в фильме «Неприкаянные» (1960), где он работал вместе с Мэрилин Монро.

3. Фредерик Марч (1887—1975) — известный актер кино, снявшийся в более чем 70 фильмах, в том числе — «Доктор Джекиль и мистер Хайд» (1932), «Отверженные» (1935), «Лучшие годы нашей жизни» (1946), «Смерть коммивояжера» (1951), «Пожнешь бурю» (1960), «Семь дней в мае» (1964).

4. По свидетельству сводной сестры Нормы Джин, **Бернис Бэйкер**, рояль фирмы Фрэнклин был черным. Смотри: Bernice Baker Miracle. My sister Marilyn. 1994, p. 7.

5. Буффало Билл — прозвище Уильяма Коди (1846—1917) — легендарный участник Гражданской войны в США, разведчик прерий, герой романов и — с 1872 года — актер, игравший самого себя. В 1883 году создал популярное шоу «Дикий Запад», принесшее ему широкую известность и массу денег.

6. Джоан Кроуфорд (1904—1977) — звезда американского кино. Снималась с 1925 года. Приобрела известность в ролях сильных, целеустремленных карьеристок. В 1945 году получила «Оскара» за роль в фильме «Милдред Пирс». Особенным успехом пользовалась ее работа в картине «Что случилось с беби Джейн» (1962) в дуэте с Бетт Дейвис.

7. Лохинвар — герой баллады из пятой песни поэмы Вальтера Скотта «Марнион» (1808) — молодой, мужественный рыцарь, похитивший свою возлюбленную Элен прямо из-под венца.

8. Уолтер Ланг (1896—1972) — американский кинорежиссер. Создатель ряда мюзиклов. Начал работать в Голливуде в 1926 году. Особой популярностью пользовался фильм «Король и я» с Юлом Бриннером.

9. После гибели 15 февраля 1998 года на гаванском рейде (при невыясненных обстоятельствах) броненосца «Мен» правительство США предъявило испанскому правительству ультиматум, требуя отказа Испании от Кубы. 21 апреля Соединенные Штаты начали военные действия против Испании. Война шла в Вест-Индии (острова Куба и Пуэрто-Рико) и на Филиппинах. 13 августа Испания капитулировала. В соответствии с парижским мирным договором Испания передала Соединенным Штатам Пуэрто-Рико, остров Гуам и (за 20 млн долларов) Филиппины.

10. Авраам Линкольн (1809—1865) — 16-й президент Соединенных Штатов (с 1861-го по 1965 год). Был убит в театре Форда в Вашингтоне в 1865 году.

11. Сан-Хуан — столица Пуэрто-Рико.

12. Строки из стихотворения английского поэта XIX века **Перси Шелли** «К жаворонку» (1820). Даются в переводе В.Левика.

13. Знаменитые звезды Голливуда 30—40-х годов.

14. Строка из стихотворения английского поэта и философа **Сэмюэла Тейлора Колриджа** (1772—1834) «Сказание о старом моряке», написанного в 1797—1798 годах. В переводе Н.Гумилева звучит так: «Вода, вода, одна вода. Мы ничего не пьем».

15. Руководители крупнейших киностудий Америки.

16. Макс Рейнгардт (1873—1943) — крупнейший немецкий театральный режиссер, постановщик пьес Шекспира, Брехта, Горького. Последние десять лет прожил в США.

17. Сэмюэль Голдвин (1882—1974) — эмигрировал из Польши в начале века. С 1917 года — продюсер сотен фильмов, основатель и президент киностудии его имени.

18. Марлен Дитрих (1901—1992) — кинозвезда немецкого и американского кино. Славу принес ей фильм «Голубой ангел» (1930). В Америке дебютировала фильмом «Марокко» (1930). Снялась в таких известных картинах, как «Свидетель обвинения» (1957), «Нюрнбергский процесс» (1961), и многих других.

19. Ринг Ларднер — (1915—2000) — один из самых известных сценаристов американского кино, лауреат двух «Оскаров». В 50-е годы стал объектом расследования антиамериканской деятельности и принадлежности к компартии, провел год в тюрьме и затем долгое время находился в «черном списке» и вынужден был писать под псевдонимом.

К главе 2

1. **Джеймс Монро** (1758—1831) — пятый президент Соединенных Штатов в период с 1817-го по 1825 год.

2. Речь идет о фильме **«Скадда Ху, Скадда Хей»** (1948). В действительности кадр девушки в каноэ (сцена на озере) остался в фильме, но имя Мэрилин Монро в титрах не упоминалось.

3. Джордж Сандерс (1906—1972). В Голливуде с 1936 года. Снялся во множестве британских и американских фильмов. Был женат 4 раза.

4. **«Асфальтовые джунгли»** (1950) — режиссер Джон Хьюстон. Монро сыграла эпизодическую роль Анджелы Финлей.

5. **За За Габор** (р. 1918 г. в Венгрии) — актриса кино. В США с 1941 года. Больше известна своими мужьями, бриллиантами и скандалами, чем ролями в кино.

6. В этой очередной безумной комедии снялись трое из четверых **братьев Маркс** — Харпо, Чико и Гручо. Гручо Маркс играл детектива Сэма Груньона и рассказчика. Мэрилин Монро снялась в эпизодической роли клиентки детектива.

7. Многие американские детские стихи и сказки из разных источников объединены в сборники и приписываются одному вымышленному автору — Матушке Гусыне.

8. Мэй Вест (1892—1980) — выступала на сцене с пяти лет. В кино с 1932 года. Специализировалась в ролях роковых женщин, но часто и пародировала этот тип. **Теда Бара** (1890—1955) — актриса театра и кино. В кино снималась с 1914-го по 1926 год. Как и Мэй Вест, играла роли женщин-соблазнительниц. Но также немало снималась и в комедиях. **Бо Пип** — молодая девушка, героиня детских стихов и песен, а также детских мультфильмов.

9. Луэлла Парсонс (1983—1972) — влиятельная журналистка, писавшая светскую хронику для газет империи Херста. Колонка Луэллы Парсонс возводила одних актеров в звезды и разрушала карьеры других.

10. **Лана Тернер** (1921—1995) — звезда американского кино. Взлет карьеры Тернер приходится на 40—50-е годы. Фильмы «Почтальон всегда звонит дважды», «Три мушкетера», «Пейтон Плейс» и множество других. Была удостоена премии «Оскар». Была замужем и разводилась восемь раз.

11. **Джон Хьюстон** (1906—1987) — знаменитый кинорежиссер. Первая режиссерская постановка — в 1941 году — фильм «Мальтийский сокол». Создатель около 50 картин. Среди них —

«Сокровища Сьерра Мадры» (1948), «Африканская королева» (1951), «Ночь игуаны» (1964), «Моби Дик» (1965), «Анни» (1982), «Честь Прицци» (1985), «Мертвые» (1987). Был также актером, сценаристом и продюсером многих картин.

12. **Дор Шари** (1905—1980) — крупный голливудский сценарист, режиссер и продюсер. С 1948 года возглавлял производственный отдел студии «М.Г.М».

13. **Линкольн Стиффенс** (1886—1936) — леворадикальный журналист и издатель. С 1919-го по 1921 год жил в советской России. Известно его высказывание: «Мне довелось побывать в будущем, и смею вас заверить, там — полный успех». Впоследствии разочаровался в советском коммунизме, но остался убежденным левым радикалом. В 1931 году написал «Автобиографию».

14. **Джозеф Манкиевич** (1909—1993) — американский кинорежиссер, сценарист и продюсер. Постановщик фильмов «Юлий Цезарь», «Босоногая графиня», «Тихий американец», «Клеопатра» и других. В 1949 году получил «Оскар» за фильм «Письмо к трем женам». Но наибольшую известность принесла ему картина «Все о Еве» (1950).

15. **Спирос Скурас** (1893—1971) — американский киномагнат греческого происхождения. С 1942-го по 1962 год был президентом киностудии «XX век — Фокс».

16. **Элиа Казан** (1909—2003) — выдающийся режиссер американского театра и кино, писатель и продюсер. Элиа Казанжоглу, грек по происхождению, родился в Константинополе. Был руководителем нью-йоркского «Group Theater». Два года состоял в компартии, из которой вышел в 1936 году после раскола в американской левой интеллигенции. В годы Второй мировой войны Казан приобрел общенациональную известность благодаря своим бродвейским постановкам пьес Теннесси Уильямса, Торнтона Уайлдера и Юджина О'Нила. Элиа Казан дебютировал в кино в 1945 году, а уже в 1947 году получил своего первого «Оскара» за картину «Джентльменское соглашение». В 1954 году Казан был удостоен второго «Оскара» за фильм «В порту». Казан открыл для кино таких выдающихся актеров, как Марлон Брандо, Пол Ньюман, Натали Вуд, Уоррен Битти, Джеймс Дин. Классикой кино стали экранизации Казаном «Трамвай “Желание”» и «Последнего магната», а также фильмы «К востоку от Эдема», «Лицо в толпе», «Америка, Америка». В 1999 году режиссер получил из рук Мартина Скорсезе и Роберта Де Ниро своего последнего почетного «Оскара» — «за достижения всей жизни».

17. Артур Миллер (1915—2005) — известный драматург, автор таких популярных пьес, как «Все мои сыновья» (1947), «Смерть коммивояжера» (1949; Пулицеровская премия), «Тяжкое испытание» (1953), «Вид с моста» (1955), «После грехопадения» (1964), и других.

18. Педди Чаевский (1923—1981) — известный драматург русского происхождения; писал сценарии для кино и телевидения. Наиболее известные работы — «Марти», «Богини», «Холостяцкая вечеринка», «Телесеть», «Американизация Эмили» и другие.

19. Карл Сэндберг (1878—1967) — известный американский поэт. Родился в Иллинойсе и жил в Чикаго, который стал центром его поэтического творчества. Получил также известность как автор трехтомного исследования «Авраам Линкольн: военные годы» (1939), за которое был удостоен Пулицеровской премии.

20. «Лос-Анджелес таймс». 5 августа 2005 г.

21. Джозеф ДиМаджио (1914—1999) — знаменитый бейсболист, член команды «Янки», которая, при участии ДиМаджио, четыре раза становилась чемпионом США. Был самым высокооплачиваемым спортсменом в 40—50-е годы.

22. Фриц Ланг (1890—1976) — классик немецкого кино. Работал как сценарист и режиссер с 1916 года. Среди немых картин — «Индийская гробница», «Усталая смерть», «Нибелунги». Мировую славу принесли ему фильмы «Доктор Мабузе — игрок» и «Метрополис». После запрета в 1933 году в Германии фильма «Завещание доктора Мабузе» переезжает в США, где поставил, в частности, такие картины, как «Ярость», «Министерство страха», «Охота за человеком», а также массу коммерческих комедий. В 1958 году вернулся в ФРГ.

23. Джинджер Роджерс (род. 1908) — американская звезда театра и кино. Начала выступать на сцене с 14 лет. Снялась во множестве музыкальных комедий, где прославилась танцевальными номерами с Фредом Астером. К числу наиболее известных относятся «Золотоискательницы 1933», «42-я улица», «Цилиндр», «Потанцуем?» и другие.

24. Чарлз Лоутон (1899—1962) — англо-американский актер кино и театра. Прославился исполнением ролей классического репертуара — Генрих VIII в «Частной жизни Генриха VIII» (1933, «Оскар»), а также «Отверженные», «Мятеж на “Баунти”», «Свидетель обвинения», «Триумфальная арка» и другие.

25. Говард Хоукс (1896—1977) — американский режиссер, сценарист и продюсер. В кино с 1917 года. Известность принесли такие ленты, как «Девушка в каждом порту», «Лицо со шрамом», «Большой сон», «Сержант Йорк», и многие другие. Получил специальную премию «Оскар» за достижения в американском кино.

26. Свенгали — имя героя романа Джорджа Дю Мюрье «Трильби» (1894). Слово «Свенгали» вошло в английский язык для обозначения человека, обладающего дьявольскими гипнотическими способностями. Гипнотизер Свенгали в романе использует свой дар для доминирования над людьми, особенно над женщинами или актерами, убежденными, что они могут играть только в присутствии Мастера.

27. Энн Бакстер (1923—1985) — актриса кино, телевидения и театра. Снялась в фильмах «Ребекка», «Великолепные Амберсоны», «Все о Еве» и других.

28. Генри Хаттауэй (1898—1985) — американский кинорежиссер. Кроме «Ниагары», поставил такие картины, как «Роммель — лис пустыни», «Дом на 92-й улице», «Поцелуй смерти», и многие другие.

29. Джон Гарфилд (1913—1952) — киноактер. Известность принес ему фильм «Четыре дочери» (1938). Другие картины — «Цель — Токио», «Почтальон звонит дважды», «Тело и душа», «Джентльменское соглашение». В 50-е годы попал в «черный список» по обвинению в коммунистических симпатиях. **Керк Дуглас** (1916) — актер театра и кино. Дебютировал на Бродвее в 1941 году, в кино с 1946 года. Пик популярности пришелся на 50-е годы, когда он снялся в таких картинах, как «Чемпион», «Письмо к трем женам», «Жажда жизни» (Ван Гог), «Спартак». **Марлон Брандо** (1924—2004) — звезда Голливуда. Славу принесли ему роли в фильмах «Трамвай “Желание”», «На набережной» («Оскар»), «Крестный отец» («Оскар»), «Последнее танго в Париже» и другие. **Хозе Феррер** (1909—1992) — исполнитель ролей в картинах «Сервантес», «Сирано де Бержерак», «Корабль дураков», «Лоуренс Аравийский» и многих других.

30. Бетт Дейвис (1908—1989) — звезда Голливуда. В кино с 1931 года. Наиболее значительные работы относятся к концу 30—40-х годов. Среди них «Иезавель», «Хуарес», «Все это и небо в придачу», «Лисички» и многие другие. Дважды удостаивалась премии «Оскар» и номинировалась на эту премию десять раз. **Вивьен Ли** (1913—1967) — английская и американская киноактриса. Дебютировала в кино в 1934 году. Стала знаменитой после роли Скарлетт О’Хара в фильме «Унесенные ветром» (1939). Другие роли — «Мост Ватерлоо», «Леди Гамильтон», «Клеопатра», «Анна Каренина», «Трамвай “Желание”».

31. **Бетти Грейбл** (1916—1973) — американская актриса. Начала сниматься с 14 лет, главным образом в музыкальных комедиях. Слава пришла к ней в сороковые годы, когда она стала так называемой «pin up girl», девушкой на открытках, которые солдаты прикрепляли у стен в казармах. Ее знаменитые ноги были застрахованы на миллион долларов. В дальнейшем ее популярность пошла на спад.

32. **Этель Барримор** (1879—1959) — американская актриса театра и кино. Ее родители, как и братья Джон и Лайонел, также были известными актерами. Работала в кино с 1914-го по 1919 год, а затем полностью посвятила себя театру. В 1933 году снялась в роли Царицы в картине «Распутин и Царица». Возобновила карьеру в кино в 1944 году. Получила «Оскар» за фильм «Ничего, кроме одинокого сердца» (1944).

33. Генерал **Дуглас МакАртур** (1880—1964) — участник Первой и Второй мировых войн, войны в Корее, на Филиппинах. Получил редкое в Америке звание генерала армии. Главное достижение МакАртура — обеспечение победы американской армии над Японией. В 50-е годы занимал должность Верховного Главнокомандующего, но был смещен президентом Трумэном за неподчинение приказам.

34. Доктор **Альфред Кинси** (1894—1956) — в 40-е годы прославился социологическими исследованиями и книгами о проблемах сексуальности мужчин и женщин. Его работы стали поистине революционными в пуританской Америке и привели к сексуальной революции. Биография доктора Кинси стала темой фильма «Кинси» (2004) режиссера Билла Кондона с Лайамом Ниссоном в главной роли.

35. Лорен Боколл (род. 1924) — легендарная звезда кино и театра. Дебютировала в кино в 1944 году фильмом «Иметь и не иметь», была женой Хэмфри Богарта. Среди многих других картин — «Тайный агент», «Большой сон», «Темный переулок».

36. Юл Бриннер (1915—1985) — американский актер русского происхождения. Родился в Китае, жил во Франции. С 1941 года переехал в США, где начал работать в театре, а с 1949 года — в кино. Основные роли в кино: «Король и я», «Братья Карамазовы», «Великолепная семерка», «Возвращение семерки», «Тарас Бульба» и другие.

37. Не совсем верно. После фильма **«Призрак розы»** (1946 год) Чехов снялся в ряде других картин — «Ирландская роза Эбби» (1946), «Цена свободы» (1946), «Праздник для грешников» (1952), «Приглашение» (1952), «Рапсодия» (1954).

38. Отто Преминджер (1906—1986) — американский продюсер и режиссер. Работал в театре М.Рейнхардта, где он совмещал выступления на сцене с должностью ассистента режиссера. В 1931-м поставил первый фильм «Большая любовь». С 1935-го — в Голливуде. После войны успехом пользовались фильмы «Кармен Джонс» и «Порги и Бесс». Конец 50-х годов приносит Преминджеру такие удачи, как детектив «Анатомия убийства» (1959) и политическая драма «Совет и согласие» (1962).

К главе 3

1. Трумэн Капоте (1925—1984) — известный американский писатель и сценарист. Печататься начал с 1948 года. К числу наиболее известных произведений принадлежат романы «Другие голоса, другие комнаты», «Голоса травы», «Хладнокровное убийство». Гомосексуализм и пьянство подорвали его здоровье и привели к преждевременной смерти. Нестандартный портрет Мэрилин Монро дан в рассказе «Прелестное дитя», включенном в сборник писателя «Музыка для хамелеонов» (1980).

2. Джошуа Логан (1908—1988) — известный американский режиссер театра и кино. К числу наиболее крупных работ в кино относятся фильмы «Пикник», «Автобусная остановка», «Фанни» и другие.

3. Лоуренс Оливье (1907—1989) — один из самых крупных британских актеров театра и кино. Был также режиссером и сценаристом многих фильмов и театральных постановок. Прославился участием как режиссер и актер в постановках пьес и фильмов шекспировского репертуара.

4. Билли Уайлдер (1906—2001) — знаменитый американский кинорежиссер. Начал работать в кино в 1929 году. Среди его широко известных фильмов — «Бульвар Сансет», «Ниночка», «Пять гробниц на пути в Каир», «Свидетель обвинения», «Квартира» и другие.

5. Анна Маньяни (1908—1973) — актриса итальянского кино. Прославилась ролями в картинах режиссеров итальянского неореализма: «Рим — открытый город», «Мечты на дорогах», «Самая красивая» и других. Последней работой актрисы, где она сыграла в эпизоде саму себя, был фильм Феллини «Рим».

6. В советском прокате фильм шел в 1959 году под названием «В джазе только девушки».

7. Грегори Пек (1916—2003) — американский актер. Получил известность за исполнение главной роли в фильме «Убить пересмешника». Снялся также в таких картинах, как «Снега

Килиманджаро», «Римские каникулы», «Пушки острова Навароне», и многих других.

8. Рок Хадсон (1925—1985) — актер американского кино. Среди десятков фильмов, в которых он снялся, были «Гигант», «Прощай, оружие» и другие.

9. Ив Монтан (1921—1991) — французский киноактер и певец. Первая роль в кино — «Врата ночи» (1946). Известен своими политическими картинами — «Плата за страх», «Дзета», «Признание».

10. Симона Синьоре (1921—1985) — знаменитая французская актриса театра и кино. Среди ее киноработ фильмы «Горит ли Париж?», «День и час», «Золотая каска», «Комната наверху» и многие другие.

К главе 4

1. Los Angeles Times. Aug. 5, 2005.

2. Героиня романа Джеймса Джойса «Улисс».

3. Игра слов: по-английски patient означает — быть терпеливым и пациент.

4. «Отелло» 3.3. (Перевод О.Сороки).

5. «Макбет» 5.5.1 (Перевод М.Лозинского).

6. Уильям Конгрив (1670—1729) — поэт и драматург. Прославился комедиями «Старый холостяк», «Любовью за любовь» и другими. Графиня Мальборо родила ему дочь. Дружил со Свифтом, Поупом и Вольтером.

7. Мэй Уэст дожила до 83 лет.

8. http://foia.fbi.gov/monroe.htm

9. Норман Мэйлер (род. 1923) — известный американский драматург, новеллист и кинорежиссер. Среди многих его работ надо выделить книгу «Мэрилин» (1973), в которой он выдвинул концепцию убийства Монро агентами ФБР и ЦРУ, обеспокоенных связью актрисы с Робертом Кеннеди. Впоследствии он признал, что эта книга была «примером плохой журналистики».

ФИЛЬМОГРАФИЯ
(УКАЗАН ГОД ВЫХОДА НА ЭКРАНЫ)

1948

«Скадда Ху! Скадда Хэй!»
«Опасные годы»
«Девушки из хора»

1950

«Счастлив в любви»
«Билет в Томагавк»
«Асфальтовые джунгли»
«Огненный шар»
«Все о Еве»
«Правый крест»

1951

«Из жизни родного города»
«Молод настолько, насколько чувствуешь»
«Давай поженимся»
«Любовное гнездышко»

1952

«Ночная стычка»
«Можно входить без стука»
«Мы не женаты»
«Обезьяньи проделки»
«Полный дом О'Генри»

1953

«Ниагара»
«Джентльмены предпочитают блондинок»
«Как выйти замуж за миллионера»

1954

«Река, с которой не возвращаются»
«Нет лучше бизнеса, чем шоу-бизнес»

1955

«Зуд седьмого года» («Семь лет желаний»)

1956

«Автобусная остановка»

1957

«Принц и хористка»

1959

«Некоторые любят погорячее»

1961

«Займемся любовью»
«Неприкаянные»

1962

«Надо что-то давать» (не завершен
из-за смерти Мэрилин Монро)

Оглавление

Валерий Головской

МЭРИЛИН МОНРО.
ЖИЗНЬ И СМЕРТЬ

Издатель Ирина Евг. Богат
Свидетельство о регистрации
77 № 006722212 от 12.10.2004

121069, Москва, Столовый переулок, 4, офис 9
(Рядом с Никитскими Воротами, отдельный вход в арке)

Тел.: 291-12-17, 258-69-10. Факс: 258-69-09
Наш сайт: www.zakharov.ru
E-mail: info@zakharov.ru

Подписано в печать 23.04.2007. Формат $84 \times 108^1/_{32}$.
Печать офсетная. Бумага писчая. Гарнитура Таймс.
Уч. печ. л. 15,96. Тираж 5000 экз. Заказ № 316.

Отпечатано с готовых диапозитивов
в ОАО «ИПП «Уральский рабочий»
620041, ГСП-148, Екатеринбург, ул. Тургенева, 13.
http://www.uralprint.ru e-mail: book@uralprint.ru

NO LONGER PROPERTY OF
THE QUEENS LIBRARY.
SALE OF THIS ITEM